中国产权市场
理论与实践研究

RESEARCH ON THE THEORY AND PRACTICE OF
CHINA'S PROPERTY RIGHTS MARKET

熊　焰◎著

中国金融出版社

责任编辑：王雪珂
策划编辑：丁志可
责任校对：李俊英
责任印制：陈晓川

图书在版编目（CIP）数据

中国产权市场理论与实践研究/熊焰著 . —北京：中国金融出版
社，2020. 9
ISBN 978 – 7 – 5220 – 0668 – 0

I. ①中… Ⅱ. ①熊… Ⅲ. ①产权市场—研究—中国 Ⅳ. ①F723. 8

中国版本图书馆 CIP 数据核字（2020）第 109556 号

中国产权市场理论与实践研究
ZHONGGUO CHANQUAN SHICHANG LILUN YU SHIJIAN YANJIU
出版
发行　**中国金融出版社**
社址　北京市丰台区益泽路 2 号
市场开发部　（010）66024766，63805472，63439533（传真）
网 上 书 店　http://www. chinafph. com
　　　　　　（010）66024766，63372837（传真）
读者服务部　（010）66070833，62568380
邮编　100071
经销　新华书店
印刷　保利达印务有限公司
尺寸　169 毫米 ×239 毫米
印张　22. 5
字数　300 千
版次　2020 年 9 月第 1 版
印次　2020 年 9 月第 1 次印刷
定价　86. 00 元
ISBN 978 – 7 – 5220 – 0668 – 0
如出现印装错误本社负责调换　联系电话 （010）63263947

序①

改革开放41年来，党领导全国人民解放思想、实事求是，大胆地试、勇敢地闯，在各方面都干出了一片新天地。市场体系建设也是这样。现在，我国已从传统的计划经济体制改革发展到社会主义市场经济体制，市场已在资源配置中起到决定性作用，并更好发挥了政府的作用。

资本市场是市场体系的核心内容。就企业资本的资源配置而言，"使市场在资源配置中起决定性作用"要求建立起两类资本市场，一个是交易上市公司股票和债券的证券市场，另一个是交易非上市企业特别是企业国有资产的产权市场。证券市场是资本市场的头部市场，为上市公司资本运作服务，产权市场是资本市场的长尾市场，为非上市企业的资本运作服务，二者构成复合资本市场体系。和其他长尾市

---

① 本序作者邓志雄，1957年生，湖南人，1974年参加工作，中南大学毕业，教授级高级工程师。

中央党校中青班第十期学员，中国人民大学、中国政法大学、中山大学、中国大连高级经理学院特聘教授，中信改革发展研究基金会咨询委员，深创投博士后流动工作站导师。

曾任湖南新晃汞矿矿长，广东中金岭南有色金属集团副董事长，海南金海股份公司（000657）董事长，中国有色金属工业总公司计划部副主任，国家有色金属工业局企事业改革司司长，国家经贸委综合司副司长，国务院国资委产权局局长、规划发展局局长，现任中国电信集团、中国铝业集团和中国保利集团专职外部董事。

发现并证明了三等分角线性质与判定定律，参与发明PVC合成用复合触媒，参与组织了有色金属行业矿山转产、有色金属行业三年脱困和结构调整工作，推动了国有企业管理信息化工作，牵头推进了中国产权市场建设，参与建立了企业国有产权进场交易制度体系，主持起草中央企业投资管理办法、中央企业结构调整与重组指导意见、中央企业十三五发展规划，推动了中央企业创新基金系建设，对企业发展战略与资本运作、世界经济危机的企业制度成因、复合资本市场建设理论、混合所有制发展理论与操作等有独到见解。

场一样，在信息化时代到来之前，产权市场因交易成本较高而未能发展起来。

2003 年，国务院国资委联合财政部颁布 3 号令——《企业国有产权转让管理暂行办法》，建立起了企业国有产权转让进场交易制度。2016 年，国资委联合财政部颁布 32 号令——《企业国有资产交易监督管理办法》，明确国有企业增资扩股交易要进场操作。在 3 号令和 32 号令之间，国资委还针对产权市场规范和交易过程创新出台了一系列相关文件，促进了国企改革深化和产权市场发展。

2015 年 8 月，中共中央、国务院出台《关于深化国有企业改革的指导意见》，明确产权市场和证券市场都是"资本市场"，使产权市场的资本市场地位在国家顶层制度设计中正式得以确认。自此，中国在世界资本市场上率先创建出了由证券市场和产权市场复合而成的资本市场。用复合资本市场分别为上市公司和非上市企业提供产权形成与流转的资本运作服务，使包括国有企业和小微企业在内的各类企业的资本配置都由市场起决定性作用，同时又更好发挥出政府的作用，这就是资本市场的中国特色！这一特色既使企业国有产权实现了阳光下的市场化运动，极大减少了国有产权流转中的暗箱操作与各种腐败，为社会主义市场经济体制落地发展开辟了坚实道路，又使广大非上市企业得以进入资本市场与各类社会资本有机结合，使上市公司与非上市企业的融资能力更加均衡，减小了企业之间的马太效应，抑制了社会的两极分化。

贯彻落实企业国有资产进场交易制度，离不开各地产权交易市场的建设和发展。2004 年底，全国各省区市政府分别选择确认了 66 个产权交易机构作为企业国有产权交易平台。京津沪渝四市的国有产权交易机构获得了中央企业国有产权交易资质。湖北、山东、河北、广东等先后实现了省域产权交易市场的统一整合。2011 年 2 月，经国务院同意，民政部批准设立了中国企业国有产权交易机构协会，使之成为全国产权交易机构建设规范与创新合作的大平台。近年来，多个跨省域联合的企业国有资产线上交易系统正在不断探索中加快发展。

事在人为，任何市场制度都要靠人来执行、落实和发展。企业国有产权进场交易制度的落实，靠的是国资委、相关部委和产权交易机构的积极作为。产权交易市场的发展，靠的是一代代产权人的执着追求和倾情奉献。我国产权界有一大批产权交易机构主要负责人连续任职10年以上，有的甚至长达20年，他们成为推动当地产权市场发展的领军力量。这支队伍绝大多数人想干事、能干事、不出事。他们对产权市场的开拓创新有着源源不竭的激情，他们有志存高远、公道正派、维护契约、坚守底线的高尚品格，有专注、创新、担当、实干、奉献的产权人精神，有对产权事业无怨无悔、情系一生的市场情怀，非常难能可贵，值得总结弘扬。

庚子年初，时逢大疫，人人宅家，微信上的产权群却更加热闹。突然有了大把富余时间的人们，有了坐下来总结交流的宝贵机会。作为群主，湖北产权何亚斌同志向我提议请大家一起就产权制度、产权市场、产权人写点东西。这个想法得到上海产权蔡敏勇、北京产权熊焰、内蒙古产权马志春等同志的积极响应。在我看来，他们四位同意将各自已发表的产权经济文章整理出来，结集出版，将他们从事产权事业以来的心路历程如实报告出来，将他们对产权市场规范创新问题的思考展望全面分享出来，将一个个产权交易的生动故事陈述解读出来，是在对产权交易行业未来高质量发展贡献智慧，是在给未来的一代代产权人提供史料与参考，确实是一件大好事。他们的文章，过去我读过一些，这次系统整理出来，我又读了不少，感觉非常亲切，从中可以感受到我国企业国有产权进场交易制度的巨大力量，感受到当代中国产权市场的壮丽气象，感受到产权人的创新智慧和执着追求。我深信，由这样的著作组成的丛书一定会对我国未来产权人队伍建设具有参考价值，更希望丛书的出版能激励产权界更多新老朋友也积极加入进来，共同书写好中国特色复合资本市场的发展故事和历史经验。

是为序！

邓志雄

2020 年春节于北京家中

自　序

我有幸正当盛年加入了产权交易市场这样一个前无古人、中国创造的事业，在北京产权交易所从业十几年，创造了中国产权市场史上一系列辉煌的成绩。

（一）

我进入产权交易行业实属偶然。2002 年我任中关村百校信息园有限公司总经理期间，北京市科委主任范伯元同志在春节前来公司调研软件出口业务。谈话中，他说起中关村技术产权交易中心要改制，我们就随口交流了几句。主任很敏锐地意识到，他想找的做改制方案的人选应该就是我，于是就把设计中关村技术产权交易所改制方案的任务交给了我。

从策划到完成公司改制、注册，前前后后用了将近一年时间。改制完成后，已升任副市长的范伯元同志对我说，方案是你做的，股东是你找的，这个总经理就是你了。圈子里的朋友开玩笑说我是"编剧成了男一号"，我就这样机缘巧合地进了交易所这个行当。

当时我对产权交易所几乎一无所知，也咨询过业内的一些资深人士。其中一位也是后来的好朋友说："你如果有其他的正经事儿可做，不要做这件事儿。"但我还是无知者无畏加入了进来。

刚做产权交易所的时候，经常有原来机关的同志给我打电话，"我家刚买了一个房子要办产权证，在你这儿可以办吗？"弄的人啼笑皆非，可见大家对于产权市场的理解非常混乱。

1

2003 年 10 月，党的十六届三中全会《关于完善社会主义市场经济体制若干问题的决定》指出建立健全现代产权制度，"产权是所有制的核心和主要内容，包括物权、债权、股权和知识产权等各类财产权。"这应该是一个非常大的概念范畴，类似于我们经常用的一个对应的词——人权。企业产权是企业所有财产权利的总和，包括所有、收益、处置、使用、分配等一系列权项。企业由一系列的要素组成，包括资金、房屋、设备、人力资源和技术等，一系列的契约组合这些要素的目的是为了产生利润，企业就是由一系列契约组合要素以产生价值增值为目的的经济实体。产权是要素的凝结、抽象、升华与虚拟化，对于要素的组织效率、产出效率和流动效率产生了本质上的影响。排他性的公有产权和私有产权的先后确立，是人类文明演进和社会发展的里程碑。

中国产权市场自 20 世纪 80 年代后期萌芽，90 年代中期迅速发展，起伏跌宕，21 世纪开始进入一个新的发展阶段。特别是国务院国资委、财政部联合颁布的《企业国有产权转让管理暂行办法》自 2004 年 2 月 1 日实施以来，产权市场形成了一个有中国特色的市场制度。

中国产权交易市场架构的基本原则是：第一，尽可能缩小行政操作的空间，尽可能不由官员拍板，尽可能启动市场机制；第二，在中国的并购市场环境不理想且短期内又不可能全面改善的情况下，营造一个并购市场的"特区"，以法令的形式要求国有产权进场交易；第三，在强制要求国有产权进场的同时，也安排了符合国家产业政策和国有经济市场结构调整总体规划的例外；第四，产权市场实行简洁有效的市场制度，这就是两个主题词，即"公开""竞争"。

"公开"和"竞争"看似简单，但作用是很明显的。第一，"公开"改变了过去私下寻找投资人渠道窄、效果差的做法，通过公开的市场渠道广泛地征集受让人，可以发现更多的潜在投资者。第二，"公开"割断了特定的利益输送通道，让所有的意向受让人在同等的条件下公平地竞买标的企业产权，如果某一位意向受让方要想通过与转让方私下勾结的方式低价购买标的企业产权，就必须把其他意向受让方全部"摆平"，这显然缺乏可操作性，从而有效地避免了暗箱操作，将国有产权转让过程中发生腐败行为的可能性降到最低。第三，"公开"有利于充分发现投资人，进而通过引入竞价机制充分发现价格，让国有产权卖一个好价钱。第四，"公开"保证了公众的知情权。国有资产的性质是全民所有制，可以说全国人民都是老股东，他们对国有资产的处置有知情权和优先受让权。通过公开披露国有产权转让信息，充分地满足了公众的知情权。第五，"公开"也有效地保护了国有产权交易双方当事人。国有产权转让，尤其是国有产权的定价是一个非常复杂的经济问题，正如专家所说，"政治上很敏感、技术上很复杂、质疑起来很容易、辩护起来很困难"。如果通过行政化处置方式而不是通过市场公开转让，即便是卖了一个高价，这个价格也不是经过市场检验形成的，容易让人想象到可能还应该卖一个更好的价格，使决策者陷入尴尬的境地。此外，通过公开和竞争形成市场价格，给了所有人参加竞买的机会，没有买到标的企业产权的人只能怪自己没有参加竞买，或者参加了竞买而没有出最高价，就没有了发牢骚的理由。因此也可以说，国有产权的公开处置有利于和谐社会的建设。

（二）

在产权市场由小到大的发展进程中，作为行业领跑机构的北京产权交易所团队和我做出了一些应该做的贡献。我的创新主要体现在以下几方面：一是我主持的北京产权交易所，企业国有产权交易业务多年领跑行业。交易宗数、交易规模、竞价率、增值率都处于领先位置，而且从未出现过交易纠纷、诉讼事项和腐败案件，对行业的健康发展起到了积极的作用。二是我参加了国务院国资委产权局主持的央企产权交易试点机构每年春秋两次全部 20 次的协调会。每次协调会都以规范、创新为主题，就行业当前的问题、案例、规则进行研讨，我每次都是主要的发言人，对行业的发展做出了持续而独到的贡献。三是产权行业近年来一个最重大的存亡挑战是公共资源交易中心的出现。为了产权市场与公共资源交易市场能够共同发展，我与相关同志专门到中纪委据理力争，认真地探讨产权市场存在的合理性、必要性和与公共资源交易市场的关系，并在最后实施中保障了北京产权交易所独立的中心地位，对整个行业起到了稳定的作用。四是对于产权市场做好国有产权之外的综合发展布局我也做了相当的思考与实践，北京产权交易所由一项国有产权核心业务最后拓展成 13 个交易平台，我做了很多相关的创新与推动工作，并且主持了北京金融资产交易所的全面工作，出任北金所的董事长兼总裁，为北交所集团交易规模过万亿元起了决定性作用。五是我对全行业的信息化做了积极工作。产权市场最重要的发展支撑就是信息化平台，在兄弟产权机构的支持下，我们建设了北京金马甲产权网络交易有限公司为行业提供信息化支持。

产权市场是一个新兴的小众市场，许多人不了解、不认可，因此客观上需要从业人士积极宣传。同时，由于北京的中心地位，我觉得也有义务做一些行业许多机构想做又不方便做的事情，就是大声疾呼来宣传产权市场。我的这种发展意愿与自觉意识应该起了一定作用。我工作中相当大的一部分内容是思考、研究、宣传产权市场。我在产权交易所从业的 12 年间，一直坚持研究问题、思考问题，并热情地宣传，因此积累了数十万字的演讲文章，出版了《资本盛宴》《国有资产产权交易初探》《中国流》《低碳之路》《低碳发展路线图》等专著。

（三）

我的研究成果比较丰富，坚持业务创新在操作中效果比较显著，应该有以下原因：一是大的形势。中国正处在由计划经济向市场经济转型深化的过程之中，对要素市场的诉求高涨，我们恰好赶上了这样一个大的发展时期。二是北京特定的首都地缘优势和北京市发展要素市场战略。在我的从业历史上，曾经出现过市委书记、市长、常务副市长在同一天为北交所做工作，争取成为央企产权交易试点机构，北京市领导的关心重视与支持可见一斑。三是我个人的学习积淀和理论准备。我在哈尔滨工业大学读书教书期间师从经济学家彭瑞玲教授，积累了一定的经济学理论和综合研究能力，35岁在哈工大被破格评为副教授。几十年来笔耕不辍，坚持学习思考。四是不墨守成规，勇于创新是我人生持之以恒的信念与乐趣，如果工作单调重复，没有压力，我很快就会厌倦；而工作越是有难度，越是有挑战，越是会激发起我旺盛的斗志，全身心投入，进入兴奋的创造状态。

我在北京产权交易所从业十几年，没有辜负北京市领导的支持，没有辜负北京产权交易所特殊的地缘优势，我任董事长期间与总裁吴汝川同志等团队成员取长补短、真诚合作，北京产权交易所的年交易额由最初的十几亿元，到最后超过两万多亿元。由一个产权交易所发展成拥有13个交易所子平台的交易所集团，在行业遥遥领先。北交所业务的健康发展，与我始终坚持规范与创新、坚持底线思维、风控在先，也是分不开的。

我养成了思考研究的习惯。在从业的十几年时间，把所有的精力用在了北交所业务的发展上，经常为业务策划夜不能寐，半夜醒来把思考的所得记录下来，才能继续入睡。休息日我也经常在家里的阳台上，用一种特定的小格子纸，把自己的思考记录下来交给同事们去操作。

我也很庆幸，在北交所的工作得到了相关各方领导的信任与全力支持，特别是北交所的大股东——北京市国资公司及其董事长李爱庆同志，几乎授予我全权。我自己所思所想几乎达到了100%转化为北交所业绩的这样一种良性互动，这客观上也促进了我全心投入，认真思考，勤于实践，勇攀高峰，经历了一段激情燃烧的岁月。投身产权行业十几年，可以说是我个人职业生涯成就的最高点。

（四）

我是一个愿意往前想，不太回头看的人，因此，这本《中国产权市场理论与实践研究》能够呈现在大家面前，最大的推动力应该来自湖北产权市场创始人何亚斌同志。何亚斌同志在业界德高望重，是我的好朋友。在半年之前他力邀产权界的几位元老出书，我不是很主动地答应了。他指挥我的助手王健，把我以前的稿子搜集到一起并整理成了这本书，并且利用这次新冠肺炎疫情封闭在武汉的时间，做了精选编辑工作。看到何亚斌老师的修改稿，我由衷地叹服这种认真、这种投入、这种热情，我深深地感谢何亚斌老师。

2015年我离开产权市场，也像当年加入产权市场一样，带有一定的偶然性。我当时临近退休觉得想干一点自己的事情，58周岁时选择了辞职创业，创建了北京国富资本有限公司。这个字号取自于亚当·斯密《国富论》、马克思《资本论》这两本我们这代人心中的圣经，我解释为"共产党人走市场经济道路"。创业艰难，甘苦自知。我经历了由国企领导者到民企负责人的转变，反差之大，刻骨铭心。但我很充实，很淡定，很快乐，还将继续走下去。这本书也算是我对公职生涯的最后告别吧。

本书疏漏不足之处，恳请读者指正。

是为序。

2020 年 4 月 10 日于北京

目　　录

第一编　理论研究

第一章　资本市场理论研究 ……………………………………… 3

1. 构筑多层次资本市场，迎接新一轮创业高潮
　　——在第八届科博会创业中国高峰论坛的演讲 …………… 5

2. 中国的三次市场化浪潮 …………………………………… 10

3. 金融资产的流动性与公开性 ……………………………… 15

第二章　产权市场理论研究 …………………………………… 21

1. 产权市场发展与资本市场建设 …………………………… 23

2. 产权市场：多层次资本市场的基础 ……………………… 29

3. 产权改革：防止国资流失的制度安排
　　——产权改革之于国企改革的重要性及其方法论探讨 ………… 37

4. 产权市场：中国版式的制度创新 ………………………… 44

5. 产权市场应成为公共资源交易的重要平台 ……………… 52

6. 我国产权市场若干重大问题初探 ………………………… 59

7. 新常态下混合所有制改革的思考与实践 ………………… 70

第二编　产权交易平台建设

第一章　北京产权交易所建设 ………………………………… 83

1. 优化整合构建产权交易大平台

　　——北京产权交易所诞生记 ………………………………… 85

2. 产权市场撑起资本市场一片蓝天

　　——透视北交所奥运"缶"拍卖案例的台前幕后 ………… 89

3. 服务中国并购市场，打造并购与融资工具集成商

　　——在 2010 北京国际并购论坛上的主旨演讲 ………… 95

4. 国资转让与定价的思考与实践

　　——与周其仁教授商榷 …………………………………… 99

5. 谈国企产权转让的正确途径

　　——与何一平同志商榷 ………………………………… 106

6. "有界网"资源对产权市场功能的贡献

　　——兼谈"金马甲"案例 ……………………………… 111

7. 北交所的长征与新长征 ………………………………… 121

8. 产权市场：踏上新征途

　　——北京产权交易所十年发展回顾与前瞻 …………… 124

第二章　金融资产交易平台建设 ………………………………… 137

1. 探寻金融资产业务的蓝海 ……………………………… 139

2. 金融道

　　——北京金融资产交易所的组建及其功能 …………… 142

3. 浪潮中的机遇

　　——金融资产交易漫谈之一 …………………………… 145

4. 交易所的逻辑

　　——金融资产交易漫谈之二 …………………………… 148

5. 搭建金融创新平台　推动债券市场发展

　　——论北金所债券交易业务创新 ……………………… 153

6. 委托债权：北金所的直接融资创新 …………………… 157

7. 北金所的使命 …………………………………………… 162

8. 要做市场的拓荒者

　　　　——对北金所的深切寄望 ·················· 165

　　9. 谈互联网金融对金融资产交易所的影响 ·········· 168

第三章　技术交易平台建设 ························· 171

　　1. 中国技术交易所业务的三维空间 ············· 173

　　2. 技术交易难的共性原因
　　　　——技术交易思考之一 ·················· 176

　　3. 中国技术市场的主要问题
　　　　——技术交易思考之二 ·················· 180

　　4. "天、地、人"要素的聚合
　　　　——技术交易思考之三 ·················· 185

　　5. 技术市场的解放之路
　　　　——技术交易思考之四 ·················· 190

　　6. 科技型中小企业投融资的"中关村模式"
　　　　——基于"产权链"工程的融资探索 ········· 194

第四章　环境能源交易平台建设 ··················· 205

　　1. 借奥运祥云还北京碧水蓝天
　　　　——在北京环境交易所挂牌成立大会上的讲话 ·· 207

　　2. 用市场机制推动改善地球环境 ·············· 212

　　3. 由美国"能源新政"想到中国新能源产业发展前景 ···· 215

　　4. 迎接新能源革命 ······················ 219

　　5. 中国减排：行动的困难与希望
　　　　——在纽约"中美低碳经济会议"上的演讲 ···· 224

　　6. 绿色金融与碳市场
　　　　——在南非德班气候大会世行论坛上的演讲 ··· 230

第三编　行业建设、市场监管与未来展望

第一章　行业建设与市场监管 ······················ 237

1. 发起成立行业协会，促进产权市场自律发展 ……… 239

2. 中国产权交易联合系统建设及其战略研究 ……… 242

3. 探索以资本为纽带统一全国产权行业之路
　　——纪念金马甲成立三周年 ……… 250

4. 认清大势　团结合作　着力推进产权交易市场"四统一"建设
　　——在中国产权协会推进产权交易市场"四统一"座谈会上的
　　讲话 ……… 253

5. 产权市场需要引入多层监管主体 ……… 263

6. 政府规范治理将促进中国交易所市场良性发展 ……… 266

7. 中国地方交易所的现状与前景
　　——在和讯网"连线华尔街"栏目的演讲 ……… 270

第二章　未来展望 ……… 283

1. 产权市场的功能与未来发展 ……… 285

2. 新《公司法》促进产权市场大发展 ……… 292

3. 产权市场国际合作的思考与北交所的实践 ……… 296

附　录

附录1　中国产权市场建设与改革40年 ……… 305

附录2　中国产权市场的"李云龙" ……… 331

附录3　五十八，再出发 ……… 340

第一编

理 论 研 究

第一章
资本市场理论研究

1. 构筑多层次资本市场，
迎接新一轮创业高潮[①]

——在第八届科博会创业中国高峰论坛的演讲

经济的发展首先取决于企业的成长，中国的经济走到今天，应该说中国的企业成长也走到了非常关键的阶段，就是中国企业再造的阶段。中国企业的再造应该说有这么几重含义：

中国的国有企业经历了 50 多年的积累、发展，现在已经拥有国有资产 15 万亿元左右。这样一个巨量的资产应该说是共和国几代人的积累，既是今天改革开放的物质财富，也是中国迈向未来的财富。因此中国国有企业的调整，国有资产的调整，构成了近 20 年以来中国经济发展与改革很重要的基础。

今天中国国有企业的调整应该说已经寻找到了比较清晰的路径或者比较清晰的思路：第一，对关于国计民生的重要行业应该实行国有控制；第二，在一些一般竞争性的行业国有资产要灵活地进退；第三，对于一些导向性的效益比较高的企业，国有资产要有进有退，比如高科技行业，国有资产要在这里边发挥带动、引导的作用。

国有资本的战略结构调整，不是简单的经营原因，比如说这段时间国有企业经营状况不好，国有资产要调整，这是因为中国已经选择了走社会主义市场经济的道路。在市场经济中，国有资产是特殊的资本，因

① 第八届科博会创业中国高峰论坛于 2005 年 5 月 23 日在北京大学举行，作者在论坛上发表主旨演讲，此为演讲稿，有删节。

此只能起到一种对国民经济的控制、引导、带动的作用，是一种特殊的作用，带动国家的意志和利益，而不应该主宰一切、控制一切、垄断一切。

中国经济另外一个发展的主轴就是民营经济的崛起。民营经济经过改革开放20多年的积累，可以说构成了中国经济最大的亮点，现在说三分天下有其一，工业经济增加值相当一部分是来自民营经济，因此民营经济构成中国经济的一个亮点。但是我们今天的民营经济，从总体的量和管理水平上来讲还不是非常强大，可以理解为处于成长或者初期成长阶段。因此中国企业再造的主旋律，我个人认为应该是公私合营混合所有的所有制经济，这里面叫做国有经济与民营经济的混合、国有经济与外资经济的混合。同样是国有经济，若干个国有企业相互之间的融合，应该构成中国经济下游企业再造的主导，因此股份制是公有制的主要实现形式，我个人认为应该说中国股份制的发展对下游中国经济的发展的带动是非常有价值的。

企业要再造，企业要重新兼并、重组、并购，就要有一个平台，这一轮创业的平台就是资本市场。大家都知道，绝大多数企业都缺钱，企业融资有两个渠道，一个渠道是直接融资，另一个渠道是间接融资。中国目前最核心的问题或者最大的难题就是直接融资的比例太低了，间接融资的比例太高了，所谓间接融资比例太高就是向银行贷款，这样的比例太高了。这几年的统计，间接融资的比例都在95%上下，而直接融资比例不到5%，当然这里面有统计的差异，但是总的趋势是有很大风险，大量企业的资金来源于银行，也就是来源于间接融资。

间接融资比例过高具有很大的风险，首先，因为我们现在的银行贷款，实际长期贷款、中长期贷款是比较少的，绝大多数都是流动性带动。很多银行用短期资金做长期的事情，难免有风险。很多企业说短期行为没有长期打算，它手上的主要资源都是短期的，它怎么能有长期打算呢。同时由于我们企业所需要的钱都是银行的，银行最后又是国家的，这样一个链条做下来，最后的结果就是很大风险由我们银行也就是我们国家承担了，每一次调整的直接结果就是导致大批的银行坏账。因此，中国资本市场中间接融资太多，直接融资太少，是一个巨大的风险，应该是下一轮中国经济调整再造改变的方向。

提高直接融资比例，要建立有效的资本市场。中国资本市场的建设与发展应该说是未来中国经济发展极为重要的主战场。我认为中国资本市场建设首先要与中国经济发展的现实相适应。中国社会经济发展的现实是什么？规模大、层次相对比较低，因此中国的资本市场应该是一个大规模的资本市场，而绝不是今天我们的1 000多家贵族化公司的资本市场。同时，应该适应中国企业参差不齐多层次的情况，要与中国的法律环境、银行支持等一系列的环境相配套发展。因此中国的资本市场发展的道路肯定与一般的国家发展道路是不一样的，这是由于中国市场的配置和流动的规律与一般的市场经济国家是截然不同的。因此中国资本市场的成长路径与发展模型大概简单照搬任何一个市场经济国家，哪怕是最发达的美国模式搬过来也是不可以的，这也就是为什么过去若干年来我们的证券市场一批海归碰壁的原因之一。

中国的资本市场应该是一个大规模的、多层次的、区域化的资本市场，首先要按照企业规模不同、风险不同、融资成本不同、监控成本不同等，这样一些不同的原则来进行分层次的设计与规划，应该是符合企业管理、低成本控制的原则，是区域化的，当然也应该是国际化的、开放型的。

中国资本市场的多层次，我们认为产权市场，实际上是中国资本市场的一个重要的组成部分，是它的一个基础层次。所谓资本市场就是企业能够融到资，投资人在这个市场能够通过买卖投资品挣到钱这样的市场，从这个角度来讲产权市场是资本市场的一部分。

因此我个人认为多层次的资本市场由以下几个构成：

证券市场主板、证券市场中小板，债券市场，产权市场。产权市场构成了多层次资本市场的基础层次，产权市场对应于国际的市场形态有这么几层：柜台交易、私募股权市场、并购市场。

北京产权交易所是目前有特色的市场之一，北京市唯一的产权市场。北交所对自己的定位是专业化、集约化的并购市场，区域性非公开的资本市场。这里的非公开是指北交所这样的市场不是面向一般的公众而是面向机构投资人。北交所的发展战略，是希望能够以国有产权强制入场为契机，聚拢资源，逐步形成消费习惯和市场氛围，完善市场功能，做大交易规模，成为服务于以国有产权为主的社会各类产权交易的产权大市场，成为多层次资本市场体系的基础性市场平台。

北交所目前作为国内比较活跃的产权市场，它的主要业务有两大类，我们称为双轮双轨的业务模式，一大类是国有产权。中国产权市场的基础是国有产权强制入场，国家法律规定，所有国有产权交易都必须进入产权市场交易，分为两大块，一个是北京市属产权的交易，所有北京的国企产权交易都必须进入北交所。另一个是中央国资，既包括国务院国资委监管的产权交易，也包括非经营型的，也就是教育、卫生等产权交易，还包括保监会监管的产权交易。

北交所严格按照国务院国资委和财政部 3 号令《企业国有产权转让管理暂行办法》及配套文件的要求严格规范产权交易，北交所另外一条就是非国有产权交易，相对来说更加灵活，更加符合资本市场的要求。非国有产权交易是两大类，一大类是中关村的高科技企业股权融资服务，中关村园区管委会将园区企业的直接融资、政策融资这样的服务完全放在北交所的一个工作平台叫中关村科技园区投融资促进中心，是管委会的机构，但是全部的工作是北交所的工作人员操作。

北交所另外一个非国资业务是金融创新的业务，希望能够对不良资产等有关金融产品的流动性，以及最终出现的交易进行探索。

北京产权市场已经发展 10 年的业务取得了长足的进展，比上年增长了200%多，2004年一年的交易额比前10年交易额的总和还要多，应该说北京产权市场有可能成为国内最大的一个产权交易平台，上年我们的国资交易已经是全国的第一了，交易项目将近2 000项。

因此我希望在座的各位关注产权交易市场，对中国多层次资本市场的建设给予积极的支持。

2. 中国的三次市场化浪潮^①

2008 年是改革开放三十周年，人们都在思考改革开放给中国带来了什么？什么是最重要的主题词？有没有一条历史演变的主线？我认为：改革开放三十年的主题词就是市场化。以消费品市场化、生产资料市场化和产权市场化为标志的三次市场化浪潮，推动了中国从计划经济向社会主义市场经济的转变。

一、三种社会经济形态及交易特征

一个社会根据其经济发展形态，可以被划分为三种形态：农业社会、工业社会和后工业社会。

这三种形态是社会发展由低级形态向高级形态的演进，多数西方国家都曾经历过这样一个完整次序的社会形态演变。例如 17 世纪之前的欧洲大陆，其社会经济基础为封建领主的庄园经济，故农业就成为整个社会所依赖的根基所在；进入 18 世纪后，欧洲开始了工业革命，随着蒸汽机、织布机等各类机器的相继发明，社会逐步由农业社会向工业社会演进；到 20 世纪中叶，欧洲就基本进入了后工业社会。

上述三种社会形态的主导性交易行为各有特点。在农业社会中，所从事的典型活动是消费品的生产、交易与消费活动。也就是说，人们日常所需的吃、穿、用等产品的生产与消费，是农业社会中所需从事的最

---

① 原载于 2008 年 1 月 21 日《中国证券报》。

基本活动。

工业社会的核心交易对象不再是日用消费品而是实现社会生产和再生产所必需的各类生产资料。工业社会是以对生产资料的产销活动为主要特征的。

后工业社会的核心是对各类产权的界定与交易活动。后工业社会尽管也离不开日用消费品与各类生产资料的产销活动，但具有代表性和典型性的交易却不是这二者，而是各种产权的界定与交易。产权是后工业社会赖以存在的基石所在。

二、改革开放的三次市场化浪潮

（一）消费品的市场化浪潮

第一次市场化浪潮，即消费品的市场化浪潮，大致发生在 20 世纪七八十年代末期，即从 1978 年党的十一届三中全会到 1992 年邓小平南方谈话前夕。

中华人民共和国成立后的前三十年，中国基本是一个处于"短缺经济"状态的国家，短缺表现为物质的严重匮乏，消费品极其短缺，甚至无法满足人们基本的生活需要，政府因此就把所有的消费品都纳入计划供应中来。

1978 年召开的党的十一届三中全会，可以看作是中国经济发展过程中的一个重大历史转折点，中国开始由"以阶级斗争为纲"向"以经济建设为中心"的方向转轨；在 1984 年 10 月召开的十二届三中全会通过《关于经济体制改革的决定》，提出了"有计划的商品经济"口号，1987 年 10 月党的十三大报告对此进一步确认。经济体制逐走向宽松，中国也逐步从短缺经济的阴影中走出来。政府把原来消费品的计划供给和凭票供应，转化为用市场化的办法进行配置。一个奇妙的现象发生了：几乎在一夜之间就什么都有了！粮食不缺了，肉不缺了，糖不缺了，鸡蛋也不缺了。

这就是中国的第一次市场化浪潮——消费品的市场化浪潮。第一次浪潮彻底改变了中国人在一般物质消费上的匮乏，极大地改善了中国人民的生活质量。由于这次市场化改革紧贴着人民群众的生活，与千百万人民群众的切身利益息息相关，因而给人们的印象也最为深刻。这次消费品市场化浪潮使得人民群众对各类产品的需求基本得到满足与实现，从而使中国重新恢复到一个正常的农业经济社会可以达到的经济水平上来。

（二）生产资料的市场化浪潮

第二次浪潮是生产资料的市场化浪潮。这一浪潮发生的时间，大致是以邓小平南方谈话为起点，到 20 世纪末基本完成。

改革之前，中国所有的生产资料，包括钢铁、木材、煤炭、棉花、粮食等，都是计划供给，且是非常严格的计划供应。这些生产资料是企业进行生产及再生产的物质基础。但这些生产资料的计划供应，实际上只能满足在原有计划体制内进行产品生产的纯国有体制的要求，而无法满足外资的陆续进入、民营企业逐步起飞大量进行商品生产的要求。

因此，从 1992 年开始的一轮生产资料市场化过程，把原来由计划供应的生产资料，逐步改由市场进行配置。这就为中国民营企业、乡镇企业的崛起，为此后外资企业在中国的发展提供了市场渠道与制度的保证。

生产资料的市场化浪潮，使多数生产资料从计划供给或价格双轨制的束缚下松绑，各种生产资料开始自由贸易。从纵向对比上看，此次浪潮的发生恰如工业革命对西方国家的影响一样，生产力得到极大解放，中国各种经济成分开始大踏步向前发展。经济比较发达的省份，特别是民营经济发展得比较快的省份如浙江、江苏等，就是这一轮生产资料市场化的最大受益者。

（三）产权的市场化浪潮

产权的市场化浪潮是第三次市场化浪潮。这次浪潮发生在 21 世纪，它以 2002 年党的十六大及其后十六届三中全会提出的建立归属清晰、权责明确、保护严格、流转顺畅的现代产权制度为标志，我把它概括称为"产权的市场化浪潮"，或"产权的商品化浪潮"。

中国的企业产权商品化起步于深沪股市的建立，即 20 世纪 90 年代初，但那时还只是一个先声，真正的中国企业产权大规模市场化还是 21 世纪发生的事情。这一轮市场化使中国基本上全面融入了世界，也为中国全面进入社会主义市场经济体制提供了重要的制度供给。

可以说，正是由于产权市场化浪潮的推进与带动，才使得中国开始进入了第三种社会形态——后工业社会。

我们知道，产权是企业的基石，要构筑一个企业的高楼大厦，要让中国的企业与全球几百强去竞争，这个企业的基石是由计划配置还是市场配置显然是中国面临的一个最重要的选择，也是中国社会最深刻的一场变革。中国选择了企业产权由市场来配置，实际上是为中国今后走向一个真正意义的市场经济国家奠定了制度基础。十七大报告也提出，要更充分地发挥市场资源配置的"基础性作用"，这也是一脉相承的。

产权市场化有两个前提，一个是主体要平等，也就是各类企业作为市场主体都是平等的；另一个就是产权要清晰，就是说产权不能既属于你又属于我，一份产权在一个时点上，属于且仅属于一个法人或自然人，这是产权市场化的基础所在。当然这种产权市场化也需要一个流动的平台，深沪股市是一个重要的流动平台，我们的产权市场，也是产权市场化的一个重要流动平台。

这三次市场化的浪潮，是过去30年中国改革开放长河中壮阔的洪流，它们也是中国过去几十年发生深刻变化的一个精彩缩影。中国长期以来由于受传统文化的影响、社会发育留下了重农轻商的痕迹，市场化基础薄弱，契约精神也较弱，发展市场化、法治化的基础也比较弱。故而，这三次市场化、商品化的浪潮，对中国由过去一个封闭的计划经济的国家走到今天一个开放的、社会主义市场经济的国家，起到了非常关键的作用。

3. 金融资产的流动性与公开性[①]

一、金融构成三要素

金融在本质上是一个"流"，这个"流"在运动过程中，为经济体发展带去所需的能量。耶鲁大学终身金融学教授、著名经济学家陈志武给出的定义是：金融是跨时间、跨空间的价值交换。对这个定义加以解构可以发现，金融的构成有三个要素特性：跨时空、价值和交换（即"流动"）。

"跨时空"是金融的第一个要素。就是说一个人在本地赚到的钱可以拿到外地去消费，这是金融的"跨空间"；而今天赚的钱可以留到未来去消费（存款形式），也可以把未来才能挣到的钱提前折现消费（信用卡形式），这就是金融的"跨时间"。"跨时空"的特征其实是现代金融市场较早前人类"物物交换"市场的根本优势所在。

而"价值"这个要素很好理解。能够与金融沾边的一定是有价值的东西，而这些价值都需要有一个载体，即金融资产。金融资产可以分为货币和非货币金融资产：货币就是通常说的"钱"，而非货币金融资产则是一种能够体现权属关系的财富凭证，如股票、信托、债券、贷款等。货币的最大特点是可以随时、随地与标的物进行价值交换；非货币金融资产则只能通过流动（变现）才能实现价值交换。

---

① 原载于《资本市场》2012 年第 4 期，第 11－15 页。

"交换"也是金融最根本的属性。金融的目标就是实现与标的物间顺畅的交换，而不断的交换过程就体现出金融作为一种"流"的运动过程。

二、流动性解决金融资产错配

流动是金融资产存在的一种内在要求。我们常把金融比作国民经济的血液，金融资产就是血液中的红细胞，红细胞所蕴含的养分，只有通过流动才能被运送到经济体全身。

一方面，金融资产这种"红细胞"在形成过程中可能存在着先天性不足，即金融资产的错配。如拿银行来说，作为金融媒介，银行资产（包括表内与表外）在进与出之间始终存在着错配，包括时间错配、空间错配、数量错配、收益错配等，流动性则是解决这种错配的一种有效方式。

另一方面，对市场而言金融资产的流动不仅可以配置资源，也能够配置风险，不仅能增加价值，还能防止腐败。

配置资源是金融资产流动的首要特征。金融流的流向一定是市场中最能创造价值的地方，金融流在流进这些资金洼地的同时，也裹挟着其他各类要素资源一道倾入，所以凡金融流流过之处，一定是风生水起，资源积聚。

配置风险是金融资产流动的另一个特征。金融与风险之间是相生相伴的，金融资产的流动过程也就是风险转移的过程，而应对风险的最有效办法就是发展衍生品市场。

增加价值是金融资产流动的又一个特征。不流动的金融资产是难以实现市场化定价的，而对同等收益回报的不同金融资产而言，流动性越强的其价值也就越高。比如高信用等级债券（如国债）与低信用等级债券（如城投债）相比，后者就会由于流动性差而不得不给出较高收益率或折价发行。

预防腐败是金融资产流动的一种"溢出效应"。当一类金融资产处于高流动状态时，它就会由于市场关注度的增加而减少腐败发生的机会。

三、三个板块层级

流动性也是金融市场孜孜以求的目标。在成熟金融市场中任何一品种均可由三个板块层级组成：一级发行市场、二级流动市场和衍生品市场。

一级发行市场是金融市场的基础，其核心是确定金融资产的初始投资人，与实体经济进行价值交换。比如我国的股票市场或银行间债券市场，其股票或债券的发行过程也就是确定初始投资者和实体经济交换的过程；而信托、信贷和理财等存量型的金融资产也是如此，这类金融资产的一级市场也在于确定资产的初始持有人。

二级流动市场是一级发行市场的支撑，也是金融市场的核心所在。对金融资产而言，所谓流动性即指其可以实现便捷交易的程度。而二级流动市场是金融资产投资人重新洗牌的地方。我国目前只有股票、债券等数量占比较少的金融资产具有相对完善的二级流动市场，而占比最大的信贷资产以及理财、信托和保险等其他各类金融资产则都缺乏有效的二级流动市场。

衍生品市场是为对冲金融风险而存在的。以银行间市场交易商协会近年推出的信用风险缓释合约（CRMA）举例，这种信用衍生产品的核心宗旨，就是金融资产的投资人为对冲风险而与第三方签订的一个违约互换协议，当发生信用事件时，第三方必须以约定价格收购参考实体资产。

四、流动性严重不足导致货币效率低下

金融资产分为可流动资产和未流动资产。可流动资产包括债券、股票和公募基金等，未流动资产包括信贷资产、理财产品、信托产品、保险资产和私募基金等。

当前我国金融资产的流动性严重不足。可流动资产在金融资产总额中占比相对较小。据统计，我国股票市场 2010 年融资金额为 0.94 万亿元，债券市场直接融资金额 1.82 万亿元，而信贷资产新增规模则达到 8.36 万亿元。而从金融机构资产总额来看，2010 年我国银行业金融机构总资产达到 92 万亿元，证券公司总资产为 2.24 万亿元，基金公司管理资产为 2.51 万亿元，信托机构总资产为 3.04 万亿元，保险机构总资产为 4.9 万亿元。

首先，流动性不足导致货币效率低下。其次，流动性不足也极大影响了我国银行业及其他非银行金融业的健康发展。由于受利率管控和缺乏二级市场的影响，我国商业银行对贷款普遍采取持有到期模式，存贷款利差成为银行的主要收入来源。

同时，这种"水多了加面、面多了再加水"的发展模式由于缺乏一个促进信贷资产流动的市场存在，整个信贷市场的风险就如同"堰塞湖"水位一样被逐步抬高。而信贷市场在我国金融市场体系中又占据绝对主导地位，也就意味着我国金融市场体系的整体系统风险也在不断聚积。尤其是在一些特殊行业领域，如地方融资平台领域、房地产信贷领域和高铁信贷领域等，其风险尤其值得警惕。

五、建设二级流动市场平台

解决我国金融资产流动性不足问题的核心，在于要建设和完善我

国的金融资产二级流动市场平台。

存量金融资产的流动市场有两种形式：一是初级市场形式，即金融资产直接转让的市场服务平台；二是高级市场形式，即金融资产证券化的市场服务平台。

发达国家的商业银行对信贷资产一般不持有至到期，而是采取流量管理的模式，就是将表内的信贷资产予以证券化后再向市场其他投资者发行，回笼的资金便可以继续对外发放。这样做的效果，一方面银行在不用扩大总资产规模的前提下就实现了信贷扩张，另一方面也通过贷款转让实现了风险的转移。

我国自 2005 年以来已进行了两批信贷资产证券化试点，发行了总计 668 亿元规模的信贷资产支持证券，但由于受美国次贷危机的影响，2008 年监管层暂停了这一创新模式。在市场的强烈呼吁下，国务院又批准了第三批 500 亿元规模的证券化试点，信贷资产证券化雏形形成。

六、规范交易以避免道德风险

我国的存量金融资产不仅需要一个流动市场，还需要有一个能够保持公开透明的一、二级市场。

我国的金融机构多为国有控股，故市场上的大多数金融资产也都属于"类公有资产"。这种类型的资产在市场中经常会面临的一个问题：即公有体制下，"委托—代理"关系的不正常所导致的道德风险问题。

在公有体制下，金融行为的决策者并不是金融资产的所有者，这使得权力寻租成为可能。尤其是在当前中国金融市场体系不健全、法制建设不完善以及监督机制也未到位的情况下，这一问题显得尤为突出。当金融资产的代理人在交易利益关联不正常的环境背景下去做一个决策，如一笔款项该怎样进行最优配置时，会出现像"保姆卖家产"一样的逆向选择可能，代理人完全可以在实际操作过程中拿着委托人的钱去博短期收益——赢了会有高额的奖金，输了则风险由别人来承担。这种情形在当下的中国市场中其实大量存在，只是因为很多情形都是私下的、人情的和随机性的，难以被发现而已。所以我国的金融资产更需要有公开透明的一、二级市场平台进行规范交易。

此外，我们还可以借鉴金融危机后美国监管当局的经验。在次贷危机发生前，美国金融市场的特点是金融体系高度发达，金融创新层出不穷。华尔街的银行家们为了自身利益最大化，不断地创新出各类衍生品，而美国金融监管当局为刺激经济发展，也有意放松了对这些创新产品的监管。危机后，美国金融监管当局进行了深刻反思，最终出台了一系列政策予以纠错，包括对金融衍生品提出了"进场"要求，实现对金融机构、金融产品和金融交易的监管全覆盖，将缺乏监管的场外衍生品市场纳入监管范畴；对金融企业实施并表审慎性监管；调整监管权力结构；成立金融稳定监管委员会；完善投资者保护体系；等等。这些举措的核心是要将金融产品尤其是金融创新产品放入场内进行交易结算，而非以往那样在场外私下就可以完成。

再来看我国的金融市场。目前包括股票、债券这样的可流动金融资产其发行交易平台都是公开的，但占比较大的、缺乏流动性的信贷资产，以及信托资产、理财产品和保险资产等还没有建设起一个公开的市场交易平台，而这些才是真正需要被赶入"场内"交易的。实际上，由于现代信息技术的进步，建设一个服务于公开的、海量的、非标的金融资产流动平台也并非太难。

分散在天南海北的各类金融机构柜台，可以通过网络技术连接形成一个统一的交易系统环境，所有金融资产的发行与交易都可以在这种看不见、却能感触得到的"场"中进行；同时，这种金融资产的发行交易还是采取一对一询价交易方式，即"场外"模式，而非交易所市场那种实现报价驱动、连续交易、即时成交的"场内"模式，不会碰触监管层的红线要求。

第二章
产权市场理论研究

1. 产权市场发展与资本市场建设^①

我们知道多数企业都缺钱，企业资金问题是由两个市场来解决的。短期的也就是一年之内的资金需求是由货币市场解决，一年以上的资金需求是由所谓资本市场来解决。

我讲第一个话题叫产权市场是中国特色的资本市场。资本市场还有一个简单的定义，想要融资的企业在这里能够融到钱，想投资的人能够通过买卖投资品挣到钱，这样的市场就是资本市场。从这个角度来讲产权市场完全满足了这样一个功能，因此说产权市场是资本市场。

中国的产权市场起自于1988年，是中国改革开放的一个重要产物。产权市场最初是一些地方政府为了支持当地经济的发展，为了参与资源的配置而进行的在资本市场建设方向的一个探索。随着中国国企改革的深入，产权市场逐步发展。产权市场按照我们的理解对应于发达市场经济国家的并购市场、私募股权市场与柜台交易市场。经常有熟悉国外情况的朋友们问，为什么发达市场经济国家，资本市场如此发达，却没有产权市场这样一个形态。我个人认为这恰恰是中国资本市场发展的道路与发达市场经济国家不完全一样的必然结果。中国由于国民财富的配置、流动与再分配的规律与发达市场经济国家完全不一样，基础完全不一样，因此路径也完全不一样。这就导致了中国资本市场的表现形态也出现了差异，出现了这样一个产权市场特殊的形态。

---

① 原载于《中国流通经济》2005年第8期，第56-59页。

中国产权市场表现为一个有形化的市场，这由两个重要的社会现象和潮流导致的，一个是中国国有资产要进行调整，另外一个潮流就是中国市场环境特别是并购市场环境不尽如人意。

中国国有资产是共和国几代人经过五十多年积累形成的资产，在15万亿元左右的水平。这是中国人民共同的财富，这是中国改革开放的物质基础，也是中国迈向未来的物质基础。中国国有企业必须进行调整，必须进行改革，这是由于中国已经选择了走社会主义市场经济的道路，在市场经济里国有企业是一类特殊的企业。国有企业战略结构调整不是由于国有企业简单经营情况的好坏，经营情况好就不用调整，经营情况不好就要调整。这是由于中国选择了市场经济的道路，国有企业应该发挥控制、引导的作用，而不是包揽一切，垄断一切。因此中国国有资产调整，第一，对于关系国计民生的重要企业要继续国有的控制。第二，在一般竞争性领域国有资产要灵活进退。第三，对于一些导向性的比如高科技、效益比较好的企业国有资产应该在其中占有相当的比例。国务院国资委监管的国有企业现在有177家，按照国资委主任的说法若干年后可能到50家、100家。但是中国国有资产不会少，中国国有企业势必会与民营企业和外资进行进一步融合，最后国有企业改革的结果是相当一批国有企业变成了非国有企业，是一种混合所有制，这就是党的十六届三中全会决议上讲的，股份制是公有制主要实现形式的一种产权结构上的表达。

如此大量国有资产要进行战略结构调整，就要有一个并购重组、产权流动的市场环境。但是中国可以说这样一个市场环境并不尽如人意。

第一，许多国有产权交易的时候，产权不够清晰，因为毕竟委托代理链条过长，总公司、子公司、孙公司，最后不知道谁与这个产权出让的价格收益有直接的利害关系。这就是所谓产权交易的利益关联，在正常的市场经济情况下，显然这一块资产卖钱越多，决策人个人的利益越有利。但是中国许多情况下，在中国售卖国有产权往往不是这样。往往是不相关甚至是负相关，卖越少某些决策人得利越多。

第二，中国企业信用与个人诚信不令人满意，任何产权的转让，如果离开了信用与诚信可以说是空中楼阁。

第三，中介机构。产权交易作为特殊的交易，必须借助会计师、律师等中介才能完成。但是中国的这些中介机构无论个人素质还是职业素质都不令人满意，以至于上届政府总理朱镕基给国家会计学院题词题了四个字"不做假账"。

第四，职业经理人。中国尚未形成职业经理人阶层。一个企业主要管理人员随着产权的波动而波动，这个企业的价值就大打折扣了。

接下来的问题就是所谓法治环境的问题，到今天中国的并购的相关配套法律没有完全建立起来。

最后一个比较严重的问题就是金融支持，任何一个大规模的并购，都必须有强大的金融支持，但是到今天银行的贷款通则中仍然明确规定，商业银行的贷款不得用于权益性投资。没有金融支持，任何大规模的并购几乎不可能成功。

在这样一个环境下，国有资产又必须进行调整，一个现象就出现了，这就是国有资产流失问题。国有资产流失问题去年各方面的争论、情绪、观点到了碰撞的高潮，标志就是郎咸平教授的观点，停止国有产权的转让。五年前这么热炒，中国国有企业改革的道路怎么走可能会受影响。好在中国国有企业改革的道路，经过党、企业、政府的探索，已经形成清晰的思路，必须走市场化的道路。在交易过程中保证国有资产不流失的责任，历史的重任落在了尚且幼稚的中国产权市场的身上。

中国产权市场基本设计思路就是在现有环境下如何能够最大限度地既保证国有产权的有效流转又防止国有资产的流失。设计的基本思路就是四个字，公开、竞争。

　　首先一个原则是所有国有产权想要出让，必须公之于众，让尽可能多的意向受让人知道这个产权要出让了。假设北京某饭店 50% 的股权的出让人，原来我认识梁先生，他是一个外商，我跟他说值 5 个亿，但是你 4 个亿拿走吧，咱们把剩下 1 个亿分掉。这叫定向出让、利益输送、黑箱操作。这大约是一年半以前的做法。2004 年 2 月 1 日，国务院国资委与财政部联合颁布的《企业国有产权转让管理暂行办法》，也就是 3 号令正式实施以后这种做法不行了。必须把北京某饭店 50% 股权出让的信息向全国乃至全世界公布，当然产权是一个特殊的商品，不是在座所有的人都能买，可能前排这十位愿意买。这叫意向受让人。这时候我想跟梁先生做私下的交易，几乎不可能了。首先要请梁先生把在座的那 9 位摆平，大家都想买，都知道这东西至少值 5 个亿。还有一个办法就是他出价最高。公开，使得国有产权最大限度地征集到了意向受让人，发现潜在买主。国有资产是全国人民共同拥有的资产，公开，保证了全国人民的知情权，全国老百姓知道了这产权要卖，谁都有权举手，但是知情权通过公开的办法解决了。规避当事人的职业风险和道德风险，因为产权到底如何定价这事情确实比较复杂。我出于公心，我说一定要卖最高价，我说梁先生你 6 个亿买走吧，他也咬咬牙支持我工作买了。刚签完合同那边举手了说，我愿意 6.5 亿元买。流失了 5 000 万元！只要你不是通过公开竞争形成的价格，谁能确认产权价格？任何评估办法都解决不了问题。公开，使得整个产权市场运行有了一个基础，我们这种公开目前主要是信息公开，目前国内产权交易所在自己公共网站、省级以上财经媒体进行产权项目的披露。

　　另外一个原则就是竞争。征集到了若干个受让人，那么卖给谁呢？采取竞争的办法。在市场经济条件下只要是理性的购买人，任何一个卖的人都想多卖钱，任何一个买的人都想少出价。若干个买者与卖者平等的博弈，最后形成的价格就是市场价格，这就是产权市场基本的设计思路。中国的产权市场经历了十年左右的摸索，到了 2004 年 2 月 1 日，应该说进入了发展的新阶段。我们所一直担心的国有产权流失问题，在理论上及法律上得到了一个解决方案。

回到我们主题之一中国资本市场。中国是目前新兴市场经济国家中发展速度最快，企业群体最多的一个国家。目前有企业总数700万—1 000万户。中国的资本市场肯定是一个特殊类型的资本市场。刚才讲到一个观点，中国的资本市场发展路径肯定与发达市场经济国家的一般路径是不一致的。这是由于中国是一个正在转型中的国家。其次，中国是一个大国。中国的财富聚集配置结构与西方市场经济国家是截然不同的。西方市场经济国家，它的资本市场起点是离散的、产权清晰的财产所有人，在这样一个财产所有人基础上进行交换，使离散的资本市场聚集到全国资本市场。中国恰恰反过来了，中国20年前90%财富聚集在一个所有人手里，就是国家，对很多单位而言，财富叫左兜到右兜的关系，不是财富的转换，不是交易。因此中国近十几年，中国资本市场走的路径与国外截然不同，这是前十几年海归回到中国资本市场碰得伤痕累累的一个原因。

中国资本一定要符合中国经济社会发展的实际情况。中国的国情是国家大、企业多，发展参差不齐，中国资本市场应该是大规模的绝不是贵族化的，就像深沪股市1 000多家而且以国有企业为主，肯定不是这样的。是多层次的，不是今天单一层次。中国的资本市场应该满足数以百万计的企业融资需求，因此肯定是一个大规模的，多层次的，区域化的资本市场。它的多层次应该理解为随着不同规模的企业、不同的融资要求、不同的成本期望、不同的监控手段，这样分级来进行资本市场的设计。当然也应该是一个国际化的，开放的，因为资本市场是最为开放的市场。无论人们愿意不愿意，资本市场会按照自己的逻辑，按照自己的规律去发展，这里当然要借鉴、学习国外发达市场经济国家成熟的管制经验。这就是所说的国际化开放性。

关于多层次资本市场有不同的论述，我们站在产权市场这样一个角度去观察，我个人把它理解为这样几层，中国资本市场的层次，第一层肯定是证券市场的主板，这是目前中国资本市场的主战场。接下来是中小企业板，接下来是债券市场，最下面是产权市场。因此产权市场是中国资本市场的基础层次。产权市场也分层，最上面是柜台交易市场，然后是私募股权交易市场，最下面是并购市场。

中国多层次市场中，有许多城市特别是一些大城市政府都想促进建设资本市场。北京资本市场如何发育，北京市政府 2005 年 4 月公布了一个文件，《北京市人民政府关于推进本市资本市场改革开放和稳定发展的意见》，把北京产权交易所作为北京资本市场发展的重中之重："全力推动北京产权交易所规范发展。加强北京产权交易所建设，促使其成为全国性产权交易市场。建立形成科学合理的产权交易定价机制，建立健全和完善各项产权交易制度。大力为国家及本市企业国有产权交易做好服务。努力吸引非国有产权进场交易。制定措施，完善服务网络，提高市场辐射能力，吸引异地企业来京进行产权交易。大力支持北京产权交易所市场导向下的产权交易制度创新。丰富投资品种，发展产权交易增值服务，探索建立做市商交易制度。在国家有关部门的统一监管下，积极探索进行非上市公司股权的标准化和证券化交易试点。鼓励发展各类产权交易中介机构。积极推动私募资本市场的发展。支持北京产权交易所开发有利于投资退出的产权交易品种。鼓励北京产权交易所开展不良资产处置的中介业务。"

北京产权市场基本发展思路，是以国有产权强制入场为契机，逐步形成消费习惯和市场氛围，完善市场功能，做大交易规模，成为多层次资本市场体系的基础性平台。

2. 产权市场：多层次资本市场的基础[①]

建立健全多层次资本市场体系，是加快社会主义市场经济建设的重大举措。2004年1月31日《国务院关于推进资本市场改革开放和稳定发展的若干意见》（国发〔2004〕3号）明确提出，要"在统筹考虑资本市场合理布局和功能定位的基础上，逐步建立满足不同类型企业融资需求的多层次资本市场体系"。中国产权市场历经十多年的探索实践，取得了长足的发展，尤其是国有产权进场交易制度确立以来，产权市场进入快速发展阶段。然而，就产权市场与多层次资本市场建设的关系问题，业界的看法并不完全一致。我认为，建立健全中国多层次资本市场体系，产权市场是个不容忽视的基础性平台。

一、产权市场与多层次资本市场

对多层次资本市场，我觉得有必要用发展的眼光对它进行重新认识，赋予其创新的内涵。

一些人简单地把资本市场等同于证券市场甚至等同于股票市场，其实是把资本市场的定义狭窄了。多层次资本市场的"多层次"，应有两个方面的含义：一是"多形态"，即资本市场包括股票市场、产权市场、债券市场、期货市场和其他金融衍生品市场；二是多元化，即上述

---

① 原载于《中国金融》2006年第6期，第14-16页。

的每一种市场形态都应该呈现出金字塔式的多层次架构，包括全国性的场内市场（交易所市场）、集中的场外市场、分散的场外市场（区域性）等多个层次。以美国为例，其股票市场就包括纽约证券交易所、NASDAQ 全国市场、NASDAQ 地方市场、柜台交易市场、粉单市场等多个层次。同样作为发展中国家的印度，其股票市场包括印度孟买、National 两家全国性市场和 21 家相互联网的区域性市场。对于中国这样地域广阔、企业众多、经济快速发展且不均衡的发展中国家来说，很难想象靠一个和几个集中的股票市场就能解决 325 万户处于不同发展阶段的企业的全部融资需求。因此，建立健全多形态、多元化的多层次资本市场系统，显得尤其迫切、尤其重要。

关于产权市场是不是资本市场这个问题，我认为 2003 年 10 月党的十六届三中全会已经作出了很好的回答。在这次全会通过的《中共中央关于完善社会主义市场经济体制若干问题的决定》中明确提出："产权是所有制的核心和主要内容，包括物权、债权、股权和知识产权等各类财产权"，并提出要"建立归属清晰、权责明确、保护严格、流转顺畅的现代产权制度"，"推动产权有序流转，保障所有市场主体的平等法律地位和发展权利"。从这个角度讲，产权市场作为为各类产权提供交易服务的专业化场所，其交易产品包括物权、债权、股权和知识产权，涵盖面要比资本市场大得多。就我国的实际情况而言，产权市场是伴随着国有企业改制重组和国有经济战略性调整逐步形成和发展起来的，目前的交易品种已基本覆盖了除上市公司流通股以外的其他大多数资本要素资源。2004 年，全国产权市场交易规模已达到 1 914 亿元，同期，国内沪、深两家证券交易所融资额合计为 860 亿元。产权市场事实上已经成为中国资本市场体系的一个基础性平台。

二、中国产权市场的发展及其功能

国内目前所说的产权市场，特指为国有产权和其他各类产权交易提供场所、设施和相关服务的各类产权交易机构的统称。

中国产权市场自 1988 年出现以来，经历了探索发展、清理整顿、规范和再发展等几个阶段。随着股份制改革的推进，各地纷纷成立产权交易机构。自 1988 年武汉、四川乐山两地在全国率先成立产权交易机构以来，产权市场在国内外没有任何可借鉴经验的环境下探索前行，并催生了新中国的股票交易市场。2000 年以来，在技术产权交易的刺激下，产权市场快速发展。2003 年 12 月，国务院国资委天津会议确立了促进国有产权有序流转和加快国有资产战略性调整的工作目标，并于 2003 年底联合财政部出台了《企业国有产权转让管理暂行办法》，规定企业国有产权转让必须在国资监管机构选定的产权交易机构公开进行，并陆续出台了规范企业国有产权交易和产权市场发展的相关配套文件，为产权市场发展带来了新的机遇，产权市场进入规范发展阶段。

随着《企业国有产权转让管理暂行办法》及其配套文件的相继出台，产权市场事实上成为国有产权转让的法定场所，成为国有经济战略性调整的重要平台。伴随着中央企业国有产权的进场交易，目前的产权市场已基本形成了以北京产权交易所、上海联合产权交易所、天津产权交易中心以及湖北产权交易中心、哈尔滨产权交易所等为代表的 200 多家专业性产权交易机构，并逐步形成了长江流域产权交易共同市场、北方产权交易共同市场、黄河流域产权交易共同市场、西部产权交易共同市场等区域性市场，初步建立起规范的制度流程和相对完善的服务体系。

目前的产权市场已基本实现了以下几个方面的功能：一是信息集聚功能，即提供产权交易的信息，沟通买卖双方，使交易双方通过市场建立固定的联络渠道，使具有交易意愿的买卖双方或潜在的买卖双方通过恰当的形式相遇；二是价格发掘功能，即市场形成价格，为潜在的交易双方对交易价格作出合理的预期，以减少交易费用、促进交易双方顺利达成满意的交易价格；三是制度规范功能，即对产权交易过程中所发生的各种行为进行规范，包括产权交易信息的形成与传递，创立公开交易行为制度，杜绝暗箱操作，形成价格规范，公平竞争等；四是中介服务功能，即通过实行进场交易委托代理制，简化了产权交易手续，缩短了产权交易过程，提高了产权交易活动效率。

三、我国产权市场的发展是对国际资本市场的创造性贡献

产权市场是一个很中国化的概念。它是在我国市场化和经济改革环境下发展壮大起来的。我国经济改革的本质，是实现从计划经济向社会主义市场经济的转变，在社会主义基本制度的基础上实现市场机制对原有计划机制的置换。在转轨的同时，必然伴随着产业结构的调整与转换。因此，它不仅决定了必然要进行资本存量结构的调整，而且也决定了这种调整要采取市场交易的形式来进行，要通过一个公开、公平、公正的市场平台来实现存量的有序调整及增量的市场化运作。可以说，是改革开放的进程催生了我国的产权市场。

国外没有有形的产权市场，中国的产权市场基本上跟国外的并购市场相类似。国外大量发生的并购行为，大多数是在日常无形的市场中随机地发生的。企业发生产权买卖行为，只需要和律师沟通，由律师出面签手续就可以完成，非常简单。这是因为发达市场经济国家的产权交易，是在市场体系相对完善、企业治理规范、中介机构高效率、各种市场交易的支撑条件都比较优化的环境下进行的，因此，它的产权交易效率、公平性比较高，不需要有形市场的存在。我国的产权市场具有显著

的中国特色。有形产权市场的出现在我国有其必然性，它与我国国有企业改革、股份制改革试点有着密切的联系。

由于产权市场产生的特殊背景，作为国有企业改革的产物，中国的产权市场有别于国际资本市场单纯追求资源配置效率的设计理念，承担着"一身二任"的职能，一方面作为监管主体，起到"守夜人"的职责，对国有产权转让的行为和过程行使监督职能；另一方面作为产权交易的操作平台，对产权交易进行有效组织，提高交易效率并降低交易成本。因此，产权市场运行的准则包含了"公开"和"竞争"两个方面的内容，通过"公开"，确保国有产权"阳光交易"，避免因私下转让的暗箱操作和私下授受可能导致的国有资产流失问题；通过"竞争"，发挥市场的投资人和价格发现功能，促进国有产权在有序流转过程中实现保值增值的目的。可以说，产权市场的设计理念和运行模式，有效地解决了"公平"和"效率"兼顾的问题，是对国际资本市场的创造性贡献。

四、推动产权市场健康发展，完善多层次资本市场体系

如果说起源于 20 世纪 70 年代末的改革开放催生了产权市场，2000 年的技术产权交易促进了产权市场的快速发展，那么 2003 年底国资监管部门要求国有产权的进场交易带给产权市场的不仅是前所未有的历史机遇，更是一个重大的挑战。这种挑战不仅来源于产权市场因为承担着国有产权交易的"守夜人"职责对规范性的要求，还来源于对产权市场的功能完善与业务创新的要求。

首先是关于产权市场的规范性问题。国家为了规范国有产权交易，已经陆续出台了《企业国有产权转让管理暂行办法》及相关的十多个配套文件（业界简称"一拖十"文件），国务院国资委还联合中纪委、财政部、国家发改委、国家工商总局和中国证监会组成六部委联合检查

组，加大了对国有产权交易情况和产权市场运行情况的监督检查力度。此外，国务院国资委在中纪委立项的"企业国有产权转让信息监测系统"已在建设过程中，将于 2006 年上半年实现与京、津、沪三家中央企业国有产权转让试点的产权交易机构联网，并陆续与省级国资监管部门选择的产权交易机构实现联网，这对规范产权交易机构行为和国有产权转让将起到极大的促进作用。但是，对于一个市场的规范运行来说，只有法律、法规、政策的约束和政府部门的监管还是远远不够的，加强行业自律已成为当务之急。目前，产权市场的自律问题已经成为有关政府部门和产权市场业界的共识，"中国产权市场协会"已在筹建当中。

其次是关于产权市场的功能完善问题。如果说国有产权交易强制进场后的头三年是产权市场抓规范、打基础的阶段，从现在起，产权市场已开始进入抓服务、上台阶的新时期。据有关部门统计，自《企业国有产权转让管理暂行办法》颁布实施以来，国有产权交易的进场率达到了 85% 以上，在产权市场公开转让的国有产权成交价平均比评估值增值 10%，因私下转让导致的国有资产流失问题已得到一定程度的遏制。如何进一步完善市场化服务功能，增强投资人发现功能和价格发现功能，在规范的前提下提高市场化配置资源的效率，已成为产权市场必须解决的问题。进入 2006 年以来，国务院国资委已把提高竞价率作为加强国有产权交易的重点工作。提高国有产权交易竞价率的关键，一是要通过充分的信息披露吸引尽可能多的投资人参与到产权市场中来；二是要为投资人在产权市场进行交易提供安全、方便和快捷的服务通道。在这方面，北方产权交易共同市场、杭州网上技术产权交易所等合作组织或产权交易机构已在积极开展产权交易网上竞价服务的实践，北京产权交易所正在着手探索现代电子商务技术在产权市场的应用问题。

再次是产权市场的创新发展问题。中国财富结构和社会形态决定了中国产权市场发展要走一条特别的路径。中国特殊的国情决定了国有资产将长期存在，这就决定了产权市场在未来相当长的一段时期里将承担着为国有产权的公开处置提供规范性市场化服务的职能。问题在于，在目前股份制经济相对不发达，国有企业仍以实现战略性调整和改制建立现代企业制度为主要目标的背景下，产权市场主要服务于非标准化的国有产权和其他各类产权的交易。而国有产权及其他各类产权进场交易的过程，实质上就是产权关系清晰化、产权主体多元化、单一所有制企业股份化的过程。在股份制经济得到充分发展的情况下，更加清晰化、标准化的股权流动重组的需求将更大，其对产权市场的功能要求也将发生重大变化。如何创新交易制度、交易产品和服务模式，以适应国企改制后相对标准化的有限公司国有股权和非上市股份公司国有股份的有序流转要求，已成为产权市场不得不面对的新课题。

最后是产权市场与股票市场的互动问题。股票市场是多层次资本市场体系中的高端市场。国内目前的股票市场包括上海证券交易所、深圳证券交易所两个主板市场，探索中的中小企业板市场和改造中的证券公司代办股份转让系统。而产权市场则是一个低端市场。两者之间主要区别在于：第一，产品是否标准化。目前产权市场的交易品种显然是不标准的。第二，是否连续交易。股票市场是连续交易的，但产权市场则不是。第三，市场所面向投资者的差别。股票市场的投资者包括个人、各类机构（券商、基金等），而产权市场则更多地是面向那些规模和经济实力较强的企业或者机构投资者。

如前所述，目前的产权市场从事产权交易服务的过程，正是推进国有企业及其他各类企业股份制改造的过程，这也正是为高端的股票市场培育拟上市企业资源的过程，从这个角度讲，产权市场是股票市场的基础。换个角度看，实践已经证明，现有的股票市场还远远不能满足股份制经济发展的要求，大量的非上市股份公司缺乏一个专业、高效的股份转让服务场所。市场有这个需求，产权市场就有服务的责任，也有驱动力去填补这个市场空白，争取成为股票市场的重要补充。

因此，我认为，同样作为多层次资本市场不可或缺的组成部分，产权市场与股票市场应是相互依存、互为补充的关系。也正是基于这个认识，我认为，产权市场发展的可行路径是：以国有产权进场交易为契机，聚拢资源，逐步形成消费习惯和市场氛围，完善市场功能，成为服务于包括国有产权在内的各类产权交易的产权大市场；在此基础上，通过交易制度、交易品种的创新，提高市场的流动性，进一步实现产权市场的本质功能，逐步发展成为多品种的基础性资本市场平台。

资本市场应该是最为国际化的市场。资本市场的一个平台一经出现，就会自觉不自觉地向成熟资本市场的某种形态靠拢。就像中国的股票市场源自为国企脱困服务，最后逐渐演变为为各类企业上市融资服务的平台一样，中国产权市场已经起步了，无论多难，它都将按照资本市场发展的一般规律走下去。

3. 产权改革：
防止国资流失的制度安排[①]

——产权改革之于国企改革的重要性及其方法论探讨

十六届三中全会关于现代产权制度、关于股份制是公有制的主要实现形式等论断已经明确了改革的方向，但确实还有些认识问题需要通过讨论进一步清晰。

一、中国国有资产的形成及存在的问题

中国巨额国有资产是中华人民共和国成立五十多年积累下来的宝贵财富。很多发达国家，如英国、美国、德国、日本等，是通过"外向扩张"实现了资本的原始积累，但我国在中华人民共和国成立初期的国际环境下，在强烈的"超英赶美"的愿望推动下，采取了"内向挤压"的资本积累方式。一方面是通过对民族工商业的社会主义改造积累了一笔国有资产；另一方面，进行了以人民公社为代表的半军事化组织改造，大幅度压低农产品价格，调高工业品价格，国家实行统购统销，把中间利润积累起来形成国有资产。而城市居民则长期实行低福利、低工资，把企业职工大部分应得的薪酬和福利积累为国有资产。所有这些组合的社会主义组织动员的结果，加之大量国家资源的

---

① 原载于《证券日报》，2004 年 11 月 7 日。

注入和企业经营性增长，到 1978 年，全国积累了大约 2 万亿元的国有资产。可以说，中国的国有资产是我党强大的组织动员能力的结果，是中华民族血汗的凝聚，是两代人无私的付出，是中国现代化和改革开放的本钱。

国有企业确实在经营初期具有明显的优势，能集中力量办大事，但是后来矛盾和困难越来越明显。概括地讲，国有企业的困难：一是效率低，1997 年企业的亏损面到了 40%；二是包袱重，很多企业几乎是承担了全部的社会功能，有的大企业除了火葬场没有之外，社会所需要的所有服务体系都由企业负担；三是"小、散、软"的情况非常明显。"小"就是企业规模不够大，"散"就是散布在各个行业当中，"软"就是核心竞争力不足。

造成这些现象的原因，概括起来有三条：第一条就是政企不分。政府把企业作为一种行政工具，过多地直接干预企业的经营行为，有的企业技术改造，甚至是一个设备的更换都要报批，造成企业有了问题不去找市场而是去找市长；第二条是缺乏持久的激励机制。国有企业资源动员能力非常强，在很多行业是占有垄断地位的，但是国有企业有一个明显的劣势，就是它缺乏对主要负责人的长效激励机制；第三条是亏损责任不清晰。大多数企业都缺乏明确的责任主体，盈利了都高兴，亏损了却没有人负责。

二、产权改革是对长期改革实践的经验总结与发展

20 世纪 80 年代以来，中国就开始了国有企业改革的探索实践，走到产权改革这一步经历了一段很长的过程。因为这条路并不是事先设计好的，也没有现成的经验可循。

20 世纪 80 年代的改革主要是解决政企不分的问题，是在政企关系和管理上进行一些改变和调整。这种做法在一定程度上了缓解了国有

企业面临的矛盾和困难，但并不能从根本上解决国有企业面临的出资人不明确、代理链条过长，缺乏控制、缺乏长效激励等深层次问题。

20世纪90年代，国有企业改革逐渐深入。十四届三中全会提出了现代企业制度，提出了产权清晰的要求，在思想观念上实现了一次很大的飞跃。但是产权制度改革推进的并不顺利，原因在于：在关于"姓资、姓社"和"国有资产流失"等问题的困扰下，在政治评价高于经济评价的环境下，要做出产权制度改革和突破的决定，难度是非常大的。同时，改革面临着来自企业职工的压力。一个几代人赖以生存、为之奋斗的国有企业，如果改制了，职工何去何从？因此，尽管思想认识上飞跃了，可与现实情况还是有很大距离的，虽然也提出了"改革攻坚战"等口号，其潜台词实际就是产权制度改革，但操作起来基本还是围绕着如何让国有企业在管理上、在技术层面怎么做得更好一些，而没有真正涉及深层次的产权问题。

直到2003年，中央明确提出了产权制度改革。这是经历了十年的探索、徘徊、思考，最终实现的突破。十六大明确了产权是企业改革的主要问题，十六届三中全会更进一步提出了"产权是所有制的核心"，建立现代产权制度是完善基本经济制度的内在要求。可以说十六届三中全会关于现代产权制度、关于"股份制是公有制的主要实现形式"是我党对社会主义建设与发展规律的一次认识上的飞跃，理论上的突破，为中国未来二十年到五十年的经济和社会发展奠定了制度基础。

从国有企业改革的历程中，我们可以得出一个非常清晰的结论，那就是：国有企业改革的道路绝不是几个人拍脑袋想出来的，而是对二十多年改革经验的总结与升华，这是一个融历史的选择、民族的智慧、全党的勇气和人民的宽容于一体的决策。

三、对国有资产流失现象的认识

国有资产流失问题是全国人民所共同关心的。国有资产流失现象也是伴随着国有产权制度改革、国有企业改革而来的一个不容回避的现实。如果有人说国有资产没有流失，那是不正视现实，有人甚至曾这样形容，国资的调整是微利时代的最后盛宴。国有资产大规模调整是从1993 年、1994 年开始的，到 2003 年将近十年时间当中，国有资产流失的案例比比皆是，低价评估的有，自买自卖的有，隐匿转移财产的也有，暗箱操作的更多。所有的动作都是权力与金钱相结合，私下交易，行话叫"勾兑"。

国有资产流失既然是一个现象，肯定就有原因。第一，产权不清晰，没有一个明确的责任主体对这个流失负责任。第二，交易的利益关联不正常。在产权清晰的情况下，卖者都希望多卖钱，因为他的个人利益与交易的价格是正相关的，卖国有资产可不一定，有些是不相关，卖多卖少跟个人没有多大的关系，有些甚至是负相关，卖少一点个人装在口袋里的可能更多。第三，中介机构素质差。产权交易的是一种特殊商品，必须借助专家才能完成。我们的中介机构，如会计师、律师事务所，个人诚信与职业素质之差，已经到了很严重的程度。第四，法律法规不健全，无章可循。

当然，产权、股权的价值有时是很难判断的，一项产权在不同人的眼中可能有不同的价值，因此对国有资产流失要有一个基本界定。我个人认为：没有经过国有资产监督管理部门或其授权的机构的监督、没有经过职工代表大会认可，以私下大幅低于市场价值的价格把它出售掉，就是国有资产流失，而是否低于评估值转让不应成为判断流失与否的唯一标准，产权的售价其实更应该是它未来收益的折现。

改革是有成本的，在国有企业改革过程中，应该由国家支付的改革成本，那不是流失。前面谈到了中国国有资产的形成，是几代人的付出所积累起来的，国家原来的约定是低工资、低福利，但有工作保障，有养老和其他福利。现在这个条件变了，要给予补偿，对过去作出的贡献给予补偿。因此国企改制的成本相当一部分要用于对这些职工的补偿。

还有一个要关注的话题，就是如何认识企业家的贡献。企业家应该是指那种能敏锐发现市场商业机会、有很强的组织动员能力和管理能力的人，这些都能使企业迅速发展壮大，如：张瑞敏、李东升，他们是社会的财富，跟一般人的贡献是不一样的，应该得到社会的尊重和宽容，在国有企业改革过程中也要充分考虑他们的利益。

四、防止国有资产流失的制度性安排

认识到国有资产流失的严重问题，就要寻求解决途径。在避免国有资产流失方面，也曾做了若干种制度设计。有人认为卖国有资产核心问题就是价格，应该设计一套非常精准的价值评估体系。可是任何评估的办法只能评出资产的价格区间，而不是它的精确价值；也有人想建立一个强力机构，授予全权，从人身监控到各种刑侦手段全部用上，看谁敢偷盗国有资产，后来发现维持这样一个机构的综合成本可能远远比国有资产流失的还要多，不划算；当然也有人想过发动群众，最近郎咸平教授激起的国企大讨论也许就是这个思路。中国的国有资产是 13 亿中国人民的，卖 10 亿搞一次全民公决？实际上，这样操作有困难。后来想清楚了，国有资产转让是一种市场行为，市场行为还要靠市场机制。于是中国的一个专门为国有资产转让而设计的市场出现了，这就是产权交易市场。

产权交易市场的基本设计思路就是四个字："公开、竞争"。公开就割断了特定的利益通道。原来某人是某个国有资产的决策人，他跟谁关系好，也许就低价把企业卖给谁了。现在不可能，他必须把转让信息公开，让所有潜在的买家平等得到这个信息，然后开始竞争。只要是市场的公平竞争，卖者都想卖个高价，买者都想少出钱，若干个买者与卖者的博弈，就形成了市场价格。

2003 年春国务院国资委的成立，明确了它是国有资产排他性的损益责任主体，之后，《企业国有产权转让管理暂行办法》出台，对于如何防止国有资产流失，在制度安排上已经找到了一条可行之路。2004年国资委又围绕 3 号令的贯彻落实陆续颁发了一系列配套文件，业内称"一拖八"文件，文件中就如何选场、如何监督、如何信息通告等做了规定。这一套制度设计已经建立起了一个国有资产正常流转而不流失的通道。

那么，有了一套完善的制度就能保证国有资产绝对不流失了吗？也不是，中国这么大一个国家，几十万个国有企业，制度只能约束绝大多数，是开通了一条大路，但"小路"还是可能有人走，只是走"小路"的人肯定会越来越少的，因为要负法律责任。

围绕着国企产权改革的争论，我个人还有几点思考：

第一，国企改革的方向是正确的，绝不能停止。国企改革走到了今天，可以说是人民的支持，全党的勇气共同探索出来这么一条路，这条路是符合中国转轨时期的社会现实，可以说是历史的选择，业界共同的选择。国企改革走到了 2003 年 12 月 31 日，国有资产流失的解决方案已经形成了。产权改革的方向是正确的，还存在问题吗？可能存在，这是由于产权改革执行不到位，要进一步的推进、深化。把这个篱笆扎得更严密一些，而不是把篱笆拆掉。

第二，产权改革是国企改革的关键。产权是企业的出发点与归宿，产权提供稳定的预期，产权凝聚起所有的要素资源。因此产权改革远比诸如职业经理人制度、企业减负要基础和重要得多。

这里有一个顾虑，说产权改革是不是要把产权清晰到自然人，完全民营化？不是这样的。中国国有企业的产权改革实际上是找到了一条路，就是股份制是公有制的主要实现形式。今后可能是国有企业越来越少，但是国有资产会越来越多。同时国有资产管理上的最大难题，就是谁对它持续负责，国有资产已经明确了其损益的唯一责任主体——各级国资委及授权机构，其运营通过股份制这样一种方式也得到了解决。

4. 产权市场：中国版式的制度创新①

中国正在大力进行创新型国家建设，需要产品创新、技术创新，更需要制度创新。产权市场是中国对国际资本市场的创造性贡献，是在制度创新方面的一项中国创造。

一、公有产权流转是一个国际性难题

自 20 世纪 70 年代起，国际上掀起一股公有产权私有化的潮流，一类是苏联等转型国家国有经济的退出，另一类是市场经济国家的国有资产私有化。经过考察，我们不难看出，改革公有经济对西方国家来说较为简单，国有企业的私有化改造不会伤筋动骨，英法日国有资产的变卖处置都不存在原则性问题。但中国则不一样，我们的国企和国资从比例到数量都比其他国家多得多，而先辈们的经验上又都未提及国企国资的退出办法。当我们要收缩战线的时候，问题来了：卖什么？怎么卖？卖多少？卖给谁？什么价钱？……一系列的问号摆在了我们的面前。

中国自 20 世纪 80 年代起，随着经济体制改革的展开，国有企业改制重组成为引人注目的一项改革实践。我们在如何处置企业国有产权方面进行了大量的实践，其中也遇到了一些困难，出现了一些问题。在改革开放的早期，国有产权的处置大多采取行政化的手段，一个企业卖

---

① 原载于曹和平主编：《中国产权市场发展报告（2008—2009 年）》，社会科学文献出版社，2009 年 8 月，第 87 –93 页。

不卖、卖给谁、卖多少钱都由政府官员说了算。实践证明，政府部门更擅长于公共服务体系的建立和对市场进行监管，而不擅长直接从事具体的商品买卖。国有产权转让由行政主导，轻则导致资产盲目流动，重则出现权力寻租、暗箱操作、国有资产流失、员工权益得不到保障等问题。

随着国有经济战略性调整的不断深入，国有资产流动重组的需求越来越强烈。一些地方采取较为市场化的办法来处理，但受到国资改革、市场环境的影响，效果也不理想。主要体现为：一是出资人不到位，国有产权交易过程中的利益关联不正常，即国有产权转让的决策者和操作者的个人利益与国有产权转让的收益不相关，国有资产卖多卖少一个样，有时甚至是卖的价格低一点可能对决策人和操作人个人更有利。二是处于转轨过程中的中国，并购市场环境不尽如人意，主要体现在中介服务机构的水平与职业道德上。产权转让是一种特殊的交易行为，涉及面广、环节多、过程复杂，必须通过专业的中介机构完成。但现实情况是，我们的会计师事务所、律师事务所等中介机构的职业素质与从业人员个人素质参差不齐，以至于前总理朱镕基在给国家会计学院题词的时候写的是"不做假账"。在这样的环境下，完全采用市场化方式进行国有产权交易的条件还不成熟。此外，中国企业并购的法律体系不完善，金融支持不够等原因都影响了国有资产流动重组的效果，不规范行为和国有资产流失现象较为普遍，也引发了一些社会矛盾。因此可以说，国有资产的特殊性和中国的并购市场环境决定了国有产权还不能完全按照纯市场化的原则进行自由交易。

如何寻找到一条符合中国实际情况、保证国有资产流动但不流失的路径，人们在认真地进行着制度创新的思考。第一，企业产权是一种商品，是稀缺的、有价值的，其价值只有通过市场才能真正被发现，资源只有通过市场来配置才能达到最优。第二，国有产权从理论上讲是属于全中国人民的，在国有产权处置过程中，价值最大化与社会公平同样重要。我们当前应注意的倾向，就是接近权力的人利用国有资产流转的机会迅速暴富，导致弱势群体利益受到伤害，引起人民群众的不满，这是与我们建设和谐社会的要求格格不入的。第三，充分利用市场机制来实现国有产权的有序流转，而不是通过行政审批来管理国有产权的交易。国有产权转让本质上是一种商品买卖，是经济行为，要利用市场机制，要改变以前我们所习惯的领导拍板、行政决策的做法。

二、产权市场：一个有中国特色的市场制度

中国产权市场自 20 世纪 80 年代末萌芽初露，90 年代中期迅速发展、跌宕起伏，21 世纪开始进入了一个新的发展阶段。特别是国务院国资委、财政部联合颁布的《企业国有产权转让管理暂行办法》自 2004 年 2 月 1 日实施以来，产权市场构建了一个有中国特色的市场制度。

中国产权市场架构的基本原则：第一，尽可能缩小行政操作的空间，尽可能不由官员拍板，尽可能启动市场机制。第二，在中国的并购市场环境不理想且短期内又不可能全面改善的情况下，不妨营造一个小环境，营造一个并购市场的"特区"，以相当于法令的形式要求国有产权进场交易。第三，在强制要求国有产权进场的同时，也安排了例外，比如：主辅分离的部分业务、经批准的协议转让、无偿划拨都可以不进场。但所有这些不进场的项目，在场内交易的强大声势和示范效应下也都更加谨慎严格。第四，产权市场实行了简洁有效的市场制度。

制度经济学告诉我们，好的制度都是简洁实用的。中国产权市场的基本制度模式也非常简洁，只有两个主题词，即"公开""竞争"。按照《企业国有产权转让管理暂行办法》的规定，转让国有产权要经历五个阶段。第一个阶段是做好转让的基础工作，包括内部决策、制定转让方案并报批、审计评估、出具法律意见等；第二个阶段是到国有资产

监督管理部门选定的产权交易机构公开挂牌转让，通过产权交易机构网站和指定的媒体公开披露转让信息、广泛征集意向受让人，而且披露时间不得低于 20 个工作日；第三个阶段是在披露期结束之后，要对产权的受让人进行登记，如果产生两个以上的受让人，必须采取拍卖、招投标或网络竞价等竞价方式确定最终受让人和交易价格；第四个阶段就是在产权交易机构的组织下签订产权交易合同、办理交易价款结算和出具产权交易凭证；第五个阶段是交易双方拿着产权交易机构出具的交易凭证去办理相关的变更登记手续。整个交易过程都充分体现着"公开"和"竞争"的原则。也可以说，《企业国有产权转让管理暂行办法》规范下的国有产权转让行为，实质上是一种在政府部门有效监管下采用市场化手段实现国有资产流动重组的行为。

"公开"和"竞争"看似简单，但是作用还是很明显的：首先，"公开"改变了过去私下寻找投资人渠道窄、效果差的做法，通过公开的市场渠道广泛地征集受让人，可以发现更多的潜在投资人。其次，"公开"割断了特定的利益输送通道，让所有的意向受让人在同等的条件下公平地竞买标的企业，如果某一位意向受让方要想通过与转让方私下勾结的方式低价购买标的企业，就必须把其他意向受让方全部"摆平"，这显然缺乏操作性，从而有效地避免了暗箱操作，将国有产权转让过程中发生腐败行为的可能性降到最低。再次，公开有利于充分发现投资人，进而通过引入竞价机制充分发现价格，让国有资产卖一个好价钱。最后，"公开"保证了公众的知情权。国有资产的性质是全民所有制，可以说全国人民都是老股东，他们对国有资产的处置有知情权和优先受让权。通过公开披露国有产权转让信息，充分地满足了公众的知情权。另外，"公开"也有效地保护了国有产权交易双方当事人。国有产权转让、尤其是国有产权的定价是一个非常复杂的经济问题，正如专家所说，"政治上很敏感、技术上很复杂、质疑起来很容易、辩护起来很困难"。如果通过行政化处置方式而不是通过市场公开转让，即便是卖了一个高价，这个价格也不是经过市场形成的，容易让人联想到可能还应该卖一个更好的价格，使决策者陷入尴尬的境地。此外，通过公开和竞争形成市场价格，给了所有人参加竞买的机会，没有买到标的企业的人只能怪自己没有参加竞买，或者参加了竞买而没有出最高价，没有了发牢骚的理由。因此也可以说，国有产权的公开处置有利于和谐社会的建设。

多年的探索实践证明，国有产权通过产权市场公开进行转让取得了理想的效果。产权市场在促进国有企业改制重组和国有经济战略性调整、促进国有资产在流动重组过程中保值增值、实现社会公众对国有产权处置的知情权、防止国有产权交易过程中的商业贿赂行为等方面起到了重要的推动作用。

从个案上看，在福建产权市场完成的雪津啤酒产权转让项目评估值6亿元，成交价58.86亿元，增值881%。而在北京产权市场刚刚完成的第29届奥运会开幕式演出道具"缶"与"竹简"的处置中，1 500个奥运会开幕式道具缶及978个竹简在北交所分三场竞卖成功，累计有1 041家机构和个人分别通过现场拍卖或网络竞价的方式参与竞买，合计成交额1.19亿元人民币，增值112倍。产权市场在发现投资人和发现价格的功能得到了充分的体现。

国有产权的进场交易，不仅促进了国有产权的有序流转，促进了国有资产的保值增值，更对国有产权交易过程中的商业贿赂和腐败行为起到了极强的抑制作用。透明国际组织腐败指数总负责人约翰·兰斯多夫对产权市场曾做如下评价："我们深刻地感受到你们在所献身的反腐斗争中所取得的成绩。政府采购和国有资产转让，在全世界都是滋生腐败的土壤。但在这里，你们用复杂而成熟的技术、透明的程序和明确的指导把这项工作组织得很好。我们钦佩你们如此迅速地在反腐败斗争中进行了最好的实践，相信其他国家可以从你们的经验中学到很多。"

三、产权市场：资本市场的重要组成部分

中国经济发展的一个重要瓶颈是资本市场建设问题。一个完善的资本市场体系，不但应该满足不同企业不同发展阶段的不同融资需求，而且应该满足投资偏好不同的各类投资人群体的多样化投资需求。而中国目前的资本市场仍存在着结构性缺陷，还不能满足企业融资与投资人投资的多样化需求。

产权市场自觉承担了中国多层次资本市场体系中基础性市场平台的责任。目前中国产权市场在服务于企业国有产权转让的同时，还为金融资产处置、科技企业投融资、知识产权交易和非上市股份公司股权登记托管提供专业化服务，业务覆盖了物权、债权、股权和知识产权各个方面。产权市场除掉不买卖上市公司股票外，可以交易企业财产权益的所有权项，并逐步形成了经纪机构代理交易制、建立起覆盖全球的信息披露网络、聚拢了大量的国际和国内投资人、构建了产权交易结算服务平台。中国产权市场的健康发展，客观上满足了企业融资与投资人投资的多样化需求，已经成为中国资本市场的重要组成部分。

我们在与外国朋友交流时，外方的一个共同表述是，虽然发达市场经济国家的资本市场相对成熟，但产权市场是中国的首创。中国与一般市场经济国家相比，国民财富的积聚、增长、配置与流动规律有较大的差异，因此中国资本市场的发展路径与表现形态也肯定会与其有所不同。其中最大的差异在于，中国选择了社会主义市场经济的道路，中国的国有资产将会长期存在，日益壮大，扮演着关键的角色。在中国总体市场环境短期无法根本改善的条件下，在中国出现产权市场这样一种资本市场的特殊形态有其必然性。当然我们也意识到，我们的产权市场模式，有些无可奈何、不得不这样做的味道，还有些略显粗糙。比如：重大项目在公示 20 个工作日内无法完成尽职调查和决策过程，事先谋

划好的"手拉手"交易还占较大比例等。但所有这些都无法改变这样的一个结论，即中国产权市场不一定是一个最优的制度设计，但的确是在现实条件下的一个"不坏"的制度设计，它体现了民主、开放、和谐的时代精神，它有着学习、改造、适应的巨大空间。《企业国有产权转让管理暂行办法》颁布实施以来，国资委等部门陆续颁布的近十个配套文件，以及各个产权市场进行的制度建设，都在向着这个方向发展。

产权市场的日益发展壮大，使得它在中国基础性资本市场中扮演着日益重要的角色，这种地位和作用也获得了国家法律的正式认可。2008年10月28日，《中华人民共和国企业国有资产法》出台，其中第五十四条明确规定："除按照国家规定可以直接协议转让的以外，国有资产转让应当在依法设立的产权交易场所公开进行"。这一法律对产权市场而言意义重大，它一方面意味着产权市场已在国家法律层面获得了一张"营业执照"，另一方面也对产权市场的规范发展提出了更高要求，作为一个执行共和国法律的法定组织，产权市场要增强规范执法的神圣感、使命感和责任感，在规范服务国有产权有序流转的过程中实现自我完善和健康发展。

从未来发展方向上看，产权市场要完成中国基础性资本市场平台建设的历史使命，满足不同企业不同发展阶段的不同融资、并购需求，满足各类权益性资产市场化配置的需求，就必须在巩固现有国有产权交易业务的基础上，积极创新产权交易品种和服务内容。一方面要争取"国资全覆盖"，充分发扬《企业国有资产法》的立法精神，将企业国有产权进场交易的成功经验复制到其他公有资产领域，进一步拓展产权市场服务金融国资、行政性国有资产、城市公共资源、涉诉国有资产处置、企业闲置资产设备处置的职能，扩大国资业务覆盖面；另一方面要争取"品种全展开"，适应各类权益性资产流动重组的市场化需求，充分发挥产权市场多年积累的投资人资源优势、市场服务网络优势和中介服务体系优势，积极开发环境权益、矿业权、林权、黄金和存量房等交易品种，完善产权市场服务各类产权流动重组的功能。

完善产权市场的服务功能，最重要的是要实现"三化"，即"坚持市场化导向"，综合运用各种市场化的手段，增强聚拢投资人资源和增强服务投资人的能力，完善会员代理交易制和提高会员机构业务操作能力，创新交易制度增强价格发现功能；"强化信息化手段"，充分利用现代电子技术与网络资源，扩大对现有产权交易项目信息的覆盖面，探索建立网上交易平台，提高交易效率和降低交易成本；"突出国际化特色"，针对要素资源跨地区、跨行业、跨所有制结构流动重组的特点和需求，发展国际会员和拓展国际市场服务渠道，为境内企业吸引外资和走出国门进行跨国并购提供专业化服务，为国际产业转移提供专业化服务。

资本市场的重要特征是，它的一个平台一经出现，就会自觉不自觉地向成熟资本市场的某种形态靠拢。就像中国的股票市场源自为国企脱困服务、最后逐渐演变为为各类企业上市融资的服务平台一样，中国产权市场已经起步了，无论多难，它都将按照资本市场发展的一般规律走下去。产权市场作为多层次资本市场不可或缺的组成部分，应是一个多交易品种的基础性资本市场平台，应该纳入中国多层次资本市场的总体规划，实现与其他资本市场形态的协调发展，进而为建设社会主义市场经济和构建和谐社会作出更大的贡献。

5. 产权市场应成为
公共资源交易的重要平台[①]

2011 年以来，随着中共中央办公厅、国务院办公厅《关于深化政务公开加强政务服务的意见》（中办发〔2011〕22 号，以下简称 22 号文）和相关文件的印发，关于建立统一的公共资源交易平台与我国产权市场的关系问题，成为社会各界讨论的重要话题。作为产权市场的从业者，我认为有必要对产权市场近年来的探索实践做出一些梳理和分析，厘清一些概念，厘清若干关系，为决策者提供参考，也为业界的持续探讨提供一些思考。

一、"公共资源"和企业国有产权

（一）何谓"公共资源"

目前，"公共资源"一词并没有统一的、权威的解释，有的解释为"自然生成或自然存在的资源"，有的将其等同于西方经济学概念中的公共产品。"公共资源"一词在我国政治经济生活中逐渐活跃也是在最近几年，直接的推动力正是 2002 年初中纪委第七次全会提出的"土地使用权出让、建设工程项目招投标、政府采购、产权交易进入市场等四项制度"（以下简称四项制度）。

---

① 原载于《产权导刊》2011 年第 11 期，第 19-21 页。

应当说，四项制度的出台拉开了我国通过建立公开市场平台处置国有资产的序幕。而在"场"的建立方式上，中心城市和中小城市采取了不同的方式。

在全国性和省级中心城市，由于四项制度下进场资源量级很大，且这些城市本身具备较高的市场化程度和充足的人才储备，因此大多采取了分别建立交易平台的方式，以适应进场资源的不同特点，提高服务效率。特别是以"活"的企业作为标的、具有典型资本市场特征的企业国有产权，必须建立高度市场化、专业化的交易平台才能实现价值增值和股东利益最大化的要求。

一些地市级城市和区县则囿于本地四项制度进场资源较少，特别是企业国有产权在 20 世纪 90 年代已经基本完成了改制退出的任务，因此将四项制度下的资源统归在一个交易平台上，并冠以"公共资源交易中心"的名称进行运作。在此背景下，一般理解上将"土地使用权出让、建设工程项目招投标、政府采购、产权交易"纳入"公共资源"的范畴。

（二）企业国有产权不同于实践认识中的"公共资源"

由于"公共资源"没有相对固定的、权威的解释，将其与企业国有产权进行直接对比存在概念和涵盖范围上的障碍。但是也必须认识到，企业国有产权和实践认识上的"公共资源"存在一定差别，简单将企业国有产权归并为公共资源，将企业国有产权的处置和其他类型的公共资源处置混为一体，是不合适的。

首先，企业国有产权是资本化的商品，其产权的占有、收益、处置受到《公司法》《物权法》《企业国有资产法》等法律的保护；而其他各类公共资源的处置与行政权有着紧密的依存度，受到《行政许可法》的约束，无论是行政事业单位国有资产还是自然资源类国有资产，其处置都要依照法律规定得到相关行政机关的行政许可。

其次，企业国有产权的交易标的是"活"的企业，是以盈利为目的，能够产生增值的资本品；而其他种类的公共资源交易的是固化的"物"，是全民共有、客观存在的自然资源，或是为全民提供公共服务投资形成的资产，或是在行政权行使过程中衍生出来的各类权益，这些资产的配置均不以盈利为目的，带有典型的公共服务特征。

正是存在这些差异性，决定了企业国有产权交易市场与各地实践中的"公共资源交易中心"在发展方向上是不一样的。以京津沪渝穗等中心城市为代表的产权交易平台既要承担企业国有产权保值增值和源头防腐的功能，又要利用自身以市场化方式配置资源的能力，构建一个服务于实体经济的新型资本市场，后一项功能和定位是"公共资源交易中心"所不具备的。

二、产权市场是具备"真市场"特质的交易平台

我国产权交易市场在 20 世纪 80 年代末就已出现，但真正实现快速发展是在四项制度出台后。从四项制度的执行模式和结果看，可以说企业国有产权交易是最为成功的。

(一) 产权市场建立了独立的市场运行主体

四项制度出台之后，以国务院国资委为代表的国资监管机构没有采取"自建市场"的方式，而是采取"设定条件、选择市场、加强监管、协调支持"的方式，共选择了 66 家符合条件的产权交易机构开展企业国有产权交易。这些产权交易机构和国资监管机构之间基本上不存在行政隶属关系，这种独立性保证了交易不受到任何干扰，保证了平台"公开、公平和公正"的性质，大大地提高了配置效率。

（二）产权市场形成了完善的制度规范体系

3 号令出台之后，国务院国资委先后出台了十几项规范国有产权转让的配套文件，逐步建立起了国有产权进场交易的制度体系。2008 年以来，随着京津沪渝四家中央企业产权交易机构发布信息联合披露制度、《企业国有产权交易操作规则》等制度规范，产权市场在信息披露、交易程序、交易规则等方面的统一进程大大加快。2008 年 10 月，随着《企业国有资产法》出台，企业国有产权进场交易被以法律的形式固定下来，产权交易市场从此有法可依。

（三）产权市场搭建了公开透明的市场化交易平台

在中纪委"依法合规，市场机制"的要求下，产权市场着眼于实现"发现市场主体、发现价格"的基本功能，始终努力打造"公开"和"竞争"的市场平台。首先，不同于四项制度中的"土地交易、建筑工程招投标和政府采购"三类交易平台的事业单位体制，66 家交易机构中有 36 家采用了公司制体制，采用事业体制的交易平台也大多采取市场化运营的机制，保证了产权市场是一个真正的市场化平台，能够用市场的手段促进"竞争"的产生，促进价格的充分发现。其次，在平台运行层面，京津沪等几家主要的产权交易机构定位于转让方、受让方、中介方之外的第四方服务平台，通过实行会员代理制为各类市场主体提供"公开、公平、公正"的市场环境，保证了交易所的中立性和公信力。最后，在信息技术利用方面，产权市场大力探索信息技术对现代企业的支撑作用，不仅通过拓展多种信息披露渠道，最大范围地增加了公众的知情权，发掘了投资人资源，还创新了多种信息化的交易方式，有效地规避了传统竞价弊端，大大提升了项目竞价效率，通过对交易流程的电子化和留痕化，有效强化了交易所的内控体系，防范了交易所的管理风险和道德风险。

（四）产权市场建立了有效的市场监管机制

在企业国有产权"阳光交易"的过程中，国资监管机构扮演着外部监管者的重要角色。在促进企业国有产权进场方面，国务院国资委提出了"应进必进、能进则进、进则规范、操作透明"的具体要求；在定期评审方面，按照中纪委的要求，国务院国资委作为牵头机构，会同财政部、发改委、监察部、工商总局、证监会等建立了企业国有产权进场交易的联合检查机制，目前已经对京津沪渝四家中央企业产权交易机构进行了三次评审；在企业国有产权交易动态监测方面，通过建设信息监测系统，实现了"两级国资委"对企业国有产权交易的实时监测；在行业自律方面，2011年2月中国企业国有产权交易机构协会的正式成立，大大推动了行业自律的开展。在接受外部监管的同时，产权交易市场还通过内部组织架构和交易流程程序化的设计建立了有效的内部风险防控机制。目前，几家主要的交易机构均按照受理、审核、监督"三权分立"的原则，建立起前、中、后场相对独立、互为支撑又相互制衡的业务运行体系，即企业国有产权交易转让项目从进场到最终成交，要经过前、中、后场多个部门把关，有效避免了权力过分集中于某一部门和个人带来的风险。

可以说，在过去八年的实践探索中，产权市场最成功之处就在于建立了一个"真市场"，以市场主体的独立性、制度体系的完善性、运行架构的分权制衡设计、信息化系统的统一高效等，实现了市场"发现市场主体、发现价格"这一本质功能。

三、部分公共资源可依托产权市场实现阳光化公开处置

毋庸置疑，产权市场的探索创新是过去几年我国公有经济领域管理体制改革的重大成就，其形成的"公开、公正、公平"的市场环境

和先进经验为我国在新形势下拓展公共资源交易领域的改革提供了很好的思路和现实的路径，得到实践验证的产权交易市场完全有能力、有理由在这一领域发挥作用，成为公共资源交易的重要平台。

首先，22号文倡导的开展公共资源交易，从源头上防止腐败，促进服务政府、廉洁政府建设的目标与产权市场促进国有资产保值增值的基本使命高度一致，因此依托产权市场开展公共资源交易完全符合四项制度的政策精神，有着政策上的延续性和合理性。

其次，开展企业国有产权交易的8年间，产权市场积累了丰富的国有资产处置经验，形成了比较成熟的市场运行和监管体系，建立了完备的信息化交易系统，培养了一大批高素质的专业人才。同时，产权市场作为资本市场的特质能够集聚大量的投资人资源，这能与公共资源处置中的投资人集聚形成联动效应，有助于提高公共资源的处置效率。

最后，产权市场在行政事业单位实物资产、涉诉资产、罚没资产、户外广告特许经营权、停车场租赁权等公共资源交易中已经形成了比较成熟的操作体系，具备了丰富的处置经验，并取得了很好的交易效果和社会效应，继续承担和扩展该类资产的处置是产权市场的既定目标，也是义不容辞的责任。

当前，一些省市由于国企改革已经基本完成，企业国有产权交易明显萎缩，在这些地区，将产权交易机构归并到公共资源交易中心具有其客观上的合理性。但同时，全国性和省级中心城市的产权交易平台应当继续保持和强化其高度市场化的运行机制，任何回归行政体制，将它们简单地归入公共资源交易中心，取消法人地位的做法势必大大压缩其作为要素市场和新型资本市场的发展空间，有违交易所市场发展的客观经济规律，将对各级政府确立的以现代金融业推动经济持续健康发展产生不利影响。

因此，在22号文和相关文件提出建立统一的公共资源交易平台的大背景下，如何既能够坚定产权市场向新型资本市场方向迈进不动摇，又能够充分利用产权市场的已有平台为公共资源交易提供服务，应当是各级政府以及产权交易业界下一阶段着力探讨的问题，这样才能找出一条既尊重产权市场探索成果，又能实现产权市场与公共资源交易平台有机融合的最佳途径。

6. 我国产权市场若干重大问题初探①

对于中国产权市场来说，2012 年是个很特别的年份。从宏观层面来看，国际经济形势仍然严峻，虽有复苏迹象，但仍很微弱；国内来说，随着党的十八大胜利召开，"调结构、稳增长"，推进市场化改革，仍是未来中国政治经济生活的主基调。从行业政策环境看，2011 年下半年以来关于建设统一规范的公共资源交易平台、清理整顿各类交易所等政策，经过一段时间的消化，已经可以作出比较清晰的判断。经过近 10 年快速发展的中国产权市场到了转型发展的关键时期。

一、有形并购市场仍将是产权市场长期的基本定位

一直以来，业界乃至经济界有一种观点，认为企业国有产权交易是阶段性的，这一业务资源将随着国企改制的完成而完结，产权市场将随着国有经济结构的调整完毕而失去存在的必要性。我认为这是一种短视的观点，事实恰恰相反。

首先，并购重组是企业的自然属性，任何企业在其每一个发展阶段都有可能发生并购重组行为。一个企业的发展壮大无非有两种方式。一是内生式的、自我积累式的，即"将本逐利—将利留存—逐渐成长"，这是最保守也似乎是最稳妥的企业增长模式。但在现代工业文明时期，多数企业采取的是第二种模式，即并购重组模式。据统计，全球 500 强

---

① 原载于《产权导刊》2012 年第 12 期，第 35 - 39 页。标题为编者所加，原标题为《我国产权市场当前若干重大问题和未来发展方向》。

企业无一例外都是通过一次又一次的收购与兼并成长起来的。所以，并购可以理解为企业生长过程中最常用的发展模型或发展工具。从这个意义上讲，只要能够做好企业并购业务，能够发挥其比较优势，无论是服务于国有经济还是服务于民营经济，产权市场都有存在的巨大价值。

其次，国有经济长期存在投资和退出等经济行为。由于市场经济存在的"市场失灵"和"市场缺陷"问题，决定了国家要确保经济的稳定运行和社会的健康发展，就必须有掌握国家命脉的国有经济存在，这是国有企业长期存在的合理性。国有企业作为经济实体，必须遵循企业的一般运行规律，会不断有投资和退出行为。当然，企业国有产权的退出既有国家政策面的要求，也有企业逐利下的市场化驱动，两者或各发挥作用、或综合作用，以至国有经济的退出行为不会完结。

再次，从未来较长一段时期来看，"调结构"仍将是中国国有经济改革的基本动作。经过改革开放30多年来的高速发展，人口红利、资源红利、制度红利和国际化红利等对中国经济的促进作用逐渐弱化，中国以低技术、低人力成本、高耗能、高污染为特征的经济模式变得不可持续。此外，由于我国已经进入工业化的后期，产能过剩大量出现，据统计，我国24个工业行业中，有21个行业产能过剩，中国经济面临着紧迫的结构调整、产业升级的压力，这将涉及大量的企业并购行为。今年年初以来国家出台的多项政策也预示了这一点，如为贯彻落实《国务院关于鼓励和引导民间投资健康发展的若干意见》，各部委出台了多达42个实施细则，多个垄断行业发出向民间资本放开的信号，广东、湖北、重庆等地也出台了本地促进企业兼并重组的实施政策，产权市场面临着新一轮的并购盛宴。

最后，中国企业海外并购需求为产权市场开辟了另一条道路。过去30多年，中国企业经济实力迅速增强，具备了很强的海外并购实力，中国的综合国力与以外汇储备为表征的投资能力也逐渐领先全球，都为中国企业的海外并购铺平了道路。2010年5月1日，《国务院关于鼓励和引导民间投资健康发展的若干意见》（国发〔2010〕13号）出台，因为2005年国务院出台过"非公经济发展36条"，即国发〔2005〕3号，所以国发〔2010〕13号就简称为"新36条"。国务院国资委出台的"新36条"实施细则《关于国有企业改制重组中积极引入民间投资的指导意见》指出："民间投资主体之间或者民间投资主体与国有企业之间可以共同设立股权投资基金，参与国有企业改制重组，共同投资战略性新兴产业，开展境外投资。"产权市场可以沿着这一思路去探索一些事情。2008年国际金融危机刚刚爆发时，我在美国经过近一个月的考察后写了一本关于中国企业应乘势"走出去"并购的书——《中国流》（清华大学出版社，2009年），希望中国企业利用国际金融危机这个黄金机遇期去并购欧美的技术、品牌与销售渠道，推动中国企业从"微笑曲线"的中低端逐步向高端移动。到今天，这个观点已经成为许多企业的实践。

所以，企业并购重组是企业群体的永恒行为，国有企业与民营企业概莫能外。产权市场应充分利用平台优势、会员制优势、广泛的信息披露优势，参与到各类企业的并购浪潮中去，继续打造好并不断提升产权市场这一有形并购市场的服务能力。

二、产权市场应在要素市场化进程中发挥重要作用

中国经济改革走过30多年，无论是投资品还是消费品的市场化都已经基本完成，如目前中国90%的商品定价是由市场决定的。可以说，在商品领域，中国的市场机制已经成为绝对的支配性力量，当前中国市场化进程中真正滞后的是要素市场化。

党的"十八大"报告中有很多内容与产权市场密切相关，有两句话让我印象深刻，很受启发。一句是"经济体制改革的核心问题是处理好政府和市场的关系，必须更加尊重市场规律，更好发挥政府作

用"，另一句是"保证各种所有制经济依法平等使用生产要素、公平参与市场竞争、同等受到法律保护"。

长期以来，与企业运行密切相关的各类要素资源多掌握在政府手中，或采用官方定价，或实行双轨制，货币（利率）、土地、煤、电、油以及其他资源都不能由市场定价，市场在这些资源的配置中无法起基础性作用，致使不同类的企业从一诞生起就没有处在同一个起跑线上，更别说在以后的竞争中。问题更为严重的是，非市场化的配置方式往往导致资源配置效率低下、无序、浪费和腐败。

在这里分析一下市场配置和非市场化配置的特点和利弊。

在人类历史的漫漫长河中，曾出现过多种不同的资源配置方式。原始社会是氏族制，其后有部落制、宗法制、封建制等。市场是最近几百年才出现的一种方式，配置资源的原则是：主体平等、契约至上、依照价格信号调节供求。与市场模式并行的另一种资源配置方式是计划模式，计划模式的最初设计者认为市场配置太乱，容易造成经济危机，造成浪费，因此应该由一批有能力的人对于"该生产多少、该使用多少、各类要素如何配置"等做出计划，按计划去生产。在实际工作中，如果计划得好、非常得当，那么计划模式也不失为一种好的方式，但几十年的实践证明，全能的、无私的、充满智慧的计划者是不存在的，因为市场主体是千差万别的，人们的需求是千奇百怪的，人往往有私心，也许只有到了马克思说的"物质极大的丰富，觉悟极大的提高"的时候才能实行计划经济。最终人们发现，市场是一个不坏的选择，因为市场经济能够自然而然地实现分散决策，不会出现系统性风险，相对于计划经济某些时候会出现不及格，市场不会出现不及格的情况。

就像生物多样性理论中有动物、植物、微生物，有单细胞动物、多细胞动物和高等生物之分一样，市场也是分层次的，比如有集贸市场、超级市场、互联网商品市场、交易所等。相对于其他市场，交易所是市场的高端形态，产权市场所属的要素市场则是市场体系中的高端形态之一，它具备以下五个特点。

第一，市场中的交易主体和交易品种要足够多，这样才能降低边际成本。交易所的运营模式是分佣制，交易总额低，佣金总额就低，分佣额低，就不足以支撑交易所的运营。第二，交易所不是买方、卖方或者中介，而是为买方、卖方、中介提供作业环境的中立的第四方。交易所不做评估，不是投资银行，是做产品设计、交易秩序维护、交易环境优化及交易品种扩张的机构。第三，交易所中最活跃的力量是会员。买卖双方在交易所的交易可能是一次性的，持续作业、与交易所共生共荣共发展的是经纪会员及各类中介服务机构。交易所就像一个大超市，需要把柜台、工商、质检、银行等物理属性的支撑环境做好，然后引入商家，让他们方便安全地做生意。所以活跃的商家是超市做大做强的动力。而对于交易所来说，会员制是交易所做大做强的动力，只有会员活跃，交易所才能活跃，只有会员不断发展，交易所才能获得发展。第四，交易所有稳定且透明的规则。交易所开发出各种交易品种，同时配套相应的交易规则，而且规则是前置的、透明的、稳定的，这样才能吸引交易双方进来。应该说，交易所的核心竞争力就是产品开发与规则制定。第五，交易所是"公器"，它的社会功能远远大于它的经济功能。因为交易所的正外部性和负外部性都很大，所以它不宜以盈利为第一目的。也正因为如此，对于中国现阶段而言，交易所业态不应民营控股，不能为挣钱而设立交易所，否则会很危险。

在中国，虽然近年来交易所这一业态发展很快，但其获得更大的发展却存在着很大制约。一是一些政府主管部门受传统思维以及一贯的行政化配置方式的影响，对要素资源的市场配置方式不熟悉、不习惯，认为行政配置方式手起刀落，立竿见影，对市场化方式心里没底，认为不好把握。二是产权市场或者说要素市场作为市场的高端形态没有国际先例，无例可循，缺乏足够的法律支持。目前，除了《企业国有资产法》对产权市场的作用有一定体现以外，其他如《合同法》《物权法》都不能直接为要素市场提供法律支撑。三是中国要素市场的监管体系也没有形成，而一个公开的、外部性如此之大的市场没有统一的、完善的监管体系，完全靠自觉意识、责任担当与生存需求，获得持续发展是很困难的。

尽管如此，我们还是应该看到，要素市场如此之大，如此有价值，且正好赶上了中国金融市场化改革、要素市场化改革的浪潮，建设好产权市场、要素市场不仅是我们的使命，而且空间广阔，大有可为。这也是产权交易行业同仁坚持不懈，一直努力的最主要原因。

三、产权市场应成为公共资源交易的重要平台

2012 年 8 月，中办、国办发布《关于深化政务公开加强政务服务的意见》（中办发〔2011〕22 号），提出"建立统一规范的公共资源交易平台"，去年 11 月和今年 6 月，中央治理工程建设领域突出问题工作领导小组办公室（以下简称中治办）两次就推进建设统一规范的公共资源交易市场问题发布的征求意见稿，都将企业国有产权交易纳入公共资源交易平台的业务范畴。这给产权市场以巨大的压力，甚至有些地方的产权交易所已经被并入这个平台，这里我们需要客观分析。

首先，公共资源交易平台是中纪委直接推动的，中纪委是我国政治体系中的一个强力部门，有中纪委的强力推动，各地公共资源交易平台的建设效率是很高的；其次，从中治办两次的征求意见稿来看，文件的表述非常清晰且具备可操作性。但我认为，统一规范的公共资源交易平台的设立对产权行业来说可能是一次机会，可能成为中国产权市场又一轮螺旋式上升的起点。

回想一下，中国产权市场上一轮大发展的起点正是中纪委的推动。2002 年召开的中纪委十五届七次全会提出，各地区、各部门都要实行经营性土地使用权出让招标拍卖、建设工程项目公开招标投标、政府采

购、产权交易进入市场等四项制度。这使得中国产权市场具备了政策上的合理性，也是产权市场步入正常发展轨道的原始动力。现在 10 年过去了，产权市场获得了前所未有的大发展，产权市场应该感谢中纪委。同时也应当说，产权市场没有辜负中纪委的信任，在权力的丛林中建立了一个"真"市场。之所以这么说，是因为产权市场相比较四项制度的其他三项——土地出让、建设工程招投标、政府采购（虽然也取得了重要的成绩，但却总是被腐败问题所困扰，总被爆出贪腐事件），成绩要好得多。

产权市场是如何建立了一个"真"市场呢？

首先是国务院国资委的改革意识强，采取了"选场不建场"的方式，厘清了国有企业出资人和市场的关系。国务院国资委及各级国资委与产权市场不是上下级的关系，而是大客户与市场的关系，是监管和被监管的关系。现在 30 多家交易机构监测系统直接和各级国资委相连接，实现企业国有产权交易情况的实时监测。如果产权市场做得好，国资委可以给予表扬，做得不好可以亮黄牌，甚至可以拒绝将企业国有产权继续导入该交易机构交易。

其次是从制度上讲，以京津沪渝为代表的产权交易机构实际上经历了三次制度升级。第一次是建立市场制度体系，各交易机构自己建立相关制度，然后互相学习借鉴，在实践中不断完善；第二次是国务院国资委完成"选场"之后，四家机构做了一次协调，对央企产权交易制度做了初步的梳理和统一；第三次是 2009 年，在国务院国资委产权局的指导下，四家机构联合制定出台了《企业国有产权交易操作规则》，形成了 9 个交易细则和 3 个配套办法，同时将企业国有产权交易的整个程序电子化，做到了"电脑管人脑""全流程留痕不可逆"和实时在线监测。

最后是产权交易机构的各个部门在项目操作上形成了制衡，切碎了权力，做到了项目转让行为不受个人左右。2010 年，中共中央书记处书记、中纪委副书记何勇到北交所调研，我在汇报时说：我相信交易所的各位同志都是有觉悟的，但制度更可信，好的制度让大家想犯错误都难。以北交所为例，企业国有产权项目再小的标的也至少有 6 个知情人，还不包括会员。对于重大的或复杂的项目，北交所设立了特别项目审核委员会，由北交所纪委、驻场律师等另外的 5 人组成，特别项目审核委员会上每个人的发言都有文字记录，所有的作业过程都是留痕的，因此一个人想去左右项目几乎是不可能的。更何况，两级国资委时刻通过监测系统监管着项目交易，一旦有不正常操作，两级国资委的电话就会打过来。

综上所述，我认为这一轮公共资源交易平台的建设应该是中纪委在中国产权市场成功实践基础上的一次"扬弃"，而不是"抛弃"，这一事件是中国政治格局中的一个新生态，它给产权市场提供了更大范围内整合公共资源的机会。

四、产权市场中小企业融资功能的塑造和实现

与中办发〔2011〕22 号文类似，去年下半年以来带给产权市场巨大压力的另一个文件是国务院颁发的《关于清理整顿各类交易场所切实防范金融风险的决定》（国发〔2011〕38 号），主要目的是针对近年来有的地方文化产权交易所、技术产权交易所的交易乱象，对开展证券化的交易场所进行清理整顿，目前这个工作还没有最后收尾。2012 年 7 月，国务院办公厅再次发布《关于清理整顿各类交易场所的实施意见》（国办发〔2012〕37 号），对清理整顿的范围和政策界限等进行了详细的规定。

乍一看，这两个文件对于产权市场的业务创新造成了一些影响，但从另一个角度看，文件为产权市场、要素市场的作业边界划定了界限，给市场的业务操作以清晰、可监测的底线，即非公众、非连续（T +

5）、不得采取"类做市商"等集中竞价方式。在法律法规的规定和市场作业的关系方面，有这样一个原则：对民间而言，法无禁止即可做；对官方而言，法不授权不可为。所以38号文、37号文让产权市场、要素市场知道了能做什么以及怎么做，即坚持非标或类标，坚持私募交易。在这个范围内，无论是权益流转还是融资空间都是很大的。

产权市场在打造融资功能方面存在的基本矛盾是新增有效投资人不足。为解决这一问题，2011年以前，业内很多人曾寄望于使用证券化的方式去解决，但38号文、37号文的出台，彻底堵死了这条路。怎么办？产权市场能否找到另外一条路？我的回答是肯定的，北交所的实践就是"金融化""信息化"。

所谓"金融化"，就是进行金融产品的开发、金融机构的资源整合，从根本上解决新增有效投资人不足、投资能力不足的矛盾。在这一方面，北交所旗下的专业平台之一——北京金融资产交易所已经有了一些成功实践，比如通过与北交所西南中心合作，共同打造了成都市投资平台，半年多时间完成了200多亿元融资额，我们正在就这一业务模型进行总结，希望不断被复制。同时，北交所抓住国家和北京市联合在中关村建设科技金融创新中心的机会，与相关机构讨论、制定了一系列关于科技型中小企业投融资的制度创新，正在打造针对科技型中小企业融资的"中关村模式"。

这一模式的核心可以通过两个故事做比较形象的描述。第一个叫做"产权的故事"。假定北京市海淀区同一地段有三栋朝向、面积、户型相同的房子，但三者的产权状态不一样：第一栋没有产权，第二栋是小产权，第三栋是大产权。产权不同导致三栋房子出现不同的价格：没产权的房子价值50万元，小产权房价值100万元，大产权房价值200万元。是什么让房子出现成倍的价格落差呢？是产权。产权是什么？产权是政府公权力对私人财产的排他性保护与增信。这个故事给我们的启发是什么呢？就是要针对科技型中小企业土地、房屋、机器设备等硬资产少，技术、专利、市场方案等软资产多的特点，为这些软资产进行产权登记，帮助它确权、增信，使其软资产"硬化、固化、显性化"，从而能够被以银行为代表的金融机构所接受，就有可能解决中小企业融资中最基本的困难。

第二个叫做"软资产服务公司的故事"。以知识产权抵押融资为例，目前金融机构所能提供的融资额为知识产权评估值的20%～40%，即一项专利评估值为1 000万元，银行只能贷款200万～400万元，同时还需要将融资人的房产等捆绑在一起。为改变这一状况，北交所推出了一个新角色——知识产权服务公司。这个服务公司使用中国技术交易所开发的"专利估值系统"（该系统已通过国家知识产权局审查成为国家标准）对各类专利技术进行估值。知识产权服务公司进行估值的同时还会提供担保。一旦融资人的贷款不能按期还款，贷款总额的一半将由该公司归还。另外，政府作为支持者将提供一部分资金进行风险赔付。有了这样的安排，就能够让银行放心放贷。股权融资同样如此，有了这样的制度安排，PE/VC原来进入中小企业时需要预测至少有5倍的市盈率才能投资，但是现在市盈率2倍甚至1倍就可以。总之，通过这样的制度，融资过程、担保过程和交易过程就实现了顺畅连接。

对于破解中小企业融资难题，另一项重要思考是"互联网金融"，即对科技型中小企业进行全息的、基于云计算的信息服务，这需要依赖"信息化"的实现。阿里巴巴的淘宝网为什么敢于对那么多的小微企业贷款？就因为这些企业的业务数据都在阿里巴巴的网站上。同样，如果产权市场能够掌握中小微企业的全息数据，包括工商登记、财务数据、税务数据、海关数据甚至医疗保险等，那么，这些企业就接近于透明，产权市场就可以开展互联网金融，这也许就是互联网金融模式的核心。

大企业因为内部层级太多，部门设置复杂很难实现透明，而中小微企业恰恰相反，这是中小微企业取得融资突破的一个优势。小微企业在完全透明、全息状态下运行，一旦出现风险，只要不是恶意造假，风险都是可以分散的，市场主体可以分担风险。最后就形成这样一种态势，企业在互联网金融平台上享受包括贷款在内的各种金融工具的服务，政府在背后做增信服务，这是可能改变我国小微企业金融状态的设计，也很可能颠覆整个现代金融体系，产权市场有巨大的机会。

7. 新常态下混合所有制
改革的思考与实践[①]

　　"混合所有制"经十八届三中全会《中共中央关于全面深化改革若干重大问题的决定》（以下简称《决定》）提出后，正在被各类国企以各种方式广泛尝试推进。可以认为，这是自20世纪80年代初开始启动国有企业改革以来，迄今为止针对国有企业进行的规模最大、影响最为深远的一次改革。其与过去改革的不同之处在于：从前国企改革的出发点，是想方设法让市场创造条件，来实现国有企业的做大做强；而此次混合所有制改革的核心，则是让国有企业想方设法创造条件，来健全和反哺市场，进而达到推动整个市场健康发展的目的。这也是党中央、国务院经过多年的探索实践后，形成的一个新的重要认识成果。

　　本文通过对混合所有制经济概念、提出时机、混合所有制改革方式等的分析，提出了以下观点和建议：一是国有经济要分类改革、国有资本退出要坚持"该退必退""该进必进"，同时做到"退则到位、规范""进则打消顾虑、积极"；二是要实现资本归位、股权平等、依法协商；三是"国有资本最大化"应指其对国民经济大系统的贡献最大化，而不是其自身的最大化；四是混合所有制改革要运用好股票市场、产权市场、债券市场三个市场平台。

---

　　① 原载于曹和平主编：《中国产权市场发展报告（2014）》，社会科学文献出版社，2015 年 5 月，第 60－68 页。作于 2014 年。

一、混合所有制形式是未来中国企业的"新常态"

根据十八届三中全会《决定》中的定义，混合所有制经济是指国有资本、集体资本、非公有资本等交叉持股、相互融合的经济形式，是基本经济制度的重要实现形式。

混合所有制企业是介于纯公有资本和纯非公有资本之间广泛的企业形态谱系。国有资本和集体资本合称公有资本，与非公有资本对应。而混合所有制就是介于纯公有资本（典型的如大型国有独资企业）和纯非公有资本（典型的如家族企业）之间的所有制形态。事实上，混合所有制企业有着广泛的生态谱系链条，从国有资本持股占99%到占1%，混合所有制企业的形态是千变万化的。其中，持股比例有几个重要的节点：持股10%往往意味着在董事会中有一个席位；持股1/3在公司治理中意味着拥有对公司重大事务的否决权（在股权结构设置中常常可以看到将持股33%作为一种限定，比如此次中石化混合所有制改革中就有类似规定，其潜台词就是新增非公资本只具财务投资属性，而不具重大事项否决权）；持股50%则涉及控股与非控股的区别。

混合所有制将是下一阶段中国企业形式的"新常态"。在未来可预见的时期里，纯粹的国有企业和纯粹的民营企业将越来越少，而混合所有制企业将会成为中国今后经济的新常态。比如，刚刚在美国上市的阿里巴巴，本质上也是混合所有制企业，因其股东包含许多私募股权基金（PE），涉及了大量的公有或私有的社会资本。从这个意义上讲，目前混合所有制企业已经占据了我国企业形态的半壁江山，预计今后将有更大部分的企业成为混合所有制形式的企业。

当前积极发展混合所有制经济是既一脉相承又带有鲜明时代特征的改革冲锋号和动员令。在新中国经济发展史上，混合所有制是伴随着新中国一起成长起来的一种经济形态，只是在不同的历史时期，其占国民经济的比例、重要性、扮演的角色不同而已。从历史沿革来看：十四大已提出不同所有制经济之间联营的构想；十五大从国有产权改革、国有布局的角度，第一次明确提出了混合所有制经济的概念；十六大进一步提出要"发展混合所有制经济"；十八届三中全会则旗帜鲜明地提出要"积极发展混合所有制经济"，每一次都有变化和扬弃。

混合所有制实质是国有经济、集体经济、民营经济、外资经济取长补短、相互促进，是一种共同发展的理念，也契合中国传统文化的精神。由于各种经济成分在历史积淀、现实适应性、管理能力、现存体量及与政府的关系各有不同，各有长短，各有优劣，因此在实践中存在求同存异和取长补短的巨大空间。中国佛家讲善待众生、因果循环，儒家讲究中庸之道，道家讲"道生一、一生二、二生三，三生万物"，其实就是"坚持两端，发展中间"的思想。而积极发展混合所有制经济就是要坚持两端（公有、非公有经济），发展中间（混合所有制经济），同时还要不断加快中间交叉部分的相互融合与发展，通过中间融合与发展来反哺两端，进一步做优做强整体，彼此和谐发展。

二、国企混合所有制改革是中国经济深化改革发展的"新红利"

当前提出要积极发展混合所有制经济，是与国企现状、当前经济形势、国企改革遗留问题、改革整体的客观条件等紧密相关的。

首先，当前国有企业的总体效率不高。2014 年 7 月财政部发布的数据显示，我国现有 104 万亿元国有资本，15.5 万家国有企业，资产回报率约为 2.6%，只是社会资本平均回报（若以 SHIBOR 为参照）的一半左右，国有企业对社会资源的配置能力和效率亟待提升。而过去十年，尤其是国际金融危机后，国有企业实力的快速上升则主要得益于政策红利和工业化窗口期：一是前期的国企改革和政府救助使得国有企业建立起现代治理框架并大幅甩掉历史包袱；二是恰好赶上了20世纪末开始的中国经济重化工业的浪潮。而重化工业属资本密集型产业，政府发挥主导作用，国有企业因此扮演了这轮浪潮的核心角色并乘势发展壮大。

但政策红利窗口总有结束的时候，伴随重工业化接近尾声且宏观经济步入换挡时期，国有企业的一系列问题凸显出来。一是抗经济周期能力偏弱，激励约束机制不到位，导致产能无序扩张。二是风险厌恶，不敢创新，不愿创新。国有企业"只许成功不许失败"和主要负责人只对任期内负责的体制造成国企主要领导人的短期行为偏好。三是腐败问题突出，国企高管以权谋私、贪污腐败等现象普遍存在。四是激励约束机制不足，目前在实施"央企高管限薪"时应注意区别对待：对官员型国企领导应该限薪，但对市场化的国企负责人则应进行市场化的激励与约束。五是国企领导的官员化，任命和负责延续行政体制主导等。

上述所有这些问题，一方面是由于国企通病与违规成本低、监督不到位和权力集中的现实国情叠加作用；另一方面也都与国企与政府的关系过度密切有一定的关联，其导致的结果必然会是国有企业不恰当、不合理地占有过多资源，进而挤压其他所有制企业的生存空间，扭曲资源配置，损害公平竞争。现实中的一系列不合理的现象多由此派生，比如地方政府过度关注市场主体行为，不按市场规律办事——政府的角色应该是裁判员，而现在一看到运动员跑不动了就上场推一把、救一下；再如信贷资源过多被国有企业占有，其背后隐含的逻辑是"贷给国有企业即便出了问题，在政治上也不会犯错，而贷给民营企业出现坏账则要承担责任"；由此还形成了另一个更奇怪的现象：一部分国有企业成了放贷人，用较低的成本从资本市场或银行融资后再以较高的利率借出以赚取利差。目前大型国企可以获得的最低借贷成本一般在6%左右；中型国企及大型民企成本稍高，一般在10%左右；而中小民营企业融资成本最高，一般在20%左右。于是有的国企就将从银行获得的资金放贷出去，获得差价收益。上述种种现象反映的企业间的不平等关系，对契约关系和法治环境产生了很大的破坏，也深刻地影响了市场经济的深化发展。

其次，宏观经济环境亟须寻找新的红利来源。改革开放以来支撑中国经济发展的人口红利、制度改革红利、国际化红利、价格要素改革红利已经基本消耗殆尽。当前我国经济又处于经济增速换挡期、结构调整阵痛期、前期刺激消化期三期叠加状态。经济增速开始换挡，增长率要从30多年平均超9%的高速下降到一个中速平台；经过30多年的粗放式发展，经济增长方式开始转向主要依靠提高内部全要素生产率，依靠低碳、技术进步和自主创新获取竞争优势。

上述几个因素相互叠加，亟须释放新的红利，客观上要求加大力度推进改革，而这正是新红利的来源所在。创造"新红利"，实质上就是要尽快形成中国的现代市场体系：建立一个企业自主经营、公平竞争、消费者自由选择、自主消费、商品和要素自由流动、平等交换的全国统一并向国际开放的大市场；完善产权保护机制，建立归属清晰、权责明确、保护严格、流转顺畅的现代产权制度；各种市场主体平等使用生产要素，公开、公平、公正地参与市场竞争，同等受到法律保护；实现要素向优势企业集中，资源要素在企业层面合理流动，通过并购等方式培育一批大型优势企业；依靠创新驱动；理顺政府与市场的关系。

再次，此前几轮国企改革遗留了一些明显缺憾。混合所有制是国有企业改革发展到一定阶段的产物，是国企改革不断深化过程中逐渐形成的共识。国企改革与改革开放在20世纪七八十年代几乎同时起步，当时核心内容是"放权让利"、实行"承包经营责任制"，目的是给国企松绑，因为当时主要矛盾是企业的生产能力严重不足，计划体制束缚了企业经营自主权。这个时期的国企改革主要围绕"经营权和剩余分配权"开展。90年代初，开始探索股份制，即所谓"建立现代企业制度"。到 90 年代末，开始进行"产权改革""国有经济布局有进有退"
"抓大放小"。上述改革使得国有企业经营效率和治理机制得到明显改
善，有数据表明 1997—2008 年国有企业利润率平均增速约为 39%。但
前述改革也遗留了明显缺憾，尽管国企产权转让逐步规范，但由于公司
治理结构流于形式、董事会不能发挥最高决策机构的作用、内部人控制
现象严重、缺乏有效激励机制等国企自身效率难题，监管链条长、垄断
企业影响资源配置、阻碍市场公平竞争等深层制度难题未得到根本解
决。这些遗留矛盾与国企市场份额的日益强势相契合，备受诟病。正是
基于对国企外部制度和内部法人治理的矛盾与难题的直接回应，十八
届三中全会明确了下一阶段国企改革的方向——向"混合所有制"方
向推进。

最后，当前推进混合所有制改革也得益于市场主体条件的成熟。30
年前提混合所有制，根本不切实际，那时非公有制经济极其弱小，根本
无法与公有经济对等竞争。而今，以阿里巴巴上市为标志，一个可与国
有企业相匹敌的可以信任并承担责任的非公企业群体已经形成。一代
民营企业、一代青年企业家已崛起，国有企业可托付的另一半已经出
现，而且也将引领中国新一轮的创富效应和创业浪潮。

三、混合所有制改革的核心所在

吹响新常态下的改革冲锋号，积极发展混合所有制经济，核心在于
以下几个方面。

第一，国有企业要分类改革，进退有度。基本思路是：涉及国家安
全的特殊行业要国有独资；供水、供暖、供电、供气、基础网络等政府
需承担责任的公共服务行业可以由国有控股企业来运行，而一般竞争
性行业原则上国有企业应该退出来。

第二，国有企业要该退必退，退要退足、退要规范。按照行业生产

力要求、国有资本优劣势、国有资本的发展战略意图来决定"进"还是"退"。相对来说，国有资本更容易在技术变革速度低、产品更新慢、营销强度弱、收购兼并慢、生产力相对稳定的行业发挥优势。国有企业要坚决地从竞争行业退出，给非公资本让出空间。在第一阶段要先退出控股地位，要公开透明操作，之后要依赖明确的顶层设计和改革时间表。

第三，国有企业还要该进则进、打消顾虑、积极有为。要打消与非公有资本合作的顾虑，因近年来广受垄断和破坏竞争环境的批评质疑，国有企业客观上存在不敢进入一些领域和民营企业竞争的问题，因此，要做好市场引导，推动国企与民企的正常进退、正常竞争。国有资本还要积极进入战略性新兴产业，同时还要鼓励创新、宽容失败。国有企业也应该积极充当小股东，发挥自身的资本优势和信用优势，而非全盘主导，因为国有企业自身的基因并不适合在快速变革的互联网行业中主导创新与运营。

第四，要承认企业家价值，推动管理层和骨干员工持股。企业家是市场经济中更善于发现机遇、组织资源、实现价值增值的群体，企业家和技术则是企业财富增值的重要源泉，应在承认国有企业中的企业家价值的基础上，将国有企业管理层与骨干员工的利益与企业长期激励与约束相挂钩，彻底改变"国有企业领导官员化"现象。

第五，坚持资本所有权到位，实现股权平等、依法协商。国有资本要尽可能剥离与行政权力的关系，回归到资本保值增值的天性，在混合所有制企业中依法按章与其他资本形式平等协商。混合所有制企业的机制既不能只按公有资本的监管政策办，也不能只按非公资本的习惯来办，而应尊重资本属性，按规范的公司治理制度来办。

四、实现混合所有制改革的四种方式

混合所有制改革主要有四种实现方式：一是产权转让，国有企业将存量资产的一部分卖给非公有主体；二是增资扩股，引入非公有资本投资到国有企业中来持有股份；三是新设企业，由公有股东与非公有股东共同投资设立一个新的企业；四是并购投资，公有股东将资本投入非公有企业包括外资企业中去。

上述几种方式中，产权转让方式已然成熟，由于产权市场的十年实践，目前已经较好地解决了国有产权"该不该卖、该由谁来卖、该卖给谁、该以什么方式卖和该卖什么价格"等一系列问题。

对新设企业方式而言，实质障碍也不大。主要依据《公司法》及各类资产评估准则等法律法规进行操作。由于土地、矿产、房屋、企业产权等不同资产评估行为由多个行政部门分别监管，实践中会涉及资产评估难题，有必要尽快出台统一的资产评估法，以解决资产评估过程中不同监管部门的条块分割问题。

对增资扩股和并购投资方式而言，因相关制度依据空缺，再加上增资扩股、并购投资往往涉及企业资本运作的商业秘密，对交易对手的选择也更加个性化、专业化，市场化操作有一定难度，建议在增资扩股、引入财务投资人时可实行进场交易，通过类产权市场平台为企业寻找到投资人。对极少数引入特殊战略投资者、不适合进场的企业，则应通过加强尽职调查、资产评估、民主决策和报上级股东审核等方法，以及引入项目决策责任背书制和投资责任终身追究制等手段，来推动相关工作的合理合规进行。此外，建议在并购投资中，对于并购投资特别是境外并购投资，应尽快研究出台相关监管政策，以形成激励约束机制，减少投资失误，加快混合发展，推动产业整合。

五、推动混合所有制改革的三类市场平台

混合所有制改革要运用好股票市场、产权市场、债券市场三类市场平台。股票市场适合较为成熟的大型国有企业，是混合所有制改革的主

战平台；产权市场适合非上市公司、非上市国企的混合所有制改造，特别是产权转让类和增资扩股类；债券以及包括 PE 在内的相关市场则可以为"混合所有制"改革提供股权外的多元化、大体量的投融资工具。股票市场已为人们所熟悉，毋庸赘言。在此只简单谈一下对运用好产权市场和债券市场来推进混合所有制改革的看法。

就产权市场而言，可以说经过过去十年的实践，中国产权市场在寻找一条既符合中国实际又保证国有资产流动但不流失的路径中做了非常有益的制度创新，它使过去十年来中国国有企业的资产流转交易经受住了公众质疑，甚至是历史检验。产权市场"重出江湖"的背景与 20 世纪末、21 世纪初发生的国企改革中出现严重国有资产流失问题有关，许多人至今还对那场世纪之交的"国退民进"大辩论有印象，当时众多经济学家参战，一度在市场上引起轩然大波。但自从产权市场"横空出世"后，市场上有关国有资产流失的争论戛然而止，国企改革自此开始轻装上阵。事实证明，产权市场过去是、未来还应该是混合所有制改革可以倚重的市场平台。

就债券市场来说，其主要可以为"混合所有制"改革提供三个层面服务：一是债券市场的各种产品可作为各类资本融资的选择，尤其是大额资金的筹集；二是债券市场还可提供诸如回购交易、借贷交易、信用衍生品投资等多种投融资工具，适合各类资本配置和优选工具；三是债券市场可以为各类资本的兼并重组提供专门工具或工具组合，比如并购债、可转债、私募债等。除利用债券市场外，各类投融资主体还可以利用 PE 以及银行信贷、信托、基金、租赁等其他各类金融工具和融资手段来解决混合所有制所需的资金问题。

六、结语

总的来看，混合所有制改革将成为中国经济新一轮的动力来源，推动权力与资本各归其位，公有资本与非公有资本共同发展，而其释放出来的生产力，将支撑中国经济持续前行。在混合所有制改革中，必须认识到所谓"国有资本最大化"，指的是其对国民经济大系统的贡献最大化，而不是自身利益的最大化；要认识到管理层和骨干员工持股，将是本轮混合所有制改革的最大红利所在；要认识到在混改中国有控股企业绝不等于国有独资企业，"国有控股企业视同国有企业"不过是历史的妥协，未来不可能再全盘套用过去对国有企业的监管做法，而应实现各类股权的平等对待、依章依法和协商治理。

第二编

产权交易平台建设

第一章
北京产权交易所建设

1. 优化整合构建产权交易大平台

——北京产权交易所诞生记^①

一、联合重组 整合资源

1994 年 4 月，北京市产权交易市场有限公司挂牌成立。1996 年 12 月，这家公司经过改组成立了北京产权交易中心。它立足北京，服务华北；立足国企，也为其他企业产权交易服务；立足国内资源，重点支持外资并购国有企业；立足交易鉴证，重点发展拍卖、招标等交易方式。此后，北京国企改革步伐不断加快，北京产权交易中心充分发挥市场作用，利用多年积累的经验，通过推动国有中小企业资产重组，促进国有资本有序退出，规范企业破产，处置不良资产，为国企改革、实现国有资产保值增值作出了积极贡献。

为了让技术成果交易与融资功能结合起来，建立并完善本市多层次的资本市场体系，解决高新科技企业和中关村科技园区建设的产权流动和融资难题，2003 年 3 月，原中关村技术交易中心进行改制，成立了中关村技术产权交易所有限公司。其在成立后不到一年时间里，业务得到全面展开，交易额在国内同类企业中名列前茅。

为了适应北京产权交易市场长远、健康发展的需要，并抓住国务院国资委拟选择首批中央企业国有产权转让试点机构的历史机遇，搭建

---

① 原载于《前线》2006 年第 4 期，第 46–49 页。

起产权交易的大平台，原北京产权交易中心和中关村技术产权交易所有限公司强强联合，于 2004 年 2 月 14 日挂牌成立了北京产权交易所有限公司。同年 3 月 8 日，国务院国资委向各中央企业发出《关于做好贯彻落实〈企业国有产权转让管理暂行办法〉有关工作的通知》（国资发产权〔2004〕195 号），授权上海联合产权交易所、天津产权交易中心和北京产权交易所为首批中央企业国有产权转让服务的产权交易市场。新的体制、机制和丰富的经验、资源的整合重组，使北交所走上快速发展之路。

二、拓展服务　大步发展

重组整合的北交所采用有限公司组织形式，按照现代企业制度的要求组织运营和管理，既继承和发展了原北京产权交易中心在国有产权交易方面的优势，又充分保留了原中关村技术产权交易所为产权交易和科技企业融投资服务的特色和优势，实现了机构、人员、网站、客户资源、企业文化的有机融合，统一了交易系统、业务规则，增强了核心竞争力。

重组整合的北交所定位于专业化、集约化的并购市场，区域性的资本市场；发展战略是聚拢资源，逐步形成消费习惯和市场氛围，完善市场功能，做大交易规模，成为服务以国有产权为主的社会各类产权交易的产权大市场；经营理念是"专注诚信、创造卓越"，专注于产权市场建设，不投资参股任何中介服务机构，致力于维护产权市场的规范运行，维护产权市场的公开、透明；业务模式为"双轮双轨"，一方面以规范和服务为原则，促进国企改制重组和国有产权有序流转；另一方面以创新和效率为原则，服务于非公产权交易，改善以中关村高新技术企业为代表的中小企业融投资环境。

重组整合的北交所与国际市场接轨，实行了经纪机构会员代理交易制，由经纪机构会员代理产权交易双方进行交易活动，为产权交易双方提供专业化产权交易服务。目前，北交所已发展各类经纪机构会员2 000余家。

重组整合的北交所还按照"平等自愿、资源共享、促进流转、互惠互利"的原则，通过互设办事处的方式，与全国29个省、自治区、直辖市的52家主要产权交易机构互设办事处，初步建立起覆盖全国的市场网络。在努力完善市场化服务功能的同时，搭建起了"金融资产超市""实物资产超市"等专业化服务平台，积极开展融资服务业务，探索经营地方企业债券和信托受益权等创新性交易品种，满足了不同客户群体的个性化市场需求。

如今，北交所已具备了信息披露、价格发现、交易撮合、交易鉴证、咨询顾问和市场服务六大功能。通过广泛的信息披露、多渠道组织项目推介、高效率进行交易撮合等服务手段，建立健全了招投标机制和拍卖机制，充分发挥了产权市场的价值发现功能，促进了资产在交易过程中实现价值最大化，最大限度地保证了国有资产的保值增值，避免了国有资产的流失。

目前北交所的主要业务已拓展到为北京3 000亿元国有资产、中央国有资产、京外的国有资产改革调整提供产权交易服务。

三、做精做细　做大做强

目前，全国产权交易机构有200多家，已形成长江流域产权交易共同市场、北方产权交易共同市场、黄河流域产权交易共同市场、西部产权交易共同市场等区域性市场，初步建立起了规范的制度流程和相对完善的服务体系。全国产权市场交易产品已覆盖了除上市公司流通股以外的大多数资本要素，正在成为我国多层次资本市场体系的重要组成部分。与国内传统的事业制法人式的产权交易机构相比，北交所规范的公司制组织形式更符合资本市场发展的要求，不仅使北交所成为了国内产权交易机构中进行制度创新、管理创新的先锋，而且使北交所在与各省区市产权交易机构合作中具有更多的优势，便于采取开放式的市场合作模式，与同业机构进行市场买卖双方资源的整合，带动整个行业的发展。下一步，北交所对内将继续积极创新、做精做细；对外扩展业务合作，做大做强，力争成为全国产权交易市场的中心。

今后，北交所将致力于建设汇集投资人资源的长效工作机制，进而打造北京资本市场的品牌，既能体现公开、公平、竞争的市场功能，最大限度地发现投资人，满足公众对国有产权转让的知情权，又能让参与各方平等博弈，通过市场发现价格，确保国有资产保值增值，实现资源要素的合理流动和优化配置。投资人资源聚拢了，北交所这个市场也就更活跃了。北交所不但要大力聚拢国内投资人资源，还要高度重视境外市场的拓展工作，搭建起国际化的市场融资平台，使境外资本更多地参与到与国内企业的合作中来。

2. 产权市场撑起资本市场一片蓝天

——透视北交所奥运"缶"拍卖案例的台前幕后①

奥运会开幕式的表演道具"缶"②，在经过历时十天的三场拍卖后已全部处置完毕。这次注定要载入中国产权市场发展史册的拍卖活动，不但创造了产权市场上竞买人数最多、竞价时间最长、溢价率最高等多项第一，而且还首次采用大规模网络竞价方式，组织三十多个省区市的五百多名竞买人进行"异地—同时"的网络竞价活动，其参与人数之众、涉及地域之广、报价轮次之多，均属国内之最。

此次奥运"缶"的拍卖，为中国产权市场赢得了荣誉，让产权市场这个中国创造的新形态资本市场第一次走近全球视野，成为社会普通大众关注的焦点；拍卖也提振了中国资本市场的信心，给笼罩在国际金融危机云雾下的中国资本市场带来一丝亮色。

一、筹备：如履薄冰，一丝不苟

举办这样一场规模庞大、影响广泛的拍卖会，对北交所来说既是一次大机会，也是一次大的挑战：从宣传、布展、接待、登记到拍卖组织、现场布置等，整个过程不啻是一次大的系统工程。由于 29 届奥运

---

① 原载于《中国证券报》，2009 年 3 月 23 日。

② 缶，取材于中国古代盛酒瓦器，"秦人鼓之以节歌"，成为秦国的打击乐器。2008 年 8 月 8 日晚 8 点，一首气势恢宏的"击缶而歌"，带着华夏礼乐的传承，带着中华儿女百年梦想和期盼，奏响了第 29 届夏季奥运会开幕式的序幕。

会组委会授权北交所处置"缶"的时间不足一个月，恰又逢人代会、政协会"两会"期间，在这样一个时间、这样一个地点，举办这样一次特殊物品的拍卖，对北交所来说是一次实力与能力的综合性考验。

北交所不辱使命。以一种"系统性组织，专业化操作"的思路将工作稳步向前推进。"缶"的处置作为奥组委赋予的一项"特殊使命"，需要北交所站在政治高度上，如履薄冰，一丝不苟，不出差错地完成；同时对北交所来说，这也是代表中国产权市场所承接的一项"光荣任务"，对于这样一个千载难逢的机会、处置一种全世界都知道的物品，不搞得轰轰烈烈，愧对整个产权市场的殷殷期盼。

为此，北交所在奥运"缶"的拍卖操作中始终把握了两个原则：一是要让有意愿参加拍卖的人，都尽可能便捷、无阻碍地参加进来，不负委托方使命，也体现标的物"缶"所蕴含的奥运精神；二是借助"缶"拍卖，让尽可能多的人来认识产权市场，把这个还未为大众所熟悉的市场自荐给社会普通大众。

拍卖之前，市场中还存在许多的不确定因素需要北交所去掌握和应对：如市场对"缶"能有多高关注度？拍卖是否会引起市场的积极响应等问题。毕竟奥运会已过去半年多了，人们对"奥运"概念的关注度肯定会有所降低，时间点上已非最佳拍卖时机；同时，当前正处于国际金融危机的严寒中，整个市场一片萧瑟，前些时日抢手的房地产、金融股权等产品产权，现在都已经风光不再，价格一跌再跌；而"缶"这种"象征意义"要大于其"使用价值"的特殊商品，在这种情势下处置，会受到多大影响也很难判知。此外 1 500 个"缶"如何卖也是个问题：是整批卖还是零散卖？分一场卖还是多场卖？线上卖还是线下卖？所有这些问题都需要考虑周全。

为此，北交所必须在短时间内做大量准备工作：从前期的市场调研，聘请专家顾问做参谋，从市场反馈回一手的信息后再进行统计分析，制订出最合理的运作方案；到中期的市场宣传，考虑最合适的传播渠道，争取有效覆盖所有的潜在客户；再到确定有效率的处置方式，争取让更多的人能参与进来。此外还有报名方式的设计、上千笔资金的进出、"缶"证书的制作、加密、产品的布展等，所有细节问题都要考虑进去。

经过认真调研与周密研究，北交所确定了线上与线下的组合拍卖方式，将拍卖分成三场：两次现场拍卖，一次网络竞价拍卖，以满足不同购买人群的需求。

之所以选择采用"网络竞价"方式，是因为北交所经过前期调研，了解到有许多来自全国各地的意向竞买者无法在规定时间内来京参加现场拍卖，为体现奥运公平参与的精神，让所有人都有机会参加竞拍，于是特别安排了一场"网络竞价"活动。为此，北交所通过专业开发的"金马甲网"，通过制定完善的竞价规则、全面的技术方案和严密的安全防护，组织进行了一次史无前例的网络竞价活动。外地竞买者只要有一台连接着互联网的电脑，经过在线注册、保证金缴纳、账户激活等简单的前期准备后，就可以在任何地方参与网络竞价了。

终于，一切辛苦没有白费。3月8日的第一次现场拍卖会就吸引到439人报名参加——这在产权市场中是一个破天荒的数字。为了能容纳这么多的竞买人，北交所第一次把三楼交易大厅中间的会员席位全部拆掉，换成了折叠椅，让400多个竞买者在这个有"产权市场第一厅"之称的地方公开公平地进行同场竞技，来认知和感受这个中国新型资本市场的气氛与魄力，也让这块地方在那一天为更多人所知，成为中国乃至更广泛范围的瞩目场所。

而在3月15日举行的网络竞价中，更有来自全国各地的近500多位竞买者通过互联网异地登录到"金马甲网"的网络竞价系统，进行"同时—异地"的网络竞价活动。在经过26小时的上万次累计报价后，起拍价为每只1 300元的缶，最高成交价达到了28.8万元，90只缶的平均成交价也达到了14.26万元。

二、结局：轰轰烈烈，圆满成功

最终，从 3 月 8 日至 18 日的三场拍卖活动均取得圆满成功。包括 1 500 个缶和 978 个竹简在内的奥运会开幕式道具，合计成交额达到 1.19 亿元人民币。其中奥运"缶"的评估值总计为 106 万元，最后成交额为 1.06 亿元，溢价幅度达到 100 倍，奥运竹简的拍卖增值率更是超过 300 倍。向奥组委交上了一份满意的答卷。

三、启示：走向成熟，堪当重任

这次奥运"缶"成功拍卖，它的象征意义超越了产品处置本身。我想这主要体现在以下几个方面：

首先，"缶"的高溢价拍卖再次彰显和印证了国人对奥运强国精神和中国传统文化的认同。奥运之后，"缶"这种演出道具已经被注入传统文化与奥运精神的双重元素，它成为一种符号，一种象征。竞买者真正看重的，并不是道具本身，而是它背后所折射的中国文化元素和奥运强国梦的理想。过去的一年，对走在路上的中国来说，是充满崎岖坎坷的一年。北京奥运会的举办，如同一把火炬照亮了道路、点燃了信心。奥运"缶"的火暴拍卖，正体现了国人内心深处所蕴藏的那种对奥运精神的强烈企盼与认同："缶"在此时已成为人们对激动人心的北京奥运场面的一种追溯记忆，成为一种象征着团结奋斗、敢于拼搏的奥运"精神遗产"。同时，奥运会开幕式演出道具"缶"取材于"缶"这种古老的中国乐器，它里面凝结和彰显着中国传统文化的精神，用它作为奥运会开幕式的表演道具，也体现着对中国传统文化的继承和发扬，它是一种对历史的感怀和铭记。正是由此，才会有南京夫子庙小学的全体师生自发集资 3 万元来参与这次拍卖；也正是由此，才会有江苏南通新世界汽配城的竞买者愿意高价买到后，再赠予夫子庙小学之举。

其次，"缶"的成功处置，为处于国际金融危机阴霾下的中国市场投射进了一缕阳光，照亮了一条道路。在国际金融危机横扫世界、资本市场寒风凛冽、市场机构纷纷抱团取暖的今天，中国市场里出现了对一种物品的热烈追捧的情形，这种现象值得我们去深思和挖掘。当前举国上下都严阵以待，迎接这次百年不遇的国际金融危机的挑战；政府专门出台了4万亿元的经济刺激计划和十大产业振兴计划，以应对和化解这场危机带来的负面影响；理论界也一直在探讨危机的影响程度与未来走向，但到底结果会怎样？市场能不能被刺激和带动起来？有没有一条稳妥的促进经济发展的路径等这些问题，都是一个未知数。经济危机在根源上是一场由有效需求不足所引致的危机，政府的这些措施最后能不能把市场大众口袋里的钱引出来？谁也给不出一个肯定的回答。社会各界尽管对此的探讨和争论连篇累牍，但也都莫衷一是。而这次奥运"缶"的成功拍卖，却为蹒跚前行中的中国市场经济提供了一个启示：市场中实际上蕴藏了许多消费者的消费意愿，问题是能否找到"点火的钥匙"，或是找到一条正确的引导途径。只要方向正确，方式方法正确，则一切皆有可能。"缶"的成功处置，关键在于让市场去发现"缶"的价值。通过市场竞买，"缶"的最后成交价是其评估价的上百倍，这充分表明一项产权的市场价格，既不是由它的重置成本所决定，也不是由卖者的主观意愿所决定，而是由在充分竞争下的市场最高出价者所决定的。市场的真实需求状态是政府所难以判断和把握的，现实中无法追求到那种"运筹帷幄之中"而"决胜千里之外"的效果，坐在书斋里的人，不可能去准确判断市场对千千万万商品的真实需求。

最后，"缶"的成功处置，是产权市场走向成熟、堪当重任的一个标志。作为一种中国独创的资本市场，产权市场长期以来位居于非主流的市场地位。尽管过去一年来，包括中国证券市场在内的世界各主流资本市场都陷入困境，只有中国的产权市场一枝独秀，场内的各类权益交易继续保持快速增长的态势。但对于这个新兴的市场能否真正成长起来？能否担当起基础性资本市场的功能责任？资本业界和政府一些部门还是抱有怀疑态度。而此次奥运"缶"的成功拍卖，让产权市场裸露在全世界的聚光灯之下，再次接受来自市场各方的清晰查验。以北交所为代表的产权市场为迎接这次挑战，在较短的时间内进行了周密策划与精心组织：通过有效的市场宣传来克服当前市场中的不利因素，采用创新的网络竞价方式从而让更多的人参与拍卖活动，采取各种有效办法使竞买者便捷地参与报名和办理各种竞拍手续，同时协调缶的生产厂家为买受人提供后续维修服务等。为取得拍卖成功，北交所在仅仅二十多天的时间内做了大量细致而有效的工作。

奥运"缶"的成功拍卖表明：产权市场这个在中国土生土长起来的市场形态，已从幼苗成长为一棵大树，撑起了中国基础性资本市场的一片蓝天。

3. 服务中国并购市场，
打造并购与融资工具集成商

——在 2010 北京国际并购论坛上的主旨演讲[①]

过去的一段时间里，国际市场风云变幻，中国并购市场可谓高歌猛进，目前中国已经成为了仅次于美国的全球第二大并购市场。可以说中国加快产业整合的内在需求、活跃的资本市场、政府经济刺激政策带动下的银行贷款增加等各种因素的叠加，推动了中国企业战略性并购的活跃程度。

根据最新的数据统计，2010 年前 11 个月中国并购市场的交易额达到了创纪录的 1 426 亿美元。

回顾 2010 年的并购市场会发现，有一半左右的交易额是国内企业之间的并购，这体现了中国国内企业进行产业整合升级的内在需求。目前除了能源、通信等国有垄断行业，中国绝大多数市场都呈现多头竞争格局，大部分行业的前三名在整个行业中所占的市场份额都非常低，这种现状的一个不良后果是：规模效应的缺失会导致企业缺乏研发与创新的实力与动力。近两年来，在金融资本的推动下，通过并购，中国的产业集中度正在逐步加强，逐渐出现了一批具备行业整合能力的龙头

---

① 原载于中国企业国有产权交易机构协会主编：《中国产权市场年鉴：2011 年》，上海社会科学院出版社，2011 年 12 月。2010 年 12 月 14 日，由商务部投资促进事务局、北京市投资促进局、国际并购联盟共同主办，由北京产权交易所、北京新世纪跨国公司研究所联合承办的"2010 北京国际并购论坛"在北京国际饭店举行。作者兼任中国并购公会副会长，在论坛上作主旨演讲。

企业。

我们一直认为中国经过过去三十年的积淀，未来二十年到三十年还会有高速的增长。全球经济体系中有 13 亿人共用一个法律框架、共用一种语言，共享一个巨大的市场，这是别的国家所不具备的优势，因此中国出现全球级大企业是完全可能的。但是这种大企业的成长过程不应该是目前中国大企业的成长路径。目前中国大企业实际是基于政府力量、基于垄断形成的。我相信源自草根的、充满生命力的中国民营企业中间会产生世界级大企业。我在几次场合下都曾放言，如果吉利集团董事长李书福先生的公司进入世界 500 强我一点都不意外。

在中国 2010 年的并购交易中，还有三分之一的交易额来自中国企业的海外并购。早在 2008 年我们就号召国内有实力的企业利用欧美发达国家市场陷入次贷危机这一千载难逢的机会，果断地走出去，在市场估值水平下降的情况下，以比较低的成本并购欧美企业，实现产业升级。而过去两年来的市场并购实践，也印证了我们的判断。

在新形势下，我们可以看到，海外并购的主要形式正从原来的参股走向控股，正在实现从控制资源到控制品牌和知识产权的过渡。这说明中国企业的海外并购又向前迈进了一步。中国企业不仅仅是获得产品，还要参与企业的管理和决策。如果说由参股到控股的转变让中国企业实现了从获得产品到获得管理经验的转变，那么，吉利收购沃尔沃则标志着中国企业开始了从买资源到买品牌再到买知识产权的转变。

根据统计，在 2010 年总体的并购市场中，外资并购中国企业仅占到了总额的 15%。这一方面是外资企业近年来受到次贷危机影响导致扩张的需求减弱，另一方面也反映了中国企业实力得到提升后，不再像以前那样轻易成为外资产业整合的对象。

总体来看，中国的并购市场成绩喜人。但是我们的并购市场是不是已经完美了呢？我认为还远远不够。

首先，企业成功并购需要金融的有力支持，当前中国金融业的发展与现代经济和企业的要求相比，仍然存在很大差距。并购融资工具有限，资本市场发展相对滞后。金融服务业对企业并购的运作能力和经验不足，大量融资瓶颈还存在，特别是中小企业并购、融资渠道还不够畅通。

其次，我们应该认识到，并购是一把"双刃剑"，我们虽然看到中国企业的并购实力在增加，以至于在一定程度上改变了国际并购市场的格局，但也要看到事情的另一面，就是我们对于并购市场脉搏的把握是否足够精准？目前甚至出现了两家国企在海外为了争夺一个项目而互相抬价的情况，这明显是有一种过于冲动的，急功近利的情绪在里面。根据统计，国际上大型企业并购案例中失败的有近三分之二，重组十年后公司仍成功运营的比例只有25%。所以企业在作出并购决策的时候一定要慎之又慎。不过我们相信这是一个不断试错的过程，中国企业势必会经过一个实践、失败，再实践、再失败，逐步走向成功的过程。这就需要我们在国际并购市场具备政治家的智慧，企业家的胆识和投资家的经验。

以上回顾了一下2010年并购市场发展的情况，接下来我想介绍一下北交所集团在这样一个大的背景下，如何服务中国的并购市场。

目前北交所集团形成了一个"一拖十"的架构，集团下属包括中国技术交易所、中国林业产权交易所、中国文化产权交易所、北京金融资产交易所、北京环境交易所、北京国际矿业权交易所、北京石油交易所、北京股权登记管理中心、北京黄金交易中心、金马甲网上交易系统等一系列专业平台，我们做这些平台最重要的目的是希望为我们企业并购提供一系列的工具，因为产权交易所本质是一个集约化的并购市场，交易所能为整个并购过程提供信息、中介服务，以及融资三大服务。

从中国企业的情形来看，大部分并购如果没有金融工具的支持都无法实现。因此北交所集团现在提出了一个融资工具集成商的概念，希望联合各种金融工具的力量，为企业并购提供包括股权融资、债权融资、信托融资等在内的各种融资资金。北交所集团希望能够逐渐让这个平台在并购过程中发挥作用，通过一系列成功案例为大家使用这个平台提供指引。

我们相信在未来的五年范围内，中国并购市场将迎来一波又一波的浪潮和高峰。我们希望在这样的浪潮中起到推波助澜的作用，为中国的并购市场提供最优质的服务。

4. 国资转让与定价的思考与实践

——与周其仁教授商榷[1]

曾经在《经济观察报》上读到周其仁教授[2]所撰《聚焦国资转让与定价，如何减少民众争议》一文，使人感受到了学者思路的清晰与理论的功底。我对周其仁教授素来敬重，应该说我的产权经济学扫盲教育是由周其仁教授完成的。2003 年，我刚刚主持中关村技术产权交易所工作，某日恰逢一位在北京大学 EMBA 班学习的友人，说著名教授周其仁将于下周讲述产权经济学，这引起了我极大的兴趣。当时报名已经来不及，而我又确实需要，于是请友人直接向周其仁教授引介说：某产权交易所的负责人想来听他的这门课。周教授欣然同意。连续几周的学习使我对于以科斯、阿尔钦理论为基础的产权经济学有了基本的了解。周教授清晰的思维，扎实的功底，娓娓道来，引人入胜。这次，偶然在新浪产权频道上看到了周教授的文章，顿时吸引了我的眼球，一气读完，多数观点是令人信服的，但有些观点是我不能完全接受的。师生之间如切如磋，我在这里与周教授就有关问题进行简单的探讨。

一、国有资产转让的争论并非无益

周教授认为，关于国有资产转让与定价的争论是无意义的。他回顾

---

① 原载于熊焰新浪博客，2006 – 05 – 29。
② 周其仁，北京大学中国经济研究中心经济学教授，著名经济学家。

了近年来关于国有资产转让定价的几场争论，认为"人的生命有限，什么享受不好，非要争议不断？为科学问题吵来吵去，也许还可以增加知识。'郎旋风'以来的争议，到底增加了我们哪方面的知识？"我对此有不同意见。

"不争论"是邓小平同志的一大"发明"，在中国改革开放初期，改革阻力极大之时是非常明智实用的办法。现在改革多年，取得了巨大的成绩，当然也积累了一些矛盾，就一些涉及公众利益和改革方向的问题在适当范围内进行讨论，对于满足公众的知情权，对于疏解矛盾，对于进一步推动改革与发展应该说是有益的。

2004 年春夏，郎咸平教授所挑起的关于国资转让的争论，参与争论的许多专家学者并不了解国资转让和产权市场的实际情况和最新进展，我本人受到产权业内有关同志的鼓励，发表了关于国资产权转让的议论。第一次是 7 月在北京金融街论坛上，诸多泰斗级元老在场，我以忐忑的心情表达了我对郎咸平挑起的国有产权转让争论的不同看法，介绍了产权市场的最新进展和制度框架，即中国的国有产权的转让已经找到了，并且在实施着一套行之有效的、既流动又不流失的办法。媒体、业界和公众对我的言论给予了肯定与鼓励，我后来陆续就相关话题做了几十次演讲，在相关媒体上发表了几十篇文章。有几位领导和老专家对我说：看了你的文章，我对国资转让放心了，原来主要是不了解情况。

因此，我认为，就国资转让和定价这类事关公众利益和改革大局的问题，以偏概全，以个别案例否定国资改革大局的言论是无益的；以意识形态标准裁判现实经济活动的言论是无益的；煽动民众的不满情绪，激荡矛盾的言论是无益的。全面地、历史地分析问题，准确地介绍实际情况是有益的；以"三个有利于"等务实态度判断是非的言论是有益的；引导理性思维，化解矛盾的言论是有益的。

二、国有产权转让问题已开始破题

周其仁教授讲到中国的国有资产从来没有一套清晰章法，"全民怎样充当国资的主人，怎样履行资产主人的权利和义务，从来没有一套清楚的章法"。"在国资的法律所有者与实际管理者之间，从来没有形成清楚的章法界定委托、代理、监督的权利和责任。"这些话与实际情况是不完全符合的。

2003 年以来，随着国务院国资委的成立以及各省、地级国资委的建立，一整套国有资产的委托、代理、监督体制不但已经形成而且正在逐步完善。

就企业国有产权的转让与定价，由于工作的原因，我可以介绍更多一些。2004 年 2 月 1 日，国务院国资委与财政部联合颁布的《企业国有产权转让管理暂行办法》（3 号令）更是创造性的建立起来一整套国有产权转让与定价的制度。随后陆续颁布的若干个配套文件，从操作层面逐步完善了国有产权的转让与定价体制，回答了国有产权转让的一系列重大问题。

周教授说"国资转让和定价的困难来自国资的基本性质"。文章开篇和中间两次使用了一句箴言"困难就在这里"。周教授"争论无益"的立意基础是"此题无解"！但实际情况是，国有产权转让有一系列重大问题，概括起来，也就是国有资产卖与不卖、谁来卖、卖给谁、在哪里卖、如何定价等五大问题，对这些问题，3 号令及其配套文件在理论上、制度上、操作上和监督上都有了切实可行的解决办法。

第一个话题，国有资产卖不卖？中国的国有企业经历了 50 多年的积累、发展，已经拥有国有资产十多万亿元。这样巨量的资产是共和国几代人的积累，是工人、农民长期辛勤的劳动，是大量国有企业的工人低工资、低福利的情况下积累起来的财富，在法律上是属于全体中国人民的财富。

从国有企业改革的历程中，我们可以得出一个非常清晰的结论，国资卖与不卖的核心是国有资产要进行战略结构调整。调整，不仅仅在于国有企业经营状况的好坏，而是因为中国选择了走社会主义市场经济的道路。在市场经济中，国有资产是一种特殊形式的资产，它通过控制、引导和融入来为全社会服务。国有企业必须从根本上改变单一所有制、单一产权的现状，与其他各种经济性质的资产整合起来，使国民经济总量最大化，而不应该主宰一切、控制一切、垄断一切。国企改变单一所有制有多种办法，包括改组、联合、兼并、股份制、出售等，最有效的途径是进行产权转让、重组，也就是把一部分产权出让（卖）给其他性质的所有者。国企改变单一所有制，到今天，已经形成了比较清晰的思路：

第一，对关于国计民生的重要行业应该实行国有控股，可以国有独资，可以绝对控股，也可以相对控股。

第二，在一般竞争性的行业里，国有资产要有所为有所不为，其原则是要根据能够符合迅速发展、提高经济效益、打造核心竞争力的需要。

第三，对于一些导向性和效益比较高的企业，国有资产也要有进有退，比如国有资产应在高科技行业里发挥带动、引导作用等。

卖与不卖，具体到某一项国有资产，要由国有资产的监督管理部门以及有权处置该份国有资产的机构，根据国有资产战略结构调整的需要，根据改革改制需要，履行一整套的批准程序与决策程序。

第二个话题，谁来卖？中国的国有资产按照法律讲，是属于全体人民的，由国资委代表国家和人民行使出资人权利。

中国国有资产新的管理体制建立的特征是国家所有、分级管理。2003年国务院国资委成立，明确了它是中央企业国有资产排他性的损益责任主体，随后各省、地，分级成立国资委，分别代表中央和地方行使所有者的权利。因此，国有资产谁来卖的问题也就明确了：中央一级国务院国资委、省一级和地区、地方一级国有资产监督管理部门，以及它授权的国有企业集团。

第三个话题，卖给谁？国有资产可以卖给谁，根据现在的情况，有以下几类购买人：民营企业、外资企业、含管理层在内的内部职工、其他国有企业及混合所有制企业。在这点上，应该说任何可能的购买者之间没有根本的差异，我们不应该也无权指定这项国有资产只能卖给谁必须卖给谁，而不能卖给另外一些人。所有的潜在购买者，在法律上讲都是平等的。任何歧视排斥，从法理上讲都是不对的。因此，就像周其仁教授文章讲到的，对于向管理层转让国有产权，国资委先是明令禁止，后又陆续放开，还引起争议，我想是同样的道理。管理层，只要资金来源合法，只要购买程序合规，当然有权购买。

第四个话题，在哪里卖？现在的解决方案是在产权市场中卖。

中国产权市场诞生是源于两个重要的背景，一是国有资产战略结构调整，数以万亿计的国有资产、国企产权要转让。二是国企产权转让环境的诸多困扰，如：国企产权不够清晰，产权出让时的利益关联不正常；国内中介机构的整体状况不尽如人意；我国企业并购的法制环境尚未建立；委托代理制和职业经理人制度没有建立起来；银行和金融体系的支持不足；等等。

在这样的背景下进行国企产权转让，国有资产流失就成为不可回避的话题。导致流失的"办法"，有低价评估、转移隐匿资产、自买自卖、"他"买"他"卖等，其根本原因是国有资产的经营者代替所有者行使了权利，加之行政主导、暗箱操作、权钱结合等。多年来，政府、专家、业界在国有产权转让问题上进行了艰难的探索。有人提出设计一个非常精准的企业价值评估方式来确定转让价格；有人提出搞一个克格勃式的强力机构来进行监管；也有人提议发动群众来决策。但这些方式的运营成本都太高，可操作性差。在经过多种实践和探讨后，逐步找到一个办法：国有产权转让是市场行为，市场行为要启动市场机制。于是，中国就出现了一个专门为国有资产转让而设计的产权市场。

中国的产权市场是中国的一个独创，这种独创既包含了中国政府业界及国有企业长时间的探索，也包含了巨大的理论勇气，是中国人的智慧和经验的结晶。它的基本设计理念就是"公开"和"竞争"。公开，能满足公众的知情权、更大范围地发现意向受让人、割断特殊利益输送渠道，并且能使当事人的职业风险和道德风险降到最低。竞争，可以使企业的价值通过市场得到发现，其基本模式就是任何一个卖者都希望多卖一点钱，任何一个买者都希望少出价，若干买者和若干卖者在公开的市场进行博弈，最终形成市场价格。

第五个话题，也是国有资产转让的一大难题，如何定价？对此，我们假设有以下几种选择：（1）由个别人（如"领导"）指定；（2）由评估值决定；（3）由市场决定。我们看一看这三种选择可能会出现的情况：

第一种选择，由"领导"决定价格，（三年前的国资转让基本上都是这样决定的），结果，由于"领导"贪污腐败导致的国有资产低价贱卖的案例比比皆是。在那种情况下，即便"领导"为人清正廉洁，把国有资产卖了个高价，也可能会有人站出来指责，认为肯定还能卖出更高的价格，而"领导"肯定是吃了回扣等，谁都说不清楚。

第二种选择，按照评估值来卖。任何先进的评估办法，都只能给出一个资产的参考价，因为评估办法是按购买的一般原则去模拟一个可能的购买行为，去推测出一个价格的区间。资产和资源其实有非常独特的特性，其价格在不同人的眼中会有不同价值判断，在不同的管理者和市场环境中也将会产生的不同的收益产出。因此，一个人的评估，往往只是另一个人的参考，不可能代表所有人的判断。

第三种选择，由市场来定价。我们认为由市场来定价，特别是由产权市场采取公开竞争的办法对国有产权定价，是目前我们所有的选择方案中，最接近市场实际要求，最符合中国特殊的环境的一种制度设计。产权市场的定价办法：协议转让、竞价转让。也就是说，当某项国有资产在转让信息披露 20 个工作日以后，如果只产生一个符合条件的意向受让方，那么他们双方可以采取协议的方式达成交易，成交价格就是挂牌价格；如果在信息披露期满后产生两个以上意向受让方的，则采取竞价方式，如拍卖、招投标、网络竞价等确定最终的价格和受让方。

2004 年，国务院国资委、财政部、监察部和国家工商总局四部委检查表明，85% 的国资进场交易，交易价格比评估值平均溢价 10% 左右。2005 年，北京、天津、上海产权交易机构共转让企业国资 3 622 宗，成交金额 1 080 亿元，与资产评估值平均增值 6.4%。事实证明，产权市场实行的"出资到位、交易入场、信息公开、操作规范、监管有力"等一系列制设计与实际运作，对保证国有资产在流动中不流失起到了切实作用。

三、欢迎周其仁教授到产权交易市场调研

周其仁教授是中国经济学家中素以调查研究见长的，前几年周教授关于中国农村改革的调研，关于中国电信改革的调研，给业界和公众留下了非常深刻的印象。因此，在这里我诚恳地建议并邀请周其仁教授到北京产权交易所等产权交易机构中做一番调研。我愿意就进一步的理论与实践问题与周教授探讨并再次求教于周教授，共同推动中国产权经济学的研究。

5. 谈国企产权转让的正确途径

——与何一平同志商榷[①]

前几日友人从网上传来一篇题为《国企股权转让不能一拍了之》[②]的文章，标题生动，观点鲜明。我对作者保护国有资产保值增值、保障企业健康发展的初衷表示钦佩；但作者何一平同志（按业界惯例称之为何总）可能不了解产权市场的全貌，不了解国企产权改革的成果，许多观点以偏概全，不够公允。特拟小文，与何总商榷。

一、国有产权进场交易并非简单的"一拍了之"

何总文中通篇以拍卖作为国资委指定的企业国有产权转让方法，这是一种误解。因此我首先想指出的是：国企产权转让一拍了之，确实过于简单化。但企业国有产权进入产权市场，却是保证国有产权在流动中不流失的有效途径。

公有产权的处置在全世界都是一个难题，中国在探索国有产权流动重组的有效途径方面也做了许多尝试，主要有两种思路，一种是用行政化的办法来处置，另一种是政府有效监管下的市场化交易。

国企改革初期以行政化处置为主。一个国企卖不卖，卖给谁，卖什

① 原载于熊焰新浪博客，2008 - 01 - 11，http：// blog. sina. com. cn/s/blog_ 5041836201008c4f. html。

② 原文刊载于 2008 年 12 月 14 日《光明日报》，作者何一平，广东省广晟资产经营有限公司副总经理。

么价，都由少数领导人决定，轻则导致资产盲目流动，重则产生权钱勾结、暗箱操作、国有资产流失等恶果。

国务院国资委成立以来，充分尊重要素资源流动的客观规律，在认真总结国有产权行政性审批转让和场外自由交易中所出现的问题，以及地方政府规范引导国有产权进场公开转让成功经验的基础上，联合财政部 2003 年 12 月 31 日出台了《企业国有产权转让管理暂行办法》（业界简称为 3 号令），并陆续出台了一系列的配套文件，对国有产权转让从方案制订、内部决策、审计评估、批准程序到进入产权市场公开披露转让信息征集受让人、交易方式、合同签订和价款结算的全过程进行了全面的制度性规范。在交易方式上，规定"可以采取拍卖、招投标、协议转让以及国家法律、行政法规规定的其他方式进行"；在实际操作过程中，需通过产权市场公开披露转让信息，对于在规定期限内（不少于 20 个工作日）只产生一个合格意向受让人的，可以以不低于公开披露的转让价格协议成交；对于产生两个或两个以上合格意向受让人的转让项目，区分不同情况可以采取不同的竞价转让方式。例如，在职工安置、债务处理等其他条件全部锁定、价格为唯一考虑因素的情况下，可以采取拍卖方式；当价格不是唯一因素的情况下，可以采取招标转让方式，根据综合评分结果选择最终受让人。

可以说，3 号令及其配套文件，以及产权交易市场根据这些政策性文件规定并结合长期探索实践总结起来的交易规则，已形成了规范国有产权转让的一整套制度体系，并区分不同情况做出了具体的制度性安排，国有产权进场交易并非简单的"一拍了之"。通过三年多的实践，这套制度性安排已被充分证明是促进国有经济战略性调整过程中规范国有产权转让的一套现实可行的解决办法。

何总文章讲道："拍卖最多只能是内部控制人的竞争，不能从根本上解决内部人控制问题。"内部人控制是现代企业制度的一个顽症，各国都在探索解决办法。中国的国企改革目的之一恰恰是为了打破部分企业的内部人控制格局。而这种格局，靠行政的、审计的、评估的等方法根本无法打破；只有靠市场的办法，靠利益的重新配置，才能从根本上打破。产权市场正是循着这样的思路在操作。产权市场的基本功能之一就是通过强大的信息披露功能来发现更多的投资人。以北交所为例，国有产权项目在《中国证券报》《上海证券报》等纸媒体上定期披露。读者接近 100 万人。北交所网站用中英文发布，日均点击量过万。只要是好项目，只要物有所值，注目者如云。这足以冲破所谓的内部人控制。

二、"价高者得"是不是好的交易原则

何总文章中说道，"价高者得"不是好的股权交易原则。这让我十分疑惑，"价高者得"不好，难道是"价低者得"好？抑或是"权大者得"好？

市场的基本原则是等价交换，当一份卖品出现多个买者时，则采取竞争的办法，由出价最高者得。当然企业产权作为一种特殊商品，比一般商品应有更复杂的考虑，即除价格之外还应考虑买者的其他资源与条件。因此在产权市场的竞价方式中，除拍卖还有招投标和其他法律法规允许的方式。比如，北交所的招投标方式，价格因素一般会占 55%左右的权重，而其他因素，如产业链关系、技术储备、环保因素、融资等各自占一定的权重比例。所有这些因素加权加总，综合出价最高者得。

对出让产权的国企而言，可分为两种情况。一种是出让其手中的全部股权，此时其无须考虑后续经营，显然应该采取价高者得的办法。另一种是出让其手中的部分股权，引入战略合作者，则应该考虑新合作者的价格和其他资源条件，采取综合出价最优的方式。选择时合作者应事先确定合作者的条件并公之于众。

三、产权市场保障了国企产权改革

何总认为，产权拍卖阻碍了国企产权改革。"按国际惯例，产权的转让绝对不能走公开拍卖的形式。""兼并重组，这种企业的核心机密在中国则变成物品拍卖的市场行为也是咄咄怪事。"

何总所言国际惯例是指在美国、欧洲、日本等发达市场经济国家的并购惯例。这种惯例是基于发达市场经济国家清晰的产权、发达的中介体系、完善的金融、法律制度和监管体系而形成的，上述市场条件经历了长期的发育过程。不讲市场条件，单纯强调所谓的国际惯例必然导致水土不服、南橘北枳。

中国有大量的国有产权要流动，我们也知道不能采取行政化的办法，而只能采取市场化的办法来处置。而中国的并购市场环境不尽如人意。一是产权不够清晰，卖国企产权的人显然是在"卖别人的东西"，卖价高低与其个人利益无直接联系。二是中介体系不够发达，无论是职业素质还是道德素养都不能满足要求。三是法律体系不健全。四是金融体系不支持。

如何在现有市场条件下用市场化的办法来处置国有产权，各方面经过艰苦的思考与探索，取得了制度上的突破，2004 年 2 月 1 日起《企业国有产权转让管理暂行办法》（3 号令）正式施行。中国的产权市场承担起了保障国企产权改革、保证国有资产在流动中不流失的重任。

产权市场基本架构简洁清晰。一是以政府令的形式要求所有企业国有产权必须进场交易。二是通过强大的信息披露功能，最大限度地发现投资人。三是通过竞争来发现市场价格。近四年的实践充分证明产权市场是国企产权交易的阳光通道，是市场化配置资源的重要平台，是中国资本市场的有机组成部分，是建设和谐社会的有效途径。

让我们来看看统计数字。2006 年，北京、上海、天津三家产权交易机构，共交易国有产权 3 168 宗，总评估值 758 亿元，交易值 901 亿元，增值 143 亿元，增值率 18.8%。据预测，2007 年 3 家交易机构的央企交易增值率将达到 40% 左右。而产权市场的交易成本，包括中介分佣，大约在千分之四。何总所谓"另类国资流失"的指责言重了吧？

当然，产权市场还很不完善，略显粗糙。如重大项目在公示 20 个工作日内无法完成尽职调查和决策过程，事先谋划好的"手拉手"交易还占较大比例等；又如市场参差不齐，监管不到位，缺乏法律支持，社会认知度低等。但所有这些都无法改变这样的一个结论，即中国产权市场不一定是一个最优的制度设计，但的确是在现实条件下的一个"不坏"的制度设计，它体现了民主、开放、和谐的时代精神，它有着学习、改造、适应的巨大空间。我真诚地欢迎何总来北交所考察，共同探讨国企产权流动的对策。

6. "有界网"资源 对产权市场功能的贡献

——兼谈"金马甲"案例①

伴随着国有产权改革步伐，"中国创造"的产权市场历经 20 年的沉浮变换，在磨炼中不断成长和成熟起来。产权市场也由早期的主要为国企改革改制服务，延伸到为公有权益的处置，乃至各类资产与权益（以下简称产权）的有序流动和有效配置服务。

一、产权市场功能分析

产权市场作为交易服务平台，其主要使命是为各类资产和股权、债权、林权、矿权、排放权、经营权等权益转让或融资提供高效的服务环境，其核心功能是为产权所有方、产权购买方（投资人）和中间服务方（产权经纪、法律、评估、拍卖等机构）等交易主体提供三类服务。

（一）信息服务

聚集和传播信息是市场平台的基本功能。产权市场可以有效地聚集卖方的项目信息、买方的意向信息、中间服务方的服务产品信息及买卖方所需的服务需求信息。同时，产权市场可以将信息通过足够广泛的

---

① 原载于曹和平主编：《中国产权市场发展报告（2009—2010 年）》，社会科学文献出版社，2010 年 10 月，第 97－104 页。与樊东平合作。

渠道传播给目标对象。

以北京产权交易所为例，该市场每年可聚集上千亿元的国有股权转让项目、金融资产项目、实物资产项目和融资项目信息，此外还逐步积累起大量的投资意向信息和各类专业从事产权交易中间服务的会员信息。同时，其通过门户网站、业务大厅大屏、会员渠道、50多家合作媒体渠道对这些信息进行广泛传播。

（二）交易服务

提供有效的交易手段促成交易是市场平台的关键功能。产权交易是一种非标准投资品交易过程，往往需要辅助以尽职调查、评估、推介、竞价或招标等手段，才能有效地发现标的的市场价值和价格。产权市场必须为这一价值和价格发现过程提供相应的交易服务手段。

以北京产权交易所为例，通过会员为买卖方提供关于标的物的尽职调查、评估、拍卖、招标等服务；通过定期举行项目推介会，对重点项目进行推介，发现更多的意向竞买人；通过拍卖、招标或网络竞价，为某些标的提供更有效的价格发现服务。

（三）保障服务

为交易全过程提供保障服务是市场平台的基础功能。产权市场作为产权交易服务平台的提供者，为规范市场秩序，降低交易风险，提高交易效率，保护交易各方利益，必须提供相应的交易保障服务，包括制定并推行规范的交易规则、流程和规章制度；完善对员工与会员的管理，提升服务水平和能力；制定诚信、安全的交易保证机制，保护交易各方利益，促成项目顺利成交。

以北京产权交易所为例，制定了大量的规章制度和交易规则，统一了交易流程、数据规范和交易管理系统，接入了各类监测系统；实行会员代理制，对会员服务水平和能力定期进行评比；坚持交易保证金制和场内结算制,保障交易的安全诚信。从而构建起低风险、高效率的产权交易市场环境。

产权市场的三类核心服务功能,在经过各交易机构多年的实践后,正逐步通过信息系统加以固化。目前,如各机构大都通过建设和使用信息大屏和门户网站等系统,增强了信息服务能力;通过建设和使用网络竞价系统,提升了交易服务能力;通过推广使用产权交易管理系统、国有股权交易监测系统、网银系统等,强化了市场管理水平和保障能力。

二、产权市场信息化现状

深入分析产权市场的功能,可以发现相较于传统的拍卖市场和投行市场,产权市场最核心的竞争力除了拥有公有产权阳光处置所积累的丰富经验外,就是在信息化系统方面的重视和投入所固化形成的能力优势。

产权市场多年来在国资委等国资交易业务监管部门的推动下,高度重视信息化建设,部分交易机构投入巨资,建设信息化基础设施和业务管理支持系统,构建起规范的业务管理体系和强有力的信息化支撑环境,为塑造市场形象、提升市场能力、增强服务效果起到了极为关键的作用。以北京产权交易所为例,自 2004 年以来,先后投入了 4 000 多万元,用于建设数据中心(机房)、局域网络、信息大屏、门户网站(网站群)、各类交易业务管理系统、客户关系管理系统、电子档案系统、电子邮件系统、协同办公系统、人力资源管理系统、风险管控系统、网络竞价系统、电子商务平台等,形成了对交易活动及公司管理的全过程、多维度的信息化支持。保守估计,当前北交所各类管理活动的信息化依存度已达 70% 左右,初步拥有了作为一个资本市场服务平台所应具备的信息化支撑能力。

同时我们也应该看到,产权市场信息化总体还处于初级阶段。不少机构因为业务规模和投入能力有限，只能建设门户网站实现简单应用；部分机构在一些大机构的帮助下，虽然实现了业务管理信息化和网络竞价，但囿于机构之间无法联网操作，信息化系统的倍增效用很难充分发挥。总之，目前各机构网站尚未体现出对传统媒体的优势，而网络竞价也按场内方式组织，也体现不出对拍卖方式的天然优势，产权市场急需打造一个统一的信息门户和跨区域的作业平台。

自 2008 年开始，北京产权交易所基于以上市场需求，本着先行先试的原则，牵头打造了产权市场第一个电子商务平台——金马甲，并利用该平台成功举办了奥运缶和鞍钢资产的互联网竞价，开启了产权市场利用互联网开展交易活动的先河。2009 年底，23 家产权交易机构按照"资合、人合、业合"原则，参股设立金马甲运营公司，拉开了产权市场共建、共用、共享行业第三方电子商务平台的序幕，也打开了产权市场成长成为真正意义的资本市场的机会之窗。

三、互联网助力产权市场聚合提升

事实上，建立在共建共用原则上的统一互联网平台，可以实现交易机构间"五个共享"和"五个一致"，为产权市场的实质性整合与提升奠定操作基础。

（一）"五个共享"

共享技术平台：各机构使用同一行业电子商务平台本质上就是共享互联网技术平台，这一操作方式有利于弥补机构间的信息化鸿沟和能力差异，从整体上提升整个行业的服务水平和质量。

共享业务资源：互联网天然地支持异地机构间的业务协同，各机构可以共享其他机构的优质项目资源；同时，各机构把业务带入到统一的互联网平台进行信息发布、网络推介、网络竞价等，有利于形成集市效应，吸引更多投资人的关注，从而实现投资人资源的共享。

共享成功案例：在同一平台上成功完成的互联网作业案例，可以作为平台其他使用者打单的工具，比如，在金马甲网站实现的奥运缶、鞍钢资产、涉及股东优先行权的竞价案例，都可以作为金马甲网络交易联盟成员共享的成功案例。

共享成长机会：互联网不仅会创新交易方式和交易手段，提升交易机构的作业能力和服务水平，还能吸引更多的市场化项目和新的交易品种进入到产权市场，从而给交易机构带来更多的发展机遇和更大的成长空间。

共享市场繁荣：产权市场是一个大市场小行业，通过互联网可以形成协同一体、共存共荣的市场格局，集聚并放大大家的亮点与热点、奇迹与神话，彰显市场繁荣，共享社会承认。

（二）“五个一致”

信息服务手段一致：共用互联网平台使得交易机构共同拥有具有影响力的互联网信息发布媒体和传播渠道（PC 互联网和手机网），形成标准化的信息发布及服务方式。

交易服务手段一致：共用互联网平台提供的网络竞价、网络路演、网络招标等交易服务工具，使得交易机构的交易支持手段实现统一。

市场服务手段一致：共用互联网平台提供的标准规范、网络支付、会员服务体系等交易保障服务，可有效弥补交易机构之间的交易保障手段差异。

创新能力一致：互联网可带动交易方式、交易手段、交易品类创新，共用互联网平台使得交易机构机会均等地分享技术创新成果。

发展水平一致：互联网的深入应用会逐步弥补交易机构在业务拓展能力、人力资源质量和技术支持手段上的差异，共同跟进信息时代的发展步伐。

机会平等是机构间合作的前提,"五个共享"和"五个一致"是产权市场进一步统合的基础。基于中国产权市场的现实来看,目前还没有一个机构有能力独立建设和运营一个行业互联网平台,这就需要产权市场各机构齐心协力,抛弃门户之见,本着"共建、共用、共享"原则,利用各自的优质业务资源,共同塑造一个第三方的、具有品牌效应可吸引投资人眼球的行业门户网站,通过充分发挥互联网的优势,推动产权市场的信息聚合、业务联动和服务创新,实现交易机构间的"五个共享"和"五个一致",最终实现大家共同的事业目标——把产权市场打造成为举世公认的资本市场。

四、金马甲引领产权市场互联网化

金马甲是由中国产权市场的 30 多家实力交易机构于 2009 年 12 月共同出资共建的行业互联网门户。其使命是聚合产权市场的业务资源和服务体系,打造基于互联网的以动态报价为标志的资产与权益交易服务平台。金马甲的近期目标是为产权交易机构提供丰富实用的互联网作业工具,引领产权交易机构低成本地实现信息服务、交易服务和市场服务的互联网化。

金马甲计划用两年的时间,在互联网上建设起一个由"四室、八厅、两门户—终端"(见图 1)所组成的具有交易所服务功能的平台,提供给交易机构使用。同时构建起联盟成员与认证会员两大服务网络和交易规则、标准规范、安全保障等体系,为交易活动提供服务支持和交易保障。

近期来看,金马甲利用互联网技术,可以助力交易机构为客户提供三类基于互联网的交易所服务。

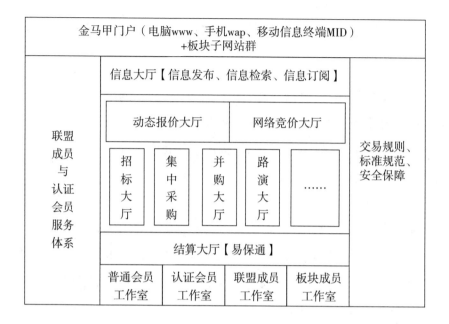

图1　金马甲服务功能架构示意图

（一）信息服务：信息发布、信息检索、信息订阅

用户可通过访问 www. jinmajia. com （计算机用户）、wap. jinma-
jia. com （手机用户）或信息终端，获得金马甲提供的以下信息服务：
①信息发布——一站发布，覆盖全球。用户注册后，可以通过网站提供
的信息发布功能发布项目（联盟成员项目自动抓取）、投融资及服务供
需信息。会员所发布的信息通过金马甲网站即可实现全球覆盖。②信息
检索——产权信息，一网打尽。用户可通过网站提供的找项目、找资
本、找服务、产权资讯、知道学堂等功能，方便地检索各类信息。③信
息订阅——关注信息，定向投送。用户可通过网站提供的信息订阅功能
订阅自己关注的信息（项目、投资意向、电子刊物），金马甲根据用户
订阅要求，将各类最新匹配信息发送到用户邮箱。

（二）交易服务：动态报价、网络竞价、网络路演、网络招标、网络采购

金马甲提供动态报价、网络竞价、网络路演、网络招标、网络采购等网络交易服务。在金马甲所进行的网络交易均实行会员（联盟成员或认证会员）代理制和交易保证金制。这里重点介绍一下动态报价、网络竞价和网络路演功能。

（1）动态报价——产权市场的"大盘"。动态报价是金马甲的标志性功能。在金马甲动态报价大厅里，竞价活动不分场次，标的可随时挂牌。每个标的一经挂牌，具备资格的投资人在该标的报价有效期内可随时登录报价大厅进行报价，按照"价格优先、时间优先"原则，报价结束后最高有效报价者成为该标的受让方。

特点：①金马甲动态报价"永不落幕"，无"场次"概念，标的随时挂出，价格实时"滚动"，是产权市场的"大盘"。②将传统产权交易中"招商—挂牌—竞价"的串行处置流程变为"标的发布即可报价"的并行流程。③投资人无须集中到现场即可报价，可有效减少围、串标行为，充分发现标的市场价格。

（2）网络竞价——互联网上的"拍卖会"。网络竞价是金马甲的核心功能。在金马甲网络竞价大厅中，组织方可以在任何地方组织类似于拍卖会的专场竞价活动，投资人可以通过互联网参与竞价，按照"价格优先、时间优先"原则，竞价结束后最高有效报价者成为该标的受让方。金马甲针对不同标的特性，开发了"多次报价""一次报价"以及组合竞价等竞价方式。

特点：①金马甲网络竞价革新了现场竞价的组织形式，标的展示可充分体现地理和时间特征，竞价过程无时空局限，方便更多投资人参与。②支持批量标的并行竞价，实现"整包零卖"，降低参与门槛，更好地发现投资人和价格。③通过互联网，投资人无论身处何地，都能充

分决策、自由出价，报价过程不受他人干扰。

（3）网络路演——互联网上的项目推介。网络路演是金马甲的重要功能。通过金马甲网络路演所提供的文字、图片、视频、在线交流等手段，可以实现对项目的全方位、长时间在线展示，降低投资人的现场考察和沟通成本，提高产权交易过程的"标准化"程度。

特点：①充分利用多媒体手段，丰富项目推介的表现形式。②可以实现线上线下同步路演，突破了传统推介会的现场空间局限，直接面向全球投资人。③路演活动过程可长时间不间断在线展示，突破传统推介会的时间局限，增强推介效果。

（三）市场服务

金马甲作为市场服务平台的提供者，为规范市场秩序，提高交易效率，保护交易各方利益，还提供以下服务：①交易规范。金马甲依据国家相关法律法规和行业准则，提供交易规则、交易流程、数据规范等标准化服务。②能力评级。金马甲设立相应的评价体系，对各类认证会员的服务定期进行能力评价。③诚信交易。金马甲上的交易活动实行保证金制，金马甲通过结算大厅提供保证金在线收退服务，提高保证金收退效率和准确度。④安全结算。金马甲通过结算大厅提供在线第三方交易价款结算服务。

长远来看，一旦交易机构深入利用金马甲提供的各类互联网作业工具后，还可以利用互联网的跨越时空功能，进一步推动机构之间的业务合作，放大互联网的效用，最终形成信息聚合、业务联动、统一规范的行业大市场格局。

五、中国产权市场羽化之路

中国产权市场是资本市场一道独特的风景线，其成于国资，也囿于国资。国有资产强制进场处置政策使得产权市场拥有相对固定的业务来源，但同时因为国资的多级分布体制，使得各地交易机构容易"画地为牢"，缺乏行业协作、统合发展的动力，进而影响市场整体形象的塑造和功能的发挥。

金马甲这样的互联网平台给予产权市场一次资源聚合、业务联动、统合发展、创新提升的机会。金马甲的"资合、人合、业合"三合机制和"共建、共用、共享"三共原则，使得各交易机构在平等和相对独立、不损害原有利益格局的情况下，通过"五个共享"和"五个一致"，实现资源的聚合和业务的联动，从而使得其服务手段互联网化和服务范围全国化乃至全球化；同时，通过共用平台所产生的资源聚合效应，可以带动大量新的交易项目和交易品种（尤其是非公产权）进入产权市场，进而做大产权市场的交易规模，为交易机构提供更多的业务机会和更大的发展空间；此外，金马甲平台所提供的"动态报价"交易方式，从根本上革新了产权市场传统的"挂牌转让"模式，使交易过程具有实时价格特征，从而使外界在观感上认同产权市场的资本市场资格。

7. 北交所的长征与新长征^①

  偶翻毛主席诗词，感慨颇多。诗词中第一次写到长江是在 1927 年的武汉："烟雨莽苍苍、龟蛇锁大江"。第二次描写长江时已是 22 年之后："钟山风雨起苍黄、百万雄师过大江"。对象虽然是同一物，但字里行间表露出的心迹和气概已完全不一样，前者发出的是"黄鹤知何去"的疑问，后者给出的是"人间正道是沧桑"的解答。

  回想北交所集团这些年来走过的路程，感慨同样很多。2004 年北交所刚刚合并成立时，还租住在大运村的一个楼层中，人员不过几十人，业务主要面对在京的国有企业，全年成交额刚过 200 亿元；如今，北金所已成集团化运营，下辖十个子公司平台，总人数、总成交量均有十倍以上增长。到"十一五"期末，北交所的年交易量已达超过 2 000 亿元，总人数超过 400 人。北交所总部搬到金融街核心地段，各分公司子平台也纷纷置业，业务服务范围遍及金融、技术、环境、文化、林矿权、大宗商品等广泛领域，成为北京市政府建设要素市场的核心平台和国资委、财政部、科技部、文化部、发改委、国土资源部、国家林业局、国家知识产权局等部委，以及人民银行、银监会、保监会等金融监管机构重点支持的综合性权益交易平台。

  这其间，北交所完成了张裕集团股权转让、双汇集团股权转让等备受资本市场关注的经典案例，完成了奥运缶拍卖这样的受到全世界瞩目的成功竞拍案例，成为国际、国内众多媒体追逐的热点对象，创造出

———————————
  ① 原载于熊焰金融界博客，2011 - 05 - 20，http：//blog. jrj. com. cn/8329999318，7090608a. html。

一年内在央视《新闻联播》中六次出镜的业界神话，甚至连金马甲网站都破天荒地在新闻联播中"被广告"了一把。如今的北交所已成为了中国产权界的一面旗帜，为推动整个产权市场从一个服务国有产权交易的小市场，发展成为服务全要素权益流转的大市场起到了重要支持作用。

应该说，从成立到"十一五"期末这六年多时间里，北交所基本交出了一份让各方满意的答卷。

但是，当我们盘点过去，展望将来时，却完全没有"天翻地覆慨而慷"的豪迈，我们有的只是"诚惶诚恐"和"如履薄冰"。因为我们还远没到渡过长江的时刻，客观来看，我们甚至还没有到达延安，还只是在长征的路上。

尽管今天北交所集团的业务触角已经延伸到了一个广阔的市场范围，但应该看到，我们的市场基础还远未牢靠。除了集团本部经营的国有产权交易等传统优势业务之外，子平台的创新业务尽管也有一些做的还不错——包括北京环境交易所、中国技术交易所、北京金融资产交易所、金马甲网络交易公司等在市场中也获得了一席之地，受到了主管部门的认可，但毕竟因为平台组建时间太短，所从事的又是些市场中最创新、甚至是"无中生有"的行业领域，生存模式还有待摸索，前进的步履还十分艰难，很多子平台在市场中都还面临着"雪山"与"草地"要过，远未到"三军过后尽开颜"的时刻。

北交所的集团管控也有待进一步加强。北交所集团是一母生十子，这十个儿子的出生前后时间间隔相差也并不大，可以想象，当一个家庭在短时间内人丁急剧增加到数倍，持家的难度可想而知。所以集团的内部管控必须要提升到一个新的高度。

今年是"十二五"的开局之年，也是北交所长征途中的一个重要节点。为了明确前进方向，北交所集团积聚各方之力，历时近一年，数易其稿，终于拿出了一份沉甸甸的北交所"十二五规划"，作为我们今后发展的一个总纲，"十二五规划"提出了一个战略定位、两个市场功能、三个重点任务、四个着力方向、五个经营目标的"一二三四五规划"。这些目标能否实现，要依靠团队的齐心协力，也有赖政府一如既往的大力支持，更有赖中国市场的健康发展。

北交所的发展历程其实就是中国市场发展的一个缩影。北交所过去几年所取得的成绩，与其说是团队成员的努力，不如说是时代进步使然更为贴切。北交所的快速成长与发展，其实就是因为顺应了时代潮流的要求，扮演了在社会中承担了要素权益市场化职能这样一个重要角色，才幸运地被推到了时代潮头。

8. 产权市场：踏上新征途

——北京产权交易所十年发展回顾与前瞻[①]

自国务院国资委、财政部《企业国有产权转让管理暂行办法》（即3号令）2003年12月正式颁布以来，至今已经历整整十个年头。这十年是产权市场大繁荣的十年，也是国有企业大发展、中国经济大发展的十年。

十年前，中国的国有企业发展还举步维艰，面临着经营困难、职工下岗、资产流失等诸多问题；如今，世界五百强中有95家中国企业，其中国务院国资委监管的中央企业就占据了44席，中国经济总量也攀升到了世界第二的位置，GDP超过50万亿元。

十年来，中国的产权市场为国有企业发展保驾护航并一道共同成长，也走到了一个阶段性、里程碑的高峰：从一个默默无闻的小市场，发展成为在国民经济中扮演重要地位、牵头带动整个要素市场发展的大市场。

十年来，我所在的北京产权交易所（以下简称北交所）也从一个地方性的市场交易机构，发展成为全国性交易所集团。如果说，中国的国有企业能发展到今天的地位，有着产权市场不可缺少的贡献的话，那么中国的产权市场发展到今天，也有着北交所不可缺少的贡献。

回首十年，北交所与各兄弟产权交易机构一道，为中国产权市场的

① 原载于曹和平主编：《中国产权市场发展报告（2012—2013年）》，社会科学文献出版社，2013年12月，第30－40页。副标题为编者所加。

发展与成长贡献了力量，获得了市场各方与各级政府的认可；展望未来，我们还必须清醒地认识到，产权市场前行的道路并不平坦——世界在变，市场在变，中国的产权市场也需要改变。产权交易机构必须调整自己，顺应变化，才能跟上时代步伐。中国产权市场，需要踏上新的征途。

一、产权市场再回首

中国产权市场作为中国改革开放的历史性产物，起步期要追溯到1988 年，真正起跑期则要到 2003 年国资委和财政部 3 号令出台之后。这一中国所特有的市场平台，从成立之初就被当作政府支持国有企业脱困，优化国有资源配置的工具。中国国民财富的产生、流动和分配的规律与发达市场经济国家完全不同，制度基础的不同导致了市场发展的路径也完全不一样。正是因为这种不一样，我国产权市场在国际上全无可参照的范例，只能在艰苦的摸索和博弈之中顽强生长。

自 20 世纪 90 年代国有企业开始战略性调整、企业产权开始流动以来，对于国有资产流失的质疑一直伴随着国企改革的步伐。在企业改制过程中，大量国有资产以低价贱卖给内部控制人或者利益相关方，一批政府官员和企业家因为涉嫌贱卖国资而落马，"国退民进""国资流失"一度成为那个时代最引人瞩目的关键词。在这样的情况下，必须要寻找一条符合中国实际、保证国有资产顺畅流动但又不流失的路径。经验证明，资产的流动重组是市场行为，市场行为就要启动市场机制，要杜绝改革中的国有资产流失现象，就要采取公开化和市场化的改革方式。公开化就是要使国有企业的产权改革在公众知情、公众参与和公众监督的情况下进行，防止暗箱操作；市场化就是要使国有企业的产权改革通过市场交易的方式、按市场交易价格进行。

为此，国务院国资委和财政部的 3 号令出台了，国有产权交易有了制度保障和操作规范，产权市场由此走上历史舞台，并一发不可收。其实整个产权市场的制度架构非常简洁，完全可以用两个主题词概括："公开"与"竞争"。"公开"可以最大限度地发现投资人，可以割断特定的利益输送通道，可以保障人民群众的参与权与知情权，可以保护相关当事人。"竞争"可以让所有的意向受让人在同等条件下公平地竞得标的企业，可以通过市场来发现价格，于是国有产权转让过程中发生腐败行为和国有资产流失的可能性就被降到了最低。

北交所是这一制度的积极践行者，在完成了包括河南双汇实业、烟台张裕葡萄酒等在内的诸多广受关注的国有股权转让之后，北交所逐渐成为市场中有一定名气、也很受中国各级政府机构关注的标志性产权交易平台。而这仅仅是北交所在中国产权市场舞台上亮相的开始。此后，北交所继续引领产权市场前行，创造了诸多国内领先的新业务，如：较早推动政府部门以明文规定要求市属行政事业单位国有资产处置进场交易；较早探索金融不良资产在产权交易平台公开交易；第一个通过公开的市场拍卖机制处置奥运资产，开创了奥运史上的先河；等等。

从2003年开始，北交所就探索金融资产处置业务，建设独具特色的"中国金融资产超市"，通过市场化手段为华融、长城、信达和东方等四大资产管理公司的金融不良资产公开处置服务，并不断推动金融国有资产的进场交易，最终为财政部2009年制定《金融企业国有资产转让管理办法》（财政部令第54号）提供了基础。该令规定，金融企业国有资产转让必须进入省级以上产权市场交易机构公开进行。

从2009年开始，北交所又提出了"两全三化"的发展战略。"两全"是指"国资全覆盖、品种全展开"，"三化"是指"市场化导向、信息化手段、国际化特色"。过去十年，在保证传统的企业国有产权交易优势地位的基础上，北交所致力于从深度和广度上延伸交易品种，推动并组织了行政事业单位资产、国有金融资产以及涉诉资产等公有或类公有资产进入产权市场规范交易，探索实现"国资全覆盖"的目标。同时，北交所积极创新交易品种、拓展服务领域，逐步嵌入要素市场领域，形成了集技术交易、林权交易、矿业权交易、环境权益交易、石油交易、存量房交易等各类要素交易于一体的综合性产权交易机构，并根据专业领域设置专门的交易平台，以集团为依托，助推各类要素子平台的快速发展，打造出"一托十二"（指一个集团，投资设立十二家专业交易机构）的业务架构，推进了"业务品种全展开"的战略。

队伍建设方面，北交所从一个十年前仅有三四十人的团队，发展到现在拥有 700 多人的市场队伍，年交易额从成立之初的百亿元级别，发展成如今达万亿元级别的中国产权市场第一军团。与全国的兄弟产权机构一起，用十年的光景重塑了产权市场在中国要素市场中的地位。并不断通过锐意创新、跨越发展，为产权市场开辟了一片新的天地。

可以说，北交所的发展成长轨迹也深刻地反映了产权市场在国民经济体系中的地位变迁，产权市场从一个不受关注的小角色，逐步成长为聚光灯下的重要角色，为国有经济的发展壮大提供保护与支持。今天国有企业在市场上取得的亮丽成绩，与产权市场在其背后所发挥的国有产权顺畅流转保值增值的积极作用特别是资源优化配置功能是分不开的。

二、面临的新形势

产权市场的外部环境正面临深刻的变化。中国的产权市场崛起于国企经营相对羸弱的年代，国退民进的大背景下，保护国有产权在流转过程中不被低价出让是一个重要而棘手的目标任务。如今的国有企业已今非昔比，以央企为代表的国有企业逐步发展成熟，在市场中的地位也逐渐稳固，这使得产权市场为国有企业产权流转保值增值的任务不再像以往那样紧迫与突出，产权市场客观上也要寻找新的市场关注点与业务增长点。更为重要的是，中国的市场改革进入深水区，包括利率市场化、人民币国际化以及中国（上海）自贸区建设等在内的各项改革措施对产权市场发展将产生深远影响。此外，互联网发展带来的机遇与挑战，也让产权市场未来发展面临巨大的不确定性，整个市场或将遭遇与其他传统平台机构一样的来自互联网市场平台的"跨界"竞争挑战——要么改变，要么被湮灭，可能将成为所有产权机构未来不得不面对的结果。

（一）中国市场改革进入深水区

深化市场改革是新一届中央领导集体履职以来提出的最重要课题。习近平总书记在 2013 年 7 月 23 日召开的征求对全面深化改革的意见和建议座谈会上，明确指出，"我国改革已进入攻坚期和深水区，需要解决的问题十分繁重"，"必须以更大的政治勇气和智慧，不失时机深化重要领域改革"。

实际上，我国当前也正处在继 20 世纪 70 年代末开始的第一轮对外开放、1992 年邓小平南方谈话启动的第二轮发展改革、2001 年加入 WTO 后开启的第三轮开放改革之后的第四轮改革开放机遇期。[①] 新一轮改革的一个重要特点，就是要通过"开放"和"放开"来倒逼改革——用"开放"来打通国际市场与国内市场的阻隔（如设立上海自贸区）；以"放开"来为捆绑着绳索的各类企业和机构松绑（如放开贷款利率下限），从而进一步加大市场对资源的配置力度，推动经济结构调整和转型升级。习近平总书记就在前述座谈会上提到，要"进一步形成全国统一的市场体系，形成公平竞争的发展环境。要把更好发挥市场在资源配置中的基础性作用作为下一步深化改革的重要取向，加快形成统一开放、竞争有序的市场体系，着力清除市场壁垒，提高资源配置效率"。

---

① 管清友：《三中全会与第四轮改革机遇期》，中国证券网，2013 – 08 – 28。

从目前情况来看，此轮改革开放已在金融体制改革、投融资体制改革、行政审批制度改革、财税体制改革等多方面展开。尤其是金融领域的改革，备受社会各界关注，2013 年国务院办公厅出台《关于金融支持经济结构调整和转型升级的指导意见》、中国人民银行宣布将贷款下限全面放开、国务院批准设立中国（上海）自由贸易试验区等多项标志性改革措施的出炉，预示着中国的金融改革已渐次提升到一个前所未有的高度。

产权市场作为当前我国多层次资本市场的组成部分，在此轮新的改革大潮中必将受到深刻影响，市场改革的深化和这些改革政策措施的出台，一方面，将对推动产权市场发挥配置资源基础性作用、激发产权市场更好更快发展形成新的动力支持；另一方面，新的政策也必定改变市场现行生存环境，从而倒逼产权市场的深化改革。改革对所有市场机构都是柄"双刃剑"：适应，就能站上潮头成为英雄；反之，则将被潮流淘汰。

（二）公共资源领域政策影响

2011 年 6 月，中办、国办发布《关于深化政务公开加强政务服务的意见》（中办发〔2011〕22 号），提出"建立统一规范的公共资源交易平台"，同年 9 月和 2012 年 6 月，中央治理工程建设领域突出问题工作领导小组办公室（以下简称中治办）两次就推进建设统一规范的公共资源交易市场问题发布征求意见稿，拟将企业国有产权交易纳入公共资源交易平台的业务范畴。当时给产权市场带来巨大的压力，一些产权交易机构被并入公共资源交易市场。针对当时的情况，我曾撰文提出，产权交易机构的从业人员要正确看待中办、国办文件，产权市场应该成为公共资源交易的重要平台。①

---

① 《产权市场应成为公共资源交易的重要平台》，《产权导刊》2011 年第 11 期，第 19 – 21 页。

2013 年 3 月，国办发布《关于实施〈国务院机构改革和职能转变方案〉任务分工的通知》，要求国家发改委会同财政部、国土资源部等 8 个部委就整合建立统一规范的公共资源交易平台提出方案。① 这和 2011 年由中治办牵头就推进建设公共资源交易市场征求意见时的形势发生很大变化。国家发改委在推进公共资源交易市场建设时，采取了科学、务实的态度，重点是集合相关部委进行了摸底调研，并没有急于出台方案。2013 年 4 月，国办在发布的《关于贯彻落实国务院第一次廉政工作会议的精神任务分工的通知》（国办函〔2013〕63 号）中，分别对公共资源交易平台、经营性土地"招拍挂"出让平台、国有产权交易平台、招投标平台、政府采购平台的建设提出原则性要求。② 结合十八大召开以来国务院执政思路，可以看到，在"管办分离"原则下提高公共资源的处置效率，政府是认同的；但在公共资源交易市场的建设方面，政府相关部门则采取了科学、务实和谨慎的态度，对于已经形成相对成熟运作套路的国有产权交易，则采取了更为重视的态度。产权交易机构应该及时抓住良机，提升产权市场的服务功能和影响力，为公共资源的市场化处置起到积极的示范作用。

（三）互联网模式平台的影响

互联网电商、互联网金融等新兴模式平台的兴起，让所有的传统市场平台都感受到了巨大冲击力，其对中国乃至全世界的影响都是空前的。它预示着一个新时代的到来，预示着现有一切市场格局都可能会被打破，市场参与者会重新洗牌，重新分羹，同时也会倒逼传统市场机构

---

① 《关于实施〈国务院机构改革和职能转变方案〉任务分工的通知》（国办发〔2013〕22 号）第七项提出：整合建立统一规范的公共资源交易平台，有关部门在职责范围内加强监督管理。发展改革委会同财政部、国土资源部、环境保护部、住房和城乡建设部、交通运输部、水利部、国家税务总局等有关部门负责。2014 年 6 月底前提出方案，由中央编办对方案统筹协调，提出意见。

② 该文关于国有产权交易平台的建设，提出"改革和完善国有产权交易制度，推进国有产权交易市场化改革，实行统一信息披露、监测等，加强制度建设，严格进行督促检查（分工部委是：财政部、国资委、发改委）"。

的转型与提升。不改变、不适应，昨天的市场龙头随时可能变成今天的化石恐龙。曾经风光无限的相机鼻祖柯达公司已被埋入历史，曾经作为行业领头羊的芯片制造商摩托罗拉无奈地被谷歌兼并，中国三大移动运营商的市场也正经受着腾讯这样"后生"的侵蚀，四大国有银行也正经受像阿里巴巴这样的金融跨界者的威胁，更不用说国美这样的连锁超市被中国首家规模超过百亿元的网络零售企业京东商城打得股价贴到了地板，中国的传统书店被当当网这样的新书商击得溃不成军。

而现代互联网新平台一旦介入产权市场领域，毫无疑问也将对整个产权市场体系造成颠覆性的冲击。传统产权机构的交易模式、客户资源、市场声誉等条件优势，在现代互联网平台看来都不存在太大的超越难度，而这些平台的内在优势——大数据、海量客户、成熟的支付结算体系等，却又是传统产权机构的短板所在。互联网电商的代表阿里巴巴、淘宝网现在已经开始推出免费的资产拍卖平台；新晋互联网金融的万得市场、东方财富网，也开始利用其金融大数据终端，为各类市场机构提供免费的网上交易信息。相信不久的将来，产权市场就必定会感受到这些新平台的威胁。

在这样一个连银行都害怕成为恐龙的互联网时代，所有的传统产权交易机构都必须抱着如履薄冰的心态，积极参与变革，实现自身的转型升级。只有如此，方能面对来自互联网新平台的挑战。当然，互联网模式对部分产权机构而言是挑战，而对于整个产权市场发展而言无疑又具有巨大促进作用。这些新元素的加入和新模式的引进，会对肩负着要素流动和资源有效配置重任的产权市场开创新的局面起到积极的推动作用。

（四）上海自贸区未来辐射的影响

2013 年 8 月，国务院已原则通过了《中国（上海）自由贸易试验区总体方案》，今后要在上海外高桥保税区等 4 个海关特殊监管区域内，建设中国（上海）自由贸易试验区。这意味着上海自贸区今后将完全与国际市场接轨，成为像香港一样的经济"自由港"特区。

上海自贸区将出台一系列政策措施，其中金融领域出台的措施中就涵盖了包括利率市场化、人民币国际化、资本项目开放等在内的诸多对金融市场发展具有划时代意义的改革措施，尽管这些政策仅在自贸区内生效，但其受众无疑将是全国范围，其改革的精神与主旨更将对包括中国产权市场在内的整个中国市场发展产生深远的影响。

人民币实现自由兑换将极大提升国内市场对于外资的吸引力，大量的国外资金将会涌入中国市场。现阶段产权市场中的股权转让、融资需求等，仍主要面向国内的机构投资者，而实际上产权交易所中挂牌了大量优质企业股权或项目，对外国的投资机构也会产生吸引力。今后产权交易所可以逐步引入外资机构会员，使其成为场外投资群体中重要的组成部分之一。

此外，未来对产权市场可能产生的影响还包括可以引入灵活的交易机制、激活市场交易量等等。可以说，上海自贸区是改革和提高开放型经济水平的"试验田"，它将逐渐形成可复制、可推广的经验，条件成熟后，相信会有更多的自贸区域出现，届时各地方产权交易所将享受到相应的改革红利，迎来高速发展的良机。

三、未来发展方向

市场化改革是我国产权市场未来发展的总方向。具体地说，应引导其朝以下四个方面努力。

（一）继续坚持为国有企业的改制重组提供服务

中国是一个以公有制经济为主体的社会主义市场经济国家，这一特点使得国有企业改革将在很长一段时间内都是我国经济改革的重中之重。习近平总书记在 2013 年 7 月召开的征求对全面深化改革的意见和建议座谈会上重点提到，"要坚持和完善基本经济制度，增强公有制经济，特别是国有经济发展活力，鼓励、支持和引导公有制经济发展"。而对于产权市场在国有企业改革中的作用，无论是国有企业还是国有企业的监管机构，都充满了期待。2012 年 5 月，在国务院国资委发布的《关于国有企业改制重组中积极引入民间投资的指导意见》（国资发产权〔2012〕80 号）中提出："从事国有产权转让的产权交易机构，应当积极发挥市场配置资源功能，有序聚集和组合民间资本，参与受让企业国有产权。"同时明确要求中央企业"要利用好股票市场、债券市场和产权市场，着力增强资本运作能力，为企业改革发展提供支撑"。因此，未来产权市场应重点思考如何在做好企业国有产权阳光流转的同时，提升平台组合民间资本能力，以及为国有企业的并购重组提供全套的策划能力。这将是关系到市场能否在新一轮改革中切实发挥重大作用的关键问题，是产权市场需要努力的方向。国企产权业务是产权市场的根基和公信力的来源，根深才能叶茂，本固才能常青。

（二）推动要素市场进一步发展

要素价格的市场化也是本轮深化改革的重点领域。中国经济改革走过 30 多年，无论是投资品还是消费品的市场化都已经基本完成，目前中国 90% 的商品定价已由市场来决定。可以说，在商品领域，中国的市场机制已经成为绝对的支配性力量，当前中国市场化进程中真正滞后的是要素市场化。长期以来，与企业运行密切相关的各类要素资源多掌握在政府手中，或采用官方定价，或实行双轨制，如货币（利率）、土地、煤、电、油及其他资源类大宗商品并不能完全由市场定价，市场在这些资源的配置中无法起到基础性作用，致使不同所有制的企业从一诞生起就不在同一起跑线上。非市场化的配置方式导致的资源配置效率低下、无序、浪费和腐败等问题，已经不能适应新的生产力发展要求。

近年来，借鉴企业国有产权成功流转经验，在各级政府的支持下，产权交易机构在推动其他生产要素有序流转方面做了大量的工作。目前，一些大的产权交易机构大多采取集团化发展方式，设立专业交易平台，交易品类涵盖技术、林权、矿权、石油石化、环境权益以及金融资产等。经过过去几年的探索，这些专业平台的发展并不均衡，有些平台甚至仍十分艰难。但令人欣慰的是，这些交易平台的发展基础不断坚实，投资人资源、项目资源逐步集聚，市场环境渐渐成熟。相信在要素市场化改革加速的东风吹拂下，这些专业平台必将取得更大的成就，并为要素市场化改革贡献力量。

（三）开拓非标准化、私募市场业务蓝海

资本市场大致可以划分为两大类：一类是从事标准化产品交易的公开市场，另一类是从事非标类产品交易的私募市场。相对于那些以标准化产品交易为特征的公开市场而言，从事非标类产品交易的私募市场具有更广阔的市场发展空间。

这两类市场之外的广阔领域，就是产权市场发展的蓝海所在。一方面，对于那些数以千万计的无法在股票市场上市的中小企业而言，产权市场为它们提供了一个潜在的市场融资与股权交易平台；另一方面，对于那些无法在债券市场上发债融资的企业而言，产权市场可以为它们提供一个与各类金融机构对接的平台。除此之外，中国的非标、私募市场还包含有更为广阔的市场业务领域，比如推动数以万亿计的未流动金融资产的交易转让。

（四）利用互联网金融建设网上市场平台

鉴于互联网金融对于产业内机构商业模式和产品交易的巨大颠覆力和渗透力，结合产权市场地域分散、标的物标准化程度低、价格发现

不足等特点，大致可以判断产权市场也将经历类似于金融领域的互联网化之路，从低层次服务向中层次替代竞争，逐渐向高层次融合演化发展。

产权市场今后要充分利用互联网技术，实现交易方式的创新、交易群体的扩大和交易标的价格发现功能的提升。目前淘宝网已经在做在线拍卖，2013 年 6 月，浙江高院和淘宝网联合推出的"网络司法拍卖平台"上线，今后浙江省各级法院涉诉资产交易都将通过淘宝网进行司法拍卖。这预示着不管我们乐意不乐意，产权市场业务领域已经开始被新兴互联网平台所"侵入"，互联网产权交易已开始冲击传统产权市场平台交易。而应对之法，就是产权交易机构也要仿其道而行之，从线下交易向线上交易发展，实现自身的创新与跨越。目前北京金融资产交易所全力打造的"中国金融资产超市"，就是这样一个网上金融市场交易平台。

传统产权交易应当利用互联网技术和模式的创新催生新的产权交易市场和领域，未来将可能出现类似于互联网金融模式的"互联网产权模式"——产权交易通过大数据积累和云服务创新，使信息不对称性大幅降低，发现投资者、发现价格的功能有质的突破，如同阿里信贷基于支付宝的大数据积累形成的信用贷款新模式一样，产权市场也将催生新的业务模式。

第二章
金融资产交易平台建设

1. 探寻金融资产业务的蓝海①

从"中国金融资产超市"创办至今，北交所的金融资产业务已开展了七个年头。其间金融资产业务实现了从无到有，从小到大——业务从零起步，到 2005 年实现资产处置额 319 亿元，再到 2008 年实现处置额达到 1 182 亿元，北交所的金融资产业务发展如同一条河流，起源很细，越走声势越大，最后成为一条磅礴的大河。

这也为产权业界树立起一个榜样。市场同行们从北交所身上看到了金融资产业务的希望所在，越来越多的产权机构加入到这一业务的开发队伍中来，金融资产业务的市场处置模式也越来越成熟，众多的溪流向着共同的方向奔去，金融资产业务成为了产权市场的蓝海。

北交所的探索也推动了相关政策的出台。金融资产业务原本只是产权市场的一项"创新业务"，它不在国资委 3 号令的荫惠范围之内，没有强制进场政策的保障，因而业务开展需另寻蹊径，正是北交所的不懈努力，蹊径变通途，后来者有了参照的脚印，走在金融资产业务大道上的人越来越多，金融资产业务的主管部门也开始关注起产权市场这一新型资本市场平台，并渐渐认可了它的价值功能所在。

2008 年 7 月，财政部《金融资产管理公司资产处置管理办法》出台，要求 1 000 万元以上的国有金融资产交易必须进场；2009 年 3 月，《金融企业国有资产转让管理办法》（54 号文）正式出台，明确非上市国有金融资产的转让必须进场。至此，产权市场金融资产业务完成了它

---

① 原载于熊焰新浪博客，2010－05－10，http：//blog. sina. com. cn/s/blog_ 504183620100iqqi. html。

的政策嬗变，几年前还在艰苦探索的创新业务，变成了今天产权市场上的成熟业务、骨干业务。

但凡事都会有波折，财政部 54 号文的出台，仅仅意味着产权市场金融资产业务走过了长征，到达了陕北，而远非革命成功、万事大吉，这仅是一个新开始——后面的路十分漫长，甚至会更加坎坷。

波折很快就来了。2008 年国际金融危机的爆发，对产权市场金融资产业务造成了巨大冲击。2009 年 4 月，最高院下发《关于审理涉及金融不良债权转让案件工作座谈会纪要》（海南纪要），明确提出地方政府对金融不良债权可行使优先购买权，这直接影响了不良资产在产权市场的交易积极性，一路拉涨停的金融资产交易业务开始掉头向下，北交所处置的金融不良资产规模从 2008 年的 1 182 亿元急跌至 2009 年的 323 亿元，金融资产业务的冬天来了。

冬天里就要添衣保暖，北交所是业界的领头羊，我们不撑住，队伍就没法走了，因而北交所的担子很重，产权市场的金融资产业务需要继续长征，北交所需要拓宽思路，继续革命。

随着 2008 年 12 月银监会《商业银行并购贷款风险管理指引》的下发，北交所找到了金融资产业务拓展的一条新路。2009 年 1 月 6 日，北交所与工商银行北京市分行、北京首创股份有限公司三家举行《并购贷款合作框架协议》签字仪式，完成了产权界"并购贷款第一单"，至此，开展并购贷款合作又成为产权市场新的主力业务，各产权交易机构纷纷开始与银行机构合作，积极进行并购贷款业务的拓展。

回顾我们走过的道路可以发现，北交所的金融资产业务发展历程，实际也是一个产权市场探索创新业务模式、寻找金融资产业务蓝海的过程。

未来产权市场金融资产业务还将如何发展？下一个新的业务突破点会在哪里？产权市场的金融资产业务能否突破非标准化业务模式，向更广阔的标准化业务领域挺进？能否通过我们的努力，为更广大的市场投资者创造出一条财富保值增值的渠道，为金融资产交易创新找到一条新路？

一切都需要我们更深一步的探索，蓝海就在前方。

2. 金 融 道

——北京金融资产交易所的组建及其功能[①]

金融是现代经济的核心，随着中国经济实力的逐步提高，金融在中国经济社会中的地位愈加重要。

我国金融资产规模已经十分庞大，截至 2009 年末，中国金融资产存量约 130 万亿元，这其中不仅有高流动性和交易标准化的债券、股票、证券基金等产品，还有大量具有可交易属性但缺乏公开交易平台支撑的金融资产，迫切需要规范交易，增强流动性。巨额的存量金融资产产生了巨大的市场交易需求，中国的金融资产交易平台呼之欲出。

北京是中国的金融决策中心、金融信息中心、金融服务中心和资产管理中心，银行业务占据了全国银行业务总量的 60% 以上，集中了全国银行业资金的 80% 左右，各类金融机构、资产管理公司以及中央企业的总部大部分都在北京。北京发展金融业的条件称得上是得天独厚。

在北京设立全国性金融资产交易平台的条件已经成熟。

市场基础方面，全国金融资产总量中的一半在北京，金融业已成为北京的支柱产业，在地区生产总值中的占比为 14.3%，保持全国首位。

政策基础上，北京产权交易所在 2008 年 7 月被财政部确定为四大资产管理公司金融不良资产交易的指定场所；2009 年 5 月，北交所又成为财政部选定的全国性金融国有产权交易场所。

---

① 原载于熊焰新浪博客，2010 - 05 - 31，http：//blog. sina. com. cn/s/blog_ 504183620100j9ex. html？tj = 1。

业务基础上，北京产权交易所在国内首创"中国金融资产超市"，现已成为包括不良资产处置、金融国有股权交易和并购贷款服务等业务在内的全国影响力最大、交易量最高的金融资产交易平台。截至2009年，北交所已累计处置各类金融资产达 3 300 亿元，业务量占据国内同业市场的 80%。

万事俱备之后，北京金融资产交易所的组建就水到渠成。

2010 年 5 月 30 日上午，北京金融街国际会议中心，北京金融资产交易所揭牌仪式在这里举行。

北京金融资产交易所由北京产权交易所、中国光大投资公司、中国信达资产管理公司、北京华融综合投资公司出资组建。后续还有一批国内著名的金融机构加盟。经北京市金融服务工作领导小组决定，由我出任北金所董事长兼总裁。

北京金融资产交易所的办公地点，就选择在揭牌仪式举行的地方——金融街国际会议中心。组建北京金融资产交易所，是将北京产权交易所原有相关业务分离出来，在此基础上开展业务创新，吸收多元金融机构共同参与，打造一个全国性金融资产专业化交易平台。

北京金融资产交易所的功能包括四方面：一是不良资产处置和金融企业股权交易功能，即把北交所的现有金融资产业务剥离后，植入北金所；二是信贷资产交易功能，北金所组建的信贷资产交易服务平台将会为各个银行分散进行的信贷资产交易业务提供集中服务；三是信托产品交易功能，要为信托公司发行的各类信托产品提供全程交易服务；四是股权投资基金的募集、退出、转让服务，以及保险类、理财类和其他金融资产的交易功能。

北京金融资产交易所的 Logo 是一个太极图案，它的内涵可以用一个词来归纳——金融道。

中国的经济正在崛起，我们的 GDP 发展速度世界第一，但仅有这些是不够的，一国真正的崛起必须体现在文化上，文化是一个国家最本质的东西。太极是中国文化的一种表征，选择太极图作 Logo，内涵是希望要用金融的发展去推动经济的发展，进而推动文化的发展，最终达到国家发展的目的。这是 Logo 第一层含义。

Logo 的外部是圆形，内中的箭头是方形，取义"天圆地方"，这是中国古代钱币的形状，也是金融业的象征，代表着北金所的核心业务方向，这是 Logo 的第二层含义。

Logo 中的两个箭头呈交互形状，产生像水一样流动的感觉，其意代表着资产的交易和流动，这是 Logo 的第三层含义。

中国文化中，往往把那些至简而又至深的物质和精神本源，都归结到一个"道"字上：这个"道"可道，因为我们对它须臾不可离；这个"道"又不可道，因为它"百姓日用而不知"。北金所 Logo 的内核，就落在了这个金融之"道"上。

北京的金融资产交易平台成立了，全国其他省市的金融资产交易平台建设也正风起云涌，可以预见，中国金融市场的发展前景将愈加广阔。

3. 浪潮中的机遇

——金融资产交易漫谈之一[①]

　　随着中国经济体制的市场化改革，中国的金融业取得了非常快速的发展。全世界都突然发觉中国变得有钱了：改革开放之初，1978年的中国整个国家的外汇储备不过百万美元，还不如现在一个外贸企业的外汇数量，而今天中国的外汇储备达到2万亿美元以上。

　　所以经济与金融是互为表里的关系，经济增长的一个重要表现就是金融业的突飞猛进。而当一个国家变得家大业大之后，其国民经济发展是否健康，也可以通过金融业的表现探测出来，货币的产出效率就是其中工具的一种。

　　货币产出效率就是每单位货币量的GDP产出量。根据数据统计，2009年中国已经成为单一发钞最多的国家，中国2009年M_2为60万亿元人民币，折合9万亿美元——已超越美国的8万亿美元发钞量成为世界第一大发钞国。欧盟的发钞量虽然大于中国，但欧元区有二十多个国家，实际上属集群国发钞。

　　但尽管我们有9万亿美元的发钞量，这些钱有多大的产出呢——33万亿元的GDP总量，折合4.9万亿美元；而美国8万亿美元对应着14.2万亿美元的GDP产出，二者相比有3倍以上的差距。就是说，美国单位货币产出的财富比中国大了3倍以上。

---

　　① 原载于熊焰新浪博客，2011－09－15，http：//blog. sina. com. cn/s/blog_ 504183620100lld9. html？tj＝1。

这一数据对比的结论是：相比美国而言，中国的金融业是低效的。

这就是中国下一步金融深化改革的一个重要方向。尽管中国金融市场相比三十年前已有长足发展，但相比发达国家，中国市场的深度与厚度还远远不够。今天的中国有超过 130 万亿元的金融资产，由于缺乏交易场所和交易机制，许多金融资产都无法流动，无法转化为活的资本财富。

此外，尽管中国经济保持了长期增长的态势，但在资源配置方面却饱受市场诟病，比如四万亿元投资以及相应配套的金融资源就多数配给了大型国有企业和"铁公基"项目，而对国民经济增长贡献很大、对金融资源需求度很高的中小企业与民营企业却无缘这些资源。金融是一国经济躯体的血液系统，如果这个躯体的一部分组织长期得不到血液供养，肯定会出问题，这又会反过来影响到整个经济躯体的健康。

中国金融市场正在面临着一次新的改革浪潮，这正是北京金融资产交易所组建的大背景，也是北金所的历史使命和历史机遇所在。

北金所是应运而生的，这个"运"就是金融业面临的市场改革浪潮。浪潮中我们可以捕捉到很多机遇：比如资产证券化机遇、信贷资产交易机遇、信托产品交易机遇、保险资产交易机遇、私募股权基金交易机遇等等。无论哪个机遇，只要我们捕捉好，就会做成一个大市场！

拿资产证券化来说，西方国家已经将这项业务开展得登峰造极，甚至"火"的都引发了火灾——这次全球性金融危机的爆发，其根源就在于美国的劣质信贷资产进行了过度的证券化包装发行，以致泛滥成灾，酿成全球性危机。

而中国却恰恰相反，中国的资产证券化工作长期以来一直踯躅不前。这里面的原因当然有很多：比如缺乏操作经验、比如风险太大难以控制、比如我们有特殊国情等等。而且相比国外，中国的金融机构也的确缺乏将资产进行证券化的动力。美国金融危机的爆发，则更进一步强化了有些人的思维：既然金融创新会带来这么大的风险，干脆不创新好了！

但资产证券化确是市场发展的必然趋势，是历史潮流所在。正如汽车取代马车是历史的必然一样，我们不能因为开汽车会出现交通事故就不发展汽车业，同样也不能因为资产证券化有风险就不去搞金融创新。美国金融危机的爆发的确有很多教训我们可以汲取、借鉴，但美国金融创新对国民经济的推动更值得我们学习。

中国金融业无须太多创新也能过得滋润，这与当前我们的市场体制有关。体制犹如河道，将体制内的河流和体制外的大海分离开来，一旦市场化浪潮来临，河道可能重新定义，所有的金融机构也将面临着浪潮的洗礼。当然浪潮之下，很多的市场机遇也将产生出来，谁能捕捉得到，谁就会屹立于潮头。

4. 交易所的逻辑

——金融资产交易漫谈之二[①]

一、交易所是市场第四方

交易所是市场的高端化形态，核心特征是中立的第四方，交易所不能是买方，不能是卖方，也不能是中介机构。否则就是又当球员，又当裁判员。中立第四方的第一要求就是不能直接参加游戏，不能与交易方产生直接的关联（开场子的绝对不能直接出牌，你要是出了牌，别人就没办法玩了）。

交易所的任务是优化交易环境。交易实质上是风险很高的行为，马克思所说的"惊险一跳"。交易的瞬间实际上是市场经济最美妙、但也是最艰难的时间。这一瞬间的到来耗费了很大的成本。交易所的任务是降低交易成本，包括搜索成本、谈判成本。

交易所使得交易清晰。交易所的任务就是要把多数人偶然发生的事情，变成少数人、经常性、专业化。它使交易过程清晰，使谈判成本降低，使违规的概率减少。

显然交易所还有增信作用。市场经济交易的很大障碍就是信息不对称，一开始的交易在熟人之间，实际用人际关系降低了交易风险，随

---

① 原载于熊焰新浪博客，2011－10－22，http：//blog. sina. com. cn/s/blog_ 504183620100mip1. html。

着市场的扩大，要与陌生人做交易，交易标的也越来越复杂，需要中介的进入，在这样的原因下，交易所在现代市场中越来越重要。通过它专业化的规范环境，提高了交易的安全性。这就是我们这类交易所之所以能够存在的非常重要原因。

二、交易所是公开市场

交易所另一重要的特点是市场规则公开。公开，对现在中国有重要地位。今天，中国仍然存在大量的产权不够清晰的交易。交易的基础是产权清晰。本来交易的价格与当事人的利益直接正相关联，但我们公有的情况不是这样。在中国确实存在相当多的权利不清晰，利益一般是不关联，相当一部分交易会出现利益负关联。这种现象，在当前中国的情况，历史条件下，叫做产权不够清晰，利益不够正常，监督机制不够到位，造成这种逆向现象的概率高。包括我们现在讨论的信贷资产，一笔贷款，该不该贷，贷给谁，以什么样的利率贷，这里面寻租的、权钱结合的概率很高。这一类的市场公开功能，今后可能是我们这一类交易所业务往前走的很重要的作用，也是我们去说服监管部门很重要的依据。

我们在业务设计的时候，要注重我们国家的市场发育、公开的过程中，如果简单模拟西方市场经济国家，是会出错。在那样的一个环境下，他们也许是对的，不需要产权市场。国外的并购，大的业务找投行，小的业务找律师。为什么中国的并购就需要一个公开的市场呢？其中最重要的原因就是中国很多国有资产产权不清晰。利益关系不正常，违规成本不够高，国有资产流失的数量非常大。在很多发达市场经济的国家中，不用的手段，在我们这儿可能有很大作用，这是我们在做很多业务设计时要注意的。大型国有企业、大型的融资项目的活动，都可能涉及。

三、非标准权益定位

北金所定位于非标准权益，非标准金融权益或有类标准金融权益。完全标准的权益不做，也就是不碰证券、基金、债券等已经成形产品。在市场增量上动脑，不去碰已经有严格交易规则的标准化金融产品。大家在业务设计上，要注意把握这一条。

再一个政策尺度，我们的创新和争取政策范围，尽量在中国银监会和央行的监管范围内，这是我们的业务边界。

还有一条，我们的客户要做粗线条。北金所的业务一类是金融权益，一类是金融产品。金融产权和不良资产基本可沿用北交所原有业务流程和风险控制；信贷资产和信托产品，要采取封闭会员制这类模式。这种封闭是在不同层面的说法，封闭是不面对公众，只针对特定投资者。这里面的制度设计和风险控制都不一样。

四、互联网的功用

如果没有现代信息技术，没有互联网，我们这样的机构不可能做大。我们的非标产品的特点是信息量非常大，是长尾市场，海量的标的，如果没有现代信息技术，这样的市场做不大。恰恰新技术的出现，使我们这样的机构有可能成为全国、全球性市场。

交易所就是解决信息不对称的过程。买者与卖者永远是一对矛盾体，两者看到的信息永远有差异。只有当差异小了，才有可能成交。如果没有现代信息技术，这种差异的缩小是非常困难的。

互联网现在无所不在，可以极低的成本处理海量市场信息。所以说，高度重视信息化，充分使用信息工具，是我们这样的机构发展的重要条件。

五、交易方为什么要来

我们做交易所要回答，为什么会来？提供了什么有价值的、不可替代的服务？

为什么北京市属企业要到北交所来？产权市场的形成实际上是政府强制，但光有道义上的合理性，不能解决一定要来的问题。我们这个市场，包括信贷资产买卖，为什么要来？这个问题会一直困扰着我们。来的原因，无非是政府规定，如银监会发文，有股东带进来的，还有靠公关渠道来的，但持续的、成规模的交易方式才是交易所的商业模式，想明白了，就成功一半。

设计交易产品时要想，现在这类交易的现状是什么？如信托产品的交易现状，有什么不合理，我们能提供什么？我们能推动监管部门做什么？政府在中国是一个很重要的市场角色，有可能我们这个交易的最大买主就是政府。比如说中纪委就是推动产权市场成立的最大动力，它推动了政府采购、国有产权进场交易。中国的改革更多是自上而下，政府想做的事情其成功概率比较高。中国金融市场化改革的政策的取向，永远是我们要研究的，我们用市场手段帮助政府来实现。这是我们这支队伍的重要工作。

六、交易所的思维方式

做交易所的人要从项目思维转到项目束思维，项目思维是一个一个地考虑，项目束思维是同一类项目的共性抽出来。一字之差，但这两者之间的方法差距很大。

七、交易所的核心价值

交易所经营最大的风险就是信用风险。交易所是靠信用吃饭的，一旦出现信用风险就该关门了。

交易所是交易过程中的把关者。但我们的把关是程序性审核，不是实质性审核。做业务设计时，要注意交易所永远不承担终极使者的责任。我们设计的一整套交易规则，把交易链条中的风险给拉开，配置给不同的空间，法律风险由律师来承担，财务风险由会计师承担，估值风险由评估机构来承担，权属清不清楚由投资人来承担。

审慎性原则，是指交易所永远不能说过头的话。

交易所要杜绝系统性风险，红线不要碰。对北金所来说，如当前国家法律禁止的乱集资、非法买卖股票等。

5. 搭建金融创新平台
推动债券市场发展

——论北金所债券交易业务创新[①]

中国债券市场从 1981 年恢复国债发行至今，取得了有目共睹的成绩：2011 年全年发行各类债券 7.86 万亿元，企业债券增幅显著；截至当年底，债券市场托管总量达到 22.75 万亿元，全市场成交结算 201.94 万亿元，对推动市场经济发展起到重要的支撑作用。但不可否认的是，与发达国家债券市场相比，我国债券发行规模在社会融资总量中所占地位及对国民经济的贡献还存在一定差距：美国债券存量规模是 GDP 的 2 倍以上，而我国的债券存量还不足 GDP 的 1/2；美国 2011 年包括企业债券与股票在内的直接融资占社会融资存量的比例为 73%，而中国的企业股票市值和债券余额仅占到存量的 26%，2012 年上半年社会融资总规模中近 80% 是来自贷款与票据。数据充分表明，以债券发行为代表的直接融资在我国融资体系中的作用还未充分发挥出来，以商业银行贷款为主的间接融资还在体系中占据主导地位。

这种融资结构对社会经济发展是极其不利的。有研究表明，以债券、股票等直接融资方式为主的国家在面临危机时，将会比以银行贷款等间接融资方式为主的国家有更强的抵御能力与恢复能力，实体经济受危机的影响也更小，这也是自 2008 年国际金融危机以来，美国能比

---

① 原载于熊焰新浪博客，2012 - 7 - 31，http：//blog. sina. com. cn/s/blog_ 5041836201017hrz. html。

其他国家更迅速地恢复经济的原因所在。

因而改变融资体系结构，进一步加大债券等直接融资工具在社会融资规模中的占比，成为推动我国经济发展的重要方向。这其中最重要的一环，推动我国商业银行的转型升级，进而降低实体经济对银行贷款的依赖。

我国银行业的资产负债表近些年来呈高速膨胀态势。2012 年 5 月底，我国银行体系的存款额已超过 80 万亿元，从而将我国的 M_2 总量推上了 90 万亿元的高位，这一数量已超出全球第一大经济体美国的货币总量近 50%！而在 1990 年时，我国 M_2 还不过 1.5 万亿元，其间规模增长了近 60 倍。

商业银行也纷纷患上存贷款业务依赖症，收入中有超过 70% 来源于存贷款利差收入，收入的单一性使得我国银行业的发展仅以信贷规模扩张为表征，这就又引发了银行业对资本补充的"饥渴症"，由于监管层对资本充足率的要求，银行陷入了"扩大信贷规模—资本充足率下降—再融资—再扩大信贷规模"的怪圈。随着国内利率市场化进程的加速，银行的经营环境将发生巨大的改变。

对比之下，过去三十年中，美欧商业银行的主要资金来源已从传统的储蓄存款转变为短期批发融资，其原因正是受到金融脱媒和利率市场化的综合影响。

随着国民经济进入结构调整和转型升级的发展时期，既往的经济高速增长态势必将放缓，银行依靠信贷高速扩张和高利差的时代已难以持续，可以预见未来的监管要求会日趋严格，银行的经营成本将日渐增高。当务之急，银行业急需变被动为主动，走转型之路。银行业转型的核心就是构建资本节约型模式，改变以往依赖资产规模扩张、依赖利差收入生存的发展模式，实现从高资本占用型业务向低资本占用型业务、从传统融资中介向全能型金融服务中介的战略转型，进而带动社会融资模式从以间接融资为主向直接融资为主的方向转变。

在实现转型的方式方法上，银行可从存量业务与增量业务两条创新路径入手：存量业务创新方面，可通过降低银行的存量资产规模，变存量资产管理模式为流量管理模式，通过推动信贷资产的交易流动，实现对银行资产规模的"消肿"；增量业务创新方面，可在不扩大信贷规模的基础上，大力发展财富管理业务与综合服务业务，产品创新重点向表外业务倾斜，进而也推动社会融资从间接融资向直接融资方向转变。

北京金融资产交易所自组建以来，很大一部分创新业务就是沿着这样两条轨迹来设计：即一方面是基于推动银行存量信贷资产的流动而开发的业务；另一方面则是基于促进企业直接融资而设计的业务。

在推动银行存量信贷资产流动方面，北金所主要从信贷资产交易和信贷资产证券化两个方面着手推进。北金所早在2010年9月20日就率先在国内成立信贷资产转让平台并推出信贷资产转让主协议，同时积极研究开发银团贷款交易、小企业贷款交易等业务。北金所还受中国银行间市场交易商协会委托，研究跟进地方融资平台资产证券化工作，并与国开行、哈尔滨银行等合作，积极研究开展信贷资产证券化次级档证券交易业务。

在促进直接融资方面，北金所利用自身作为中国银行间市场交易商协会指定交易平台的优势，为拟融资企业与投资客户搭建对接平台，提供创新型的投融资产品，开发出包括委托债权投资交易、私募可转债等在内的多类型企业直接融资工具。此外北金所积极与券商、信托等金融机构展开合作，探索由券商对北金所平台上的挂牌资产进行二次开发，成为符合机构客户、高端私人客户投资要求的创新产品。银行则在这些直接融资业务中扮演投融资中介或投行角色，并从中赚取中间费用。

北金所平台的出现也对探索我国社会直接融资新模式起到积极作用：对拟融资企业而言，北金所平台为企业在银行贷款渠道之外又增加了一条直接融资渠道，企业可充分利用北金所的信息交互与交易撮合功能，实现项目与资金最大效率的匹配；对银行等金融机构而言，其作为北金所会员，可以在平台上根据企业需求量身定制各类金融服务方案，当企业委托银行进行投融资决策时，银行仅作为连结投融资双方的纽带提供专业投、融资顾问服务，并收取相应费用。此时受托银行的业务重心已从传统的间接融资模式转向多层次的直接融资服务。对社会整体而言，北金所搭建的这样一个公开、透明的平台能够提高直接融资市场资金的配置效率，进而实现投融资市场的帕累托最优。

客观地说，推动我国商业银行转型进而推动我国债券市场的健康发展，仅靠像北金所这样的市场机构努力还远远不够，我国的金融管理体制决定了在我国任何的变革必须要自上而下——要有顶层设计；要有一套完整的转型路线图；要有相应的配套机制；要有利率市场化等基础环境条件的支撑等。只有当条件具备了，转型才会成为现实。而在这一切成为现实前，市场中需要有北金所这样的金融创新平台进行尝试和探索，也需要监管层对这种探索予以鼓励和支持。

6. 委托债权：北金所的直接融资创新[①]

2013 年 3 月 25 日，银监会下发了《关于规范商业银行理财业务投资运作有关问题的通知》（银监发〔2013〕8 号，以下简称 8 号文），第一次明确将"委托债权"列为"非标准化债权资产"，从而将"委托债权交易"从幕后推向台前。委托债权投资交易产品是北京金融资产交易所（以下简称北金所）于 2011 年 3 月推出的基于投资者委托、对特定项目进行投资的直接融资创新产品，是北金所的重要创新交易品种之一，经过两年的发展与改进，目前已经形成较好的市场和监管认可度。

一、委托债权投资交易概念及现状

根据北金所《委托债权投资交易规则》的定义，委托债权投资是指有投资意愿且有投资能力的投资者作为委托人，通过银行、信托公司、企业集团财务公司等专业金融机构（即受托人）进行的对特定项目的固定收益类债权投资。委托债权的本质是类直接投资性固定收益类债权，8 号文将其列入"非标准化债权"范畴。

委托债权投资交易业务自 2011 年 5 月正式上线运营至今，已累计成交近 8 700 亿元，有包括工、农、中、建、交在内的 16 家风控能力较强的商业银行会员参与交易业务；满足了来自制造业，采矿业，电

---

① 原载于《21 世纪经济报道》，2013 年 3 月 22 日，第 11 版。

力、热力、燃气及水生产和供应业，建筑业，交通运输、仓储和邮政业等数百家实体企业项目的直接融资需求；而且自第一笔委托债权投资项目成交至今，没有任何一笔到期项目出现风险。

二、委托债权投资交易创新产生的背景及内在动力

概括而言，委托债权投资交易的产生有三个方面的背景动力：

首先是企业直接融资需求不断增强，以及利率市场化、金融脱媒化等金融改革大趋势的客观需求。我国整个银行业金融资产占全部金融资产的80%以上，企业融资过分依赖于银行体系间接融资。提高直接融资比例和利率市场化程度，是我国金融改革的方向。因此"十二五"规划提出要"显著提高直接融资比重"，形成高度市场化的股权市场、债券市场以及其他直接融资市场，提升融资效率，规范信息披露，严格监管，提升中介服务质量，分散风险。近年来发展较快的债券、银行理财、信托投资、PE、VC等直接融资方式较好地承担了社会融资结构优化功能。

其次是商业银行业务转型的内在需求。面对新的市场环境和更为严格的资本监管要求，商业银行不同程度地开始实施"从高资本占用型业务向低资本占用型业务、从传统融资中介向全能型金融服务中介"的战略转型，努力摆脱利差型盈利模式，逐步树立资产管理型、综合服务型、价值创造型发展理念。金融机构比以往任何时候都更为重视客户需求并为其量身定制金融服务方案，将注意力转向多层次的直接融资市场，期待公开、透明、活跃的市场交易平台，以提高直接融资市场效率和客户满意度，从而取得竞争优势。

最后是居民理财需求多元化趋势增强。由于国内金融市场化程度不高，金融产品体系尚不成熟，各类投资者缺乏固定收益类投资品种，财富管理市场需求空间巨大。投资者需要更多期限品种丰富多元化、风

险收益更为匹配投资标的。

委托债权投资交易创新正是在上述背景之下推出的。实体企业项目融资需求和合格投资者投资需求的对接，目前主要通过传统信贷、信托、股票、债券等融资渠道实现，远远满足不了融资交易市场需求。委托债权投资作为创新型的直接融资形式，满足了实体经济直接融资和投资者投资渠道多元化的需求，有助于提升商业银行的综合金融服务能力。

三、委托债权投资交易创新对金融支持实体经济和金融市场建设有重要探索性意义

委托债权投资交易是金融市场改革进程中的一种直接融资创新模式，是中国金融市场逐步走向成熟过程的一种产物，其对实体经济、金融市场和监管制度建设的意义主要体现在以下三个方面。

首先，在降低企业融资的实际成本的同时有效降低投资人的投资风险。委托债权投资是一类直接投融资行为，投资风险由投资人实际承担的，由于融资企业所付出的绝大部分融资成本转化为投资人的投资收益，压缩了投资端到融资端的具体流程，减少了中间机构的利润留存和分成，既满足了融资企业获取资金降低成本的诉求，也满足了投资人扩大债权性投资的需要。

其次，是债券融资外直接融资方式的重要补充。委托债权投资与债券市场等直接融资模式是具有显著差异的。债券市场不仅需要各类评级机构保障信息的透明化，也需要比较健全的法律与市场环境，还需要较为成熟的投资人团体。考虑到我国金融市场目前的发展阶段，而且风险市场化制度基础和投资者风险承受能力尚在逐步建立之中，在直接融资创新模式开发中，有时必须借助诸如银行等机构在风险管理、资金配置方面的优势。委托债权投资交易就是这样：它要求银行将符合常规

信贷审核标准的企业融资需求作为挂牌标的，银行的审贷标准一定意义上就等价于债券市场上的信用评级机制；同时由于债权没有被债券化和标准化，因此不能直接面向终端投资者，具备更高资金配置能力的银行理财可以充当合适的投资人。此外，在委托债券投资交易中，银行理财的投资是基于投资者和银行之间的委托代理关系之上的，这样也没有背离直接融资的本质，有助于控制企业融资成本。

最后，有利于创新型直接融资的监管建设。委托债权投资虽然不属于银行日常的信贷业务，但将其置于统一的交易平台，以供需双方相匹配的方式开展业务，可以完整准确的统计业务规模、机构、风险层级等。北金所和商业银行业定期将业务情况向监管部门汇报，监管部门也在 2012 年 3 月起将其作为理财资金投资运用的一个类别进行统计和管理。

四、委托债权投资交易产品的升级与优化

委托债权投资交易作为中国利率市场化和金融脱媒化的一块"试验田"，未来将逐步实现产品的标准化升级、信息披露升级和二级市场交易品种创新。上述升级实现以后，交易所将与银行、信托、券商、基金等机构形成交易平台与交易商良好的财富管理发行与交易市场合作关系。

2012 年，北金所委托债权投资交易业务共完成 5 873.58 亿元，2013 年前 3 个月成交 1 879.39 亿元。巨大的交易规模背后，是北金所与合作银行对委托债权投资交易业务的不断挖掘、升级和优化。

风险控制机制的不断完善。交易平台所提供的规范、透明的业务规则、严格的准入门槛和审核机制是保证委托债权投资交易风险可控的基础，也是北金所开展此项业务的核心竞争力。北金所不但设计了严密的操作流程和规范的交易文档参考文本，提出严格的风控要求；更重要

的是不断对委托债权投资进行升级，引入存续期信息披露、产品集中登记等机制，在不断强化、深化委托债权投资业务直接融资本质的同时，做到公开、规范和透明，并防止风险向不特定群体的无序扩张。

从8号文中可看到，监管部门重点要求的是投资人对风险的承担，而理财与资产的对应是承担风险的基础，信息透明又是承担风险的条件。在这两点上，北金所委托债权投资业务都早有涉及。2012年上半年，北金所就着手研究将委托债权投资交易产品登记和信息披露引入这一业务的可行性与必要性，并设计了相应的机制。2012年下半年，在取得主要合作银行的认可之后，开始着手进行试点。目前对于所有北金所组织完成的委托债权投资业务，都具有集中的登记确权环节和产品存续期信息披露机制，从而可以直接满足8号文中所提出的理财产品单独管理、建账和核算，以及充分信息披露等要求。在这一点上，可以说北金所对委托债权的规范性操作走在了监管部门政策出台之前。

未来，借助8号文的统一要求，北金所将会把"统一登记"和"信息披露"作为委托债权投资业务的升级方向，并在此基础上研发委托债权投资产品的二级交易品种和证券化创新，从而实现委托债权投资业务的持续升级，保证委托债权投资业务具有长久的市场生命力。

此次银监会8号文对"委托债权"属于"非标准化债权资产"的认定，是监管部门对北金所长期致力于支持实体经济、服务金融资产流动的肯定。北金所设计开发的委托债权投资交易业务是顺应了"存款理财化，贷款债券化"趋势，以有效支持实体经济、增加居民财产性收入、成本较低、风险可控、操作便捷等优点，获得了广大融资企业、金融机构和监管部门的认可。

7. 北金所的使命[①]

中国的金融业态以银行业为主导，而中国银行业存在着一个很明显的现象，就是过度地关注自身风险与自身收益。实际上，包括银行在内的整个金融业不过是国民经济大系统中的一个子系统。这个子系统的最优，不是自身效益最大化和风险最小化，而应该是对于整个中国经济大系统的贡献最大化。按道理说，一个经济的良性循环，按照马克思的逻辑，是"货币—商品—货币"的流转，即所谓长流程的流转。但现代金融却出现了"短流程"运转的现象——从货币到货币，直接增值，跳过了实体经济。对于中国经济而言，这种现象的背后其实预示着存在实体"空心化"的巨大风险。所以这次中央经济工作会议上明确提出金融要支撑实体经济，是一个非常重要的理念。

金融作为一个极其特殊的行业，它有强大的自放大功能，有自身逐利的内生驱动力，而且它的外部性，外溢效应非常大，对每一个公众的切身利益都可能产生极为深刻的影响。因此，在任何国家，金融都是一个严监管的行业。

北金所是金融业态的一个组成单位。我们所秉承的一个企业理念，就是"社会效益为首，经济效益为本"。我们深深地知道，北金所不是几个股东攒点钱那么简单——尽管架构上我们是为股东挣钱的一个机构，但我们更承担着巨大的社会责任，我们有巨大的正外部性。因此，我们首先要认清这个行业的规律。做事情一定要大处着眼，小处着手，

① 原载于熊焰新浪博客，2012 – 02 – 14。标题为编者所加，原标题为《我们的使命》。

风控为先。其次要有大目标，我们要为百万亿级的中国金融资产创设流动性，提供流动平台。中国金融资产的规模比我们的 GDP 大得多，2011 年的 GDP 是 40 多万亿元，金融资产 120 万亿 ~ 130 万亿元，规模之大可见一斑。但中国的金融资产有一个很重大的结构性缺陷，就是缺乏流动性——除股票、公募基金和一部分债券有流动性制度安排和流动平台之外，绝大多数金融资产没有流动性制度安排与流动平台。这就是北京金融资产交易所的主攻方向和历史担当。

当然我们现在还是一支新军，我们现在还不是金融机构，我们现在还不是国家队，但是如果我们不想，永远也不会是。我们希望成为中国金融市场创新的试验田。中国金融市场的发育程度与国际高水平的金融市场相比应该说还是小学生，与中国经济要登上全球经济之巅的发展目标相比，中国金融市场水平也远远滞后，中国当前的金融市场发展水平与全球第一经济强国的市场相比，差距绝不只 20 年、30 年。这也是我们这个机构该做点什么的重要原因与驱动力。我们应该成为中国金融创新的试验田、先遣队、侦察兵。我们绝不会乱来，我们很认真，很严肃，很努力，想把这个事情做好。这也是为什么相关监管部门对于我们的很多努力给予原则上支持的重要原因。

全球发达市场经济国家的金融创新，往往是采取自下而上的变化。一个新的产品出现了，反复的实践、试错，被各方学习借鉴，监管机构逐步规范，十个可能有六七个消失了，剩下的二、三个成为各个机构共用的，然后监管机构对它进行逐步升级、监管升级。而我们中国的创新是反向的，是自上而下的。中国的监管层本质上是风险厌恶型的，这也情有可原，很多金融产品确实结构很复杂，让我们的领导去理解他们并不擅长的事情，去承担他们无法承担的责任，去冒他们想不明白的风险，这个事不公道。所以我们一直讲，中国金融创新应该采取试验田，找几个像我们这样的试验田，小范围先试试，问题不大了再推开。当然我们也绝非闭门造车，我们有很好的国际借鉴。

我们的另外一个使命，希望能够推动国际上行之有效的，与实体经济联系密切，且风险可控的金融产品在中国的落地。从根本上讲，中国是一个金融弱国，最重要的体现就是金融产品的丰富程度。国际上现行的金融产品已达数千种之多，而在中国，只有几百个。很多金融产品结构复杂，眼花缭乱，出于不同的创新目的。但是所有的金融产品实际上无非是本金、期限、权益特征、风险、收益、到期价值的排列组合，本质上就是这些要素的排列组合，用于不同的基础资产，出于不同的投资人需求的排列组合。

因此，我们的作用就是结合中国现实情况，把眼花缭乱的包装去掉，还原金融产品服务实体经济，金融资产配置资源、化解风险的基础功能，并把这件事向监管者讲清楚。设身处地站在他的位置上替他想，把这事情讲透了，然后推动创新。

北金所确定一个重要的理念，就是持续关注中国经济社会发展的重大问题，提出市场化解决方案。解决中小企业融资难，我们推出了中国中小企业金融研究中心，定位于研究小微金融。我们投入了很大的精力研究科技型中小企业融资的产权链管理，我们用了很大的精力研究地方政府融资平台资产证券化、中小企业信贷资产证券化，努力提高直接融资比例。这样一些持续的研究与追踪，对于我们真正拿出符合国际成功产品特征，支撑实体经济，化解金融风险的产品方案有基础性的支撑作用。

心有多大，舞台就有多大。目前中国金融市场缺少这样一个创新流动平台，我们当仁不让。我一直讲这个理念：大责任、大事业、大效益，只要时代给了我们机会，我们就要盯住不放。

8. 要做市场的拓荒者

——对北金所的深切寄望[①]

中国的国情和金融业的特征，决定了北金所所在的市场是一个严监管的市场。监管部门不可能开出一块成熟的地让我们去种。我们必须拓荒，必须弯下腰去实践"汗滴禾下土"的过程。要明确知道，在这个市场中没有简单的事，简单的事早被别人抢做了，归我们做的肯定是个苦活、累活，要有这个思想准备。

所有有生命力的创新业务，都来自客户的实际需求。因此，我们要深入客户，特别是深入大客户、战略级客户，进行深度的交流，设身处地地为客户想，分析行业的困境，拿出解决方案。绝不能闭门造车，当"空军"，高来高走不行，那做不出东西来。一定要在合理性上做文章、下工夫。这种合理性包括理论上的合理性，也包括现实经济的合理性。每一个创新产品的基础作业来自现实的现状、困境、国际借鉴，我们提出了什么优化的解决方案，有什么政策支持，或者有什么政策建议，有什么理论支持。包括我们的信托、债券、PE、北登，实际上都在做类似的功课，沿着这样一个思考，去一步一步地向一个比较合理、比较可行的方案去探索。

我的房间里有一幅原国家体改委副主任、中国书法家协会原副主席邵秉仁先生题的字："行到水穷处，坐看云起时"。真正的出路在没

---

① 原载于熊焰新浪博客，2012 – 03 – 27，http：//blog. sina. com. cn/s/blog_ 5041836201013ir7. html？tj = 1。

有路的时候才有，现成的路都是别人走的，真正的路是没有路，你走吧，走到要哭了的时候，没路了，就有出路了。山穷水尽，接着往下走，要么退役，要么关门，要么往下走。

创新还要提拜名师，勤修炼。明确要求任何一个产品，我们要找到国内最懂该产品的前几位，让这些市场中的状元、榜眼、探花们来给我们讲课，访遍名师，做足作业。在此基础上研发我们的产品规则，开发交易系统，逐渐从试行版过渡到标准版，标准版再从 1.0 版向 2.0 版、3.0 版本升级。

在中国市场中搞创新，最难的还是监管沟通工作，这个不是技术，是艺术。我们一定要站在监管者的视角上去思考，创新才有成功的可能。所以我们提出了两个服务口号——"服务市场、服务监管"。我们的监管者其实都希望推动行业发展，推动事情向前走，但他们有他们的苦衷，他们有他们的风险取向，他们有他们的政策动因与立法宗旨。所以在市场实践中我们要准确揣摩监管者的动因与取向，这个很重要。不能猜，要去谈，要沟通。

要做好全链条的产品储备。这个时候要有宽视野、大格局，大量的做功课，可能做了十份功课，最后用得上的只有两份，能达到这一步就已经是创新成功高概率事件了。我们的产品储备，应该解释为创新的研究储备，做得越全、越足、越深，当机会来的时候，才越会属于我们。创新的成功要有耐性，创新产品研发出来了，还要在监管部门那里排队，监管人要是不开门，那我们就要一直耐心等待，直到开门为止。而只要门开了，第一个进去的一定是我们，能做到这地步就代表我们完成任务了。所以大家要耐得住寂寞，不要怕做一些"无用功"，实际一切功都是有用的，产品创新本身就是一个相互连接、相互借鉴的系列链条，有了几个模板做铺垫之后，其他创新模板的难度也在降低。

要做到"放量升级，风控第一"。"放量"就是交易放量，交易实现放量的同时也代表着我们服务客户面的增加、交易频次的增加和出问题概率的增加，所以要保持高度谨慎；"升级"就是产品创新的升级，它也意味着对产品的监管要求、信息系统要求、后台支撑要求等一系列配套要求都进入了更高一个层次，风控的要求自然会变得更高。风控与创新实际上就是一对矛盾，就是发动机与刹车系统的关系，一个好车在有一个强大的动力系统的同时，要有非常高质量的刹车系统，否则动力越强，出事的概率也就越大。为什么动车追尾会出那么大的事？一个重要原因就是它比普通列车的动力更大，出事故的后果也就更严重。所以说创新的动力机制越强，增长越快，对风控的要求也就越高。

9. 谈互联网金融
对金融资产交易所的影响[①]

中国金融改革大幕拉开以来，市场上可圈点的创新很多：资产证券化重启、不对称降息等，这些创新都可归为监管推动型的由上而下的变革；真正算得上是市场自发、又堪称"革命"的，非互联网金融模式的崛起莫属。

关于互联网金融，媒体报道热点很多，如 P2P 借贷、宜信的准线上借贷、阿里小贷的无担保无抵押线上贷款、阿里金融的虚拟信用卡、招商银行的信用卡商城与手机钱包，以及众筹融资模式风行、基金公司线上销售、美微传媒在淘宝网卖股票、"三马"卖保险等。可以说借贷、支付、供应链融资、券商基金销售、投行、保险，甚至股票发行，几乎所有传统金融领域或金融模式，都受到了互联网金融程度或轻或重地渗透和颠覆。

中国投资有限责任公司副总经理谢平在一份报告中大胆预测，"互联网金融模式不仅会颠覆传统金融模式和现有支付结算体系，甚至颠覆货币政策体系！"还有一个值得注意的趋势是，本轮的互联网金融创新中，我们看到监管机构愈加开放和包容的态度，证监会、保监会纷纷公开发正式文件对机构的线上业务创新"开绿灯"。

互联网金融模式对整个金融业态的改变来自三个方面：一是支付

---

① 原载于熊焰新浪博客，2013 – 03 – 22，http：//blog. sina. com. cn/s/blog_ 504183620101crl6. html。

方式的变革，使得传统金融中介地位受到撼动；二是信息处理效率呈几何级数提高，使得金融中介信用识别和专业化服务竞争优势下降；三是金融资源配置的脱媒化，使得资金供需双方可以直接联系并交易。也可以说，互联网金融对传统金融最重要的改变在于——它所引领的投资和融资脱媒化趋势。以降低信息不对称性和"点对点"交易成本为实质的互联网金融，使得传统信贷、投资银行、保险、金融产品交易等金融业务可以脱离金融中介而实现资金需求者与供给者直接对接，大大降低社会金融交易成本和提高金融资源配置效率。

随着互联网金融对各类金融模式和业务领域影响不断深化，对包括北金所在内的为金融资产流动和交易提供平台的交易所行业来说，主要会受到三个方面的影响。

首先，金融市场交易成本的降低和交易效率的提高。其中最突出的一个特点是，互联网金融对"一对多"性质、且拥有海量用户特征的交易产品具有明显的成本节约和效率提升优势。互联网技术的特点在于跨空间的高效信息交互，它改变了传统的"点对点"信息交流方式，使"多对多"的即时性信息匹配与交互成为可能。这一特点对高频的、大范围的、时效性强的金融资产交易更为适用。其实，在目前互联网金融的业态中已经体现出了这一特点，比如，P2P信贷将原来的"少对多"的中介借贷模式变为"多对多"的互助型民间借贷。而它恰是利用了互联网金融低成本沟通交流的特点，降低了个体间的信息沟通成本，使得借贷双方高效匹配投融资需求，实现网上借贷交易。

其次，海量金融数据处理能力的空前提高及海量交易数据的处理与发掘难度降低。金融数据处理能力的提高，将会降低金融风险定价、估值等门槛，从而为多种金融服务形式创新和金融产品创新提供了技术基础。此外，海量交易数据的处理与挖掘，将极大限度地降低金融服务的信息不对称性，将可能导致多种金融服务和融资、投资模式的创新。这一特点更多是脱胎于与互联网相关的信息技术，以及互联网在信息积累方面的强大能力。事实上，传统金融业态也离不开信息的收集、积累与分析，但互联网与信息技术的高速发展，使得金融业对信息的依赖程度更高，这使一些原来仅仅停留于理论或小范围试点的金融业务创新大范围铺开成为可能。比如，供应链金融之前只是部分商业银行小范围试点，规模也不大，因为其信用管理体系建设的高成本和高难度；而互联网技术使得供应链金融基于数据的信用管理体系更加高效快捷。其实，"阿里小贷"正是利用了其通过电子商务平台所积累的海量数据进行风险管理，从事本质是供应链融资的小额贷款业务。而且还显著降低了小贷业务的坏账损失，使小贷公司可以在保证审慎性风险管理前提下，实现对实体经济更大的金融支持，显著提高了金融服务效率。不仅如此，对于具有互联网基础的金融服务所产生的金融产品或权益，因其本身属性，要求更加高效的流动性，这恰恰为金融资产交易市场提出了市场需求。除此之外，互联网金融也可以极大的降低金融市场交易中的信息不对称问题，并在一定程度上防范道德风险与操作风险，从而提高了公众对上述金融产品或资产的认可程度，使得这类金融资产的二级市场建设成为可能。

最后，具有数量庞大且金融需求额度较小的金融交易参与主体的地位上升。考虑到互联网金融的海量数据处理与海量客户端交互的高效性，原先多层级的金融市场交易与结算代理机制可能被打破，这可能会导致金融资产交易由少数大型交易机构为主，变为大型机构与中小企业甚至个人并重。

利用互联网技术，海量的个人投资者客户和数量众多的中小企业客户，一方面可以低成本、简便快捷得获取更加广泛的信息，提高风险识别能力；另一方面交易成本的降低也使更加扁平式的金融资产交易形态出现成为可能。这种投资与交易主体的显著扩充，将极大程度上丰富投资者偏好类型，从而导致更多样的金融产品需求和更个性化、定制化金融资产交易组织模式的出现。

第三章
技术交易平台建设

1. 中国技术交易所业务的三维空间[①]

中国技术交易所已经成立了。交易所采用公司制的组织形式，由北京产权交易所、北京高新技术创业服务中心、北京中海投资管理公司三家机构发起成立，注册资本 2 亿元，未来还将引入其他战略投资机构，目前中国科学院国有资产经营有限责任公司已确定成为第四家股东。

这是中国首个致力于科技转化的全国性资本平台，它对我国加强自主创新、促进产业升级有重要意义。

中国技术交易所之所以落户在中关村，有两个方面的原因：首先，北京是中国科技资源最集中的城市。北京市的年合同交易额高达 1 027 亿元，占全国技术总交易额的 38%，已连续多年名列全国第一，而在北京的技术市场成交额中，中关村占了 70%。其次，2009 年 3 月 13 日，《国务院关于同意支持中关村科技园区建设国家自主创新示范区的批复》出台，3 月 20 日在北京会议中心召开了建设中关村国家自主创新示范区动员大会，由北京市长郭金龙主持，市委书记刘淇、国务委员刘延东、全国政协副主席兼科技部部长万钢等出席。

众所周知，中国技术转移和科技产业化存在着重大的制度障碍。假设有个国有科研机构做出了一项重大发明，当事人（教授、研究员、研究团队等）得不到什么利益，因为该发明属于国家，因此当事人对技术转移没有太多积极性。

但技术不像一杯矿泉水、一个苹果那样，只要权益让渡了就会产生

---

① 原载于熊焰新浪博客，2009 - 08 - 17，http：//blog. sina. com. cn/s/blog_ 504183620100ewgt. html。

价值。它是一种特殊的商品，必须融合在生产制造过程中，才能产生新的价值，进而产生技术进步、推动产业升级。在融合的过程中，如果没有当事人的努力，技术事实上是转移不出去的。

这种激励的缺失是中国很多国有高等院校和企事业单位产业效率低的重要原因。中关村股权转让系统现在是立足于转制的科技型企事业单位，对管理团队进行股权激励。而中国技术交易所现在要做的是把股权激励再往前，即往项目端再推。以 863 项目为例，从法律上讲它是国有的，但它离不开当事人的创造性劳动，因为科技项目并不能保证成功，开发成功就说明有创造性劳动。

如果我们只是简单地说，863 项目是国有资产，成功了就交给国家了，科研人员怎么会有积极性考虑科技成果的商业化，他们没有积极性，科技转化又怎么能够成功呢？所以我们的想法是循项目端把股权激励往前推，用专业的研究评估，保障当事人的收益权，甚至还可以在产业化后再对当事人进行奖励，激励起老教授、科研人员的科研成果转化积极性。

这是中国技术交易所要做的一件事情，而这个事情只能在中关村这个特殊的、先行先试的制度环境下，在北京这个科技项目最集中，特别是国有科技项目资源最集中的环境下才能做。

与其他地方性的技术交易平台相比，中国技术交易所具有一些与众不同的特点。中国技术市场尽管已运行近 20 年，已经有了相当的交易规模，但该市场却一直处在"一维空间"中，只是从"技术"这一个维度进行线性发展，因而发展速度缓慢；而相比之下，中国技术交易所的业务方向延伸到了"三维空间"中，从立体的三个维度进行系统拓展。

第一个维度自然还是技术。但我们要把它做得更大、更集中，从而通过资源整合和规模效应产生一些新业务机会。中国技术交易所不但要成为中国最大、最全的技术汇集平台，还要成为在国际上有影响力的技术交易市场。

第二个维度是产权。技术只有产权化，才能被引入企业，产生新的价值增值，进而提升企业的竞争能力。我们所说的股权激励，其实就是产权化，这是中国技术交易所跟其他技术交易市场的一个巨大差异。

第三个维度就是交易。在此我们不是就技术谈技术，是把技术与产业，技术与金融结合起来，这其实就是当前北京正在大力提倡的科技金融。中国技术交易所是一个交易所，有一系列先进的制度建设。一系列利用金融手段促进技术转化、促进技术流动的想法，都在这里实验和实现。

这三个维度也可被简化成资源汇聚、确权和科技金融，中国技术交易所将循着这三个维度展开业务设计。

中国技术交易所是中国技术市场的一个重大升级，它将以开放的心态，与国民经济各个体系相融合、相交汇，用真正的市场手段去配置资源，用金融手段为技术交易提供服务。

2. 技术交易难的共性原因

——技术交易思考之一[①]

"技术"是什么？近代欧洲启蒙运动的倡导者、法国思想家狄德罗在他主编的《百科全书》中，曾给技术下过一个明确的定义："技术是为某一目的共同协作而组成的各种工具和规则体系。"

而WIPO（世界知识产权组织）对技术给出的权威描述是："技术是制造一种产品或提供一次服务的系统知识。"显然，二者的着眼点有所不同，但其思想内核是相通的。

技术于人类的重要性是不言而喻的，人类每前进一步，背后都有技术的力量做推动。历史上影响人类社会进程的三次工业革命：蒸汽机革命、电力技术革命、计算机互联网革命；以及当今世界正在进行的第四次工业革命——新能源革命，归根结底都是一次次的新技术变革。

但技术是无形的，必须在转化到具体的产品或服务中后，才能形成生产力。把一块石头变成一个雕像，依靠的是雕塑家手中的雕塑技术，这种技术正如WIPO给出的定义一样，只是一种"系统的知识"，它只有在作用于石头上后，才能发挥出作用，形成有价值的作品。

而且现代人们所探讨的"技术"，其意义已远非像雕刻这样的手工技术范畴所能涵盖，手工技术体现的只是一种"技巧"；而现代意义上

---

① 原载于熊焰新浪博客，2009 - 08 - 24，http：//blog. sina. com. cn/s/blog_ 504183620100ezgh. html。本文曾与《中国技术市场的主要问题——技术交易思考之二》《"天、地、人"要素的聚合——技术交易思考之三》一起整合成一篇文章，以《对技术交易的思考》为题，刊载于《中国中小企业》2009 年第 10 期，第 60 - 63 页。

的"技术",更多体现的是建立在科学发展应用基础上的"科技"范畴。

一种技术,当它从发明者手中的一种具有创造力的无形知识,最终转变为一种有用的产品或服务时,中间还需要非常重要的一环——它要先成为一种可以交易的商品,即技术要能够"产权化",产权要能够"货币化""资本化",从而使技术这种无形知识变为可确权、可分割、可流通的商品和资本。

因而技术交易的实现其实是一条很长的链条,上面每一个环节都必不可少,这也使技术交易难成为一个全球共同的难题。

一、技术"新颖性"带来的不确定性风险

技术产权是知识产权的一个范畴。一项新技术在获得专利组织授予的专利权之后,就成为一项知识产权。且技术也只有在取得专利权之后,才能成为受保护的对象,持有人才能对该技术享有垄断性、独占性、排他性的权利。

而一项技术要想取得专利,其前提要求就是这项技术必须具有"新颖性"。专利的新颖性要求来源于专利契约理论,理论上要求申请专利的发明创造和现有技术相比,不仅应当是独创的,而且必须是"新"的。只有满足这一条件,这项技术才有资格取得垄断权。

但"新颖性"其实是一柄双刃剑。技术的这种"新"的特征,固然使其在获得专利授予方面有所裨益;但另一方面,技术的"新"特征会让它面临一定的市场风险——无论是对市场投资人还是对市场消费者来说,"新"就意味着"陌生",投资人将面临市场未来的不确定性风险,而这项技术在得到推广前,需要做大量的前期投入,且随着技术的产业化进程,市场对资金投入要求会呈递增态势。这会让许多跃跃欲试的投资人最终却步。比如当今世界上的一项新的医药发明,一般的

前期研发与市场投入，平均会高达 10 亿美元以上。而如此巨大的投入，却并不能保证这种新药将来会取得预期的市场效果，一旦市场反应冷淡，就意味着前期的巨额资金投入打了"水漂"。

二、"时效性"与产业化周期间的矛盾

一项技术在取得专利权保护之后，并非一劳永逸，专利保护是有时效性的，发明专利的保护期限是 20 年，而实用新型专利的保护期限只有 10 年，这意味着，如果在此期限内不能收回对技术的各种投入，对投资人而言对这项新技术的投资就算失败了。

而与专利的时效性相矛盾的是：一项新技术在推广应用时，却往往存在着产业化周期长、市场不确定性大等问题。如果一项科技发明过于超前，很可能当它还没有实现产业化，专利保护期限就已经过了。因而投资人一定要做出提前判断：这项新技术的产业化周期需要多长？能否在专利保护期内实现技术的产业化？但显然这不是一个简单的问题，很难判别清楚，需要冒一定的市场风险。

三、"估值难"导致的价格预期落差

"估值难"是全世界的技术交易都面临的一个难题。一种新技术在市场应用前，只是一种潜在的、未转化为生产力的"无形资产"，这种无形的产品如果不被应用，就不会有任何价值；如果不与资金、人力等其他要素相结合，也不会产生任何价值；而它应用以后能获得多少回报，也是难以判断清楚的。当一种产品面临着如此多的不确定性，而被摆到市场上进行交易时，如何给它定价自然成为一件非常困难的事情——对技术发明人来说，眼中看到的往往是这项技术在未来的广阔前景；而投资人所考虑的，更多却是这项技术在推广中可能面临的种种

困难。这种价格上的巨大心理预期落差，让技术交易价格的确定变得异常困难。

除以上谈到的问题外，技术转化还具有脱离原创人后应用难度大等问题。由于受技术创制人的观念、经验等方面的局限，一种技术在社会广泛使用之前，往往更多体现为具有原创者个性特质的、非标准化的特点；而非一种标准化程序可供其他人直接学习使用。这也增加了把技术转变为可交易商品的难度。

3. 中国技术市场的主要问题

——技术交易思考之二[①]

从 20 世纪 80 年代开始，我国便开始构建自己的技术市场体系，经过近 30 年的发展，技术市场从无到有、从小到大，逐渐演化成为一个将科技成果转化为现实生产力的主要途径。

但不可否认的是，我国的技术市场还存在着很多问题和不足。如果说技术交易的实现对全世界而言都是一个棘手的问题，那么对中国而言这更是一个迫在眉睫需要攻克的难题。它主要表现在以下几个方面：

一、主体脱节导致有效供给不足

在世界发达国家中，技术创新的主体一般都是企业。而在我国，尽管目前正在大力倡导和推进创新型国家建设，并确定了以企业为主体、产学研相结合的技术创新体系，但从现状来看，仍是以高校和科研院所为我国的技术创新主体。这种格局的形成与我国的传统计划经济体制有关。

在我国传统的计划经济体制中，科技成果投入、产出及转化的全过程有三个不同的主体：一是以各级政府为主的投资主体；二是以高校与科研院所为主的研发主体；三是以企业为主的产业化主体。在计划经济

① 原载于熊焰新浪博客，2009 - 08 - 31，http://blog.sina.com.cn/s/blog_504183620100f2hl.html。

时代，这三个主体在国家指令性计划纽带的维系下协调运作。

如今，尽管我国的社会主义市场经济体制已经建立，但国家在科技成果的投入产出上仍然沿袭了计划经济的分配模式，目前技术的主要提供方仍主要是高校和科研院所。高校、科研院所的科研项目经费70%以上都来自政府，而高校与科研院所为了不断得到政府的资助，不得不完全只对政府负责而非对市场负责。科研开发项目的结题，多是由政府主管部门组织一些学术专家进行验收，技术项目的立项、研制和结题全过程都与实现产业化的主体——企业相脱离。

同时，企业又远未成为技术创新的主体，它们只能作为成果转化的受体，本身既不是技术的投资主体，也无权参与技术的研发过程，也就无法要求技术研发朝着适应自己需要的方向进行。

由此，就出现了技术的几个主体间相互脱节的现象——政府只管投资，不管收益；高校与科研院所只管研发，不管产业化；而企业只能管技术成果的产业化，对技术的投资和研发方向都无法制约。对从事技术研发的科技人员来说，由于不能分享技术成果产业化的收益，只管拿钱干活，显然他们对于技术成果产业化的积极性也并不高。由此，最终形成的技术成果就显现出一种"四不管"的怪相——政府、科研院所、企业和科研人员谁都应该对技术成果的产业化负责，但谁又都不负责，这种现象使得技术供需之间的矛盾与冲突与日俱增。例如，我国每年产生的约3万项科技成果中，形成产品的只有20%左右，而实现产业化的只有5%，这与发达国家30%左右的比例相去甚远。

二、估值不明导致价格形成机制不合理

估值不明是中国技术交易市场上存在的一个典型问题。尽管发达国家也存在技术估值难的问题，但由于发达国家的资本市场体制十分完备，可以充分利用"市场发现价格"的优势，来弥补技术价值评估

中存在的不足。而在我国，由于市场体系的不完善，使得估值难成为技术交易中一道无法规避的硬伤。

目前我国的技术价格形成机制非常不合理，技术交易的主体多是以技术的生产成本作为技术的定价依据，这导致我国的技术价格明显偏低。以北京市为例，2004 年成交国内技术合同 33 745 项，技术合同成交额 339.47 亿元，平均每份合同成交金额 100.59 万元；同期成交涉外技术合同 3 419 项，成交金额 279.05 亿元，平均每份合同成交额 816.17 万元，涉外合同成交价格是国内合同的 8 倍。

三、环节缺失导致价值链断裂

技术价值的实现要走一条"技术—小试—中试—产业化"的完整过程，这条价值链具有明显的阶段性和逐级放大的特征。而随着技术的复杂程度增加和社会分工的细化，这条技术价值链的四个环节由原来的单个主体完成，逐渐演变为由专业性的不同主体来完成。一般来说，技术只有经过小试、中试过程从而形成原型产品后，其使用价值才能明确，交易起来才更为容易。但在我国，由于小试、中试环节的缺失，导致了技术价值链的断裂，从而严重制约了技术交易的活跃程度。

四、激励机制缺失导致积极性缺乏

尽管我国的《专利法》对公共财政投入所产生的科技成果的所有权进行了明确的界定，国家以及相关政府部门也出台了一系列激励科技研发人员进行激励转化的法律和政策性文件，但由于这些法律法规缺乏可操作性，科技人员很难分享到技术成果产业化收益，对科技成果转化的促进作用并不明显。如何理顺政府、研发机构以及研发人员三者在技术成果转化过程中的收益分配机制，将是激发科技人员转化科技成果的积极性的关键因素。

五、交易环境远未成熟

与技术转化相对顺畅的发达国家相比，中国技术交易市场存在的最基本的不足，就是交易环境的不成熟。

首先是法制环境的不健全。尽管我国的技术市场在近三十年的发展中取得了很大的成就，但技术市场的法规体制建设却严重滞后，除《中华人民共和国科学技术进步法》《中华人民共和国促进科技成果转化法》等基本法律外，尚缺乏针对规范技术市场主体、客体、交易行为以及保障促进技术市场发展的专门政策法规性文件。全国各地的技术要素市场存在监管不统一、交易行为不规范、政策落实不到位等诸多问题，严重制约了技术要素市场的健康发展。

其次是技术市场的信用缺失。市场信用是技术交易有序化的基本保证，技术交易的高风险性和长周期性，让信用在技术交易中显得尤为重要，而目前我国的技术市场中却恰恰存在严重的信用缺失问题。技术市场信用体系不健全，使得我国技术合同普遍存在履约率低的问题，据相关数据显示，国内技术市场最高履约率不超过65%。

最后是技术中介机构不发达。市场中大量合格技术中介机构的存在，是促进技术成果加速转化的重要环节。我国技术市场中的中介机构发展水平很不平衡，且存在职能交叉、结构不合理等诸多问题，缺乏从事技术评价、代理、融资及市场调查等方面专业机构。相当多的中介机构存在服务手段落后，服务能力不强，商业信誉差等问题。从事初级、单一中介业务的人比较多，而参与系统、深入业务的人相对较少。

此外技术交易的网络也尚未形成。在技术交易已成气候、亟须建立全国统一大市场的今天，我国技术市场面临的基础建设滞后问题日益显现。由于地区封锁、条块分割、政出多门等弊端，至今尚未在国家层面上建立起全国统一规范的技术交易信息服务平台；交易过程中的信息不对称现象十分严重，增加了技术交易中的人力与物力消耗、极大增加了交易的时间与成本。所有这些问题的存在，都严重制约了我国技术市场的发展，阻碍了技术进步的实现。

4. "天、地、人"要素的聚合

——技术交易思考之三[①]

中国技术交易所的成立，是当天时、地利、人和等条件积累到一定程度时，由市场各主体间合作所构建的一个创新产物。它的出现，实际上是中国的技术进步和产业升级达到一定阶段后的内在需求；这一轮以金融危机为表征的全球性经济结构调整，则是促使中国技术交易所成立的外在诱因。

经济改革走到今天，政府和许多企业都已主动或被动地意识到，以前那种靠低成本、高耗能方式获得的经济增长已然走到尽头，必须加以改变，走一条依靠技术进步的路子。身在市场可以清晰感受到：企业对技术的需求在明显增加。这些需求包括大企业的技术集成需求和中小企业的技术突破需求等。显然，无论何种需求都反映着企业发自心底的渴望——原来那种低层次技术不行了，需要升级，需要突破。政府之所以能协调各方，在这样一个时间点上建立中技所，就充分反映出市场对这个平台的强烈渴求。这是一个内因，也是促成中技所产生的"天时"因素。

再来看中国技术交易所的选址。把中技所放在中关村，也有它的良苦用意。北京是中国最大的技术原创产地和资源最集中的技术集散地，仅上年，全国技术合同交易量就有近40%发生在北京，而这些成交额

[①] 原载于熊焰新浪博客，2009 - 09 - 07，http：//blog.sina.com.cn/s/blog_ 504183620100f5vg. html。

中又有近七成是发生在中关村。正是鉴于中关村在全国市场中的这种地位，今年3月，经国务院批复，中关村园区成为了我国第一个国家自主创新示范区。由此就不难理解把中国技术交易所根植在此的缘由：它与北京特定的资源禀赋有关，也与北京的城市功能定位和城市发展战略相契合，在这块土地上设立全国的技术交易中心，不但符合北京的战略功能定位，也有利于平台在全国市场中的功能发挥。这是中技所的"地利"所在。

技术市场经过这些年的发展，人们也逐渐明白了这样一个道理：搞科技创新不能单打独斗，必须发挥协同作战的作用。以往的科技创新，基本上是各机构分头作战，各自都在一个闭环中寻求突破——科委盯着研发，知识产权局盯着专利，园区管委会盯着企业，技术的开发者、应用者与资金提供者各自为战，这种技术主体脱节的问题长时间困扰着中国技术市场的发展。如今大家都意识到这些问题的存在，于是各方机构坐在一起，在政府的撮合下共同合作，搭建起一个体制创新、组织创新的新平台——中国技术交易所。所以，中技所是跨部门、跨区域、跨所有制、跨领域搭建起来的一个全新模式平台。它的诞生，是市场中的各主体在相互妥协的情况下实现合作的结果。这就是组建中技所的"人和"因素。

"天时""地利"与"人和"的实现，让组建中国技术交易所的内因条件获得了成熟；而本轮经济危机所形成的经济结构调整，又成为推进中技所前行的外在动力。

国际金融危机的爆发，让中国的对外出口遭受严重打击，为了保持我国的经济增长速度，扩大内需成为一个必然选择。而促进内需发展势必要实现产业升级，这就需要技术进步的推动——造新型电站需要新技术、发展高速列车需要新技术、制造清洁能源也需要新技术，我们要振兴的十大产业，无论哪个产业都需要有技术力量的支持，一个缺少技术支撑的产业，它的升级和振兴显然是一句空话。

但是,我们所亟须的这些技术将从何而来?又如何将它们应用到产业中去?——中国技术交易所的设立,也是奔着这个主题去的。

中国的技术市场经过多年发展,已具有了一定的规模,市场中的各类中介机构也有很多。但总体地说,这些机构采取的都是单向的业务发展模式——为市场中的技术供需双方提供一些简单服务,其业务只有技术服务这一个维度。

中国技术交易所则采取了差异化的功能定位,它不同于传统中介机构的单向业务模式,而是基于三个轴向的立体发展模式。

第一个轴向是传统的"技术"维度。中技所在这方面的定位,是做中国的"技术大超市":一方面,在挂牌的技术项目上要实现"品种最全",成为中国技术市场上的"沃尔玛";另一方面,这种挂牌项目信息要实现迅速传播,通过各种披露方式和链接方式,在有效时间内遍及市场每一个角落。

此外在这一业务维度中,中技所不但要实现技术的"全"和"广",还要实现技术的"专"和"深"——技术信息的传送必须有专门的针对性,我们没有必要把一个农药的技术告诉给纺织业界,这种信息的投放必须高度有效,能够马上激起目标群体的关注兴趣。为了实现这一目标,中技所会在不同技术领域和不同专业机构进行深度合作,这种合作可以是基于互联网资源共享的架构基础。这就是中技所业务维度中的"X 轴"。

第二个轴向是"产权"维度。技术产权化是技术商品化、技术产业化的前提基础。

作为一种特殊商品,技术消费的特殊性在于:独立的技术并不创造价值,它必须转移到产业中去才能产生出价值,技术消费不是即时消费而是滞后性消费,这是技术商品的价值规律。此外技术商品还有一个独特之处:只有"新"的技术才具有市场价值。因为一种技术只有具备"新颖性"的特征,才能获得专利权保护;而失去专利保护的技术,人们则可以任意无偿使用。所以一种技术商品要想让消费者甘于出钱购买，就必须满足"新"的要求。

尽管技术商品的这种独特性对研发而言是一个必备前提，但它也给日后的市场开拓带来了麻烦——技术的"新"意味着一种不确定性，意味着市场风险。对于市场的投资者而言，这种不确定性最终可能导致巨大的投资损失。一项新技术在产业化过程中，它的资金投入量会呈阶梯性放大态势：研发前期，对一项技术的投入可能只有十万元、几十万元；而到了中试阶段，资金消耗就会达到百万元量级；等到市场化阶段之后，资金投入就需要千万元甚至上亿元的量级。这种资本投入阶梯性放大规律，决定了技术商品在产业化过程中将会面临着巨大市场风险。而正是由于这种产业化风险的存在，也进一步把技术的产权化问题提上议事日程。

产权是什么？产权是要素的凝结、升华、抽象与虚拟化。要素是什么？技术是要素，货币是要素，劳动力是要素，生产资料等也是要素。这些要素在彼此相凝结后，形成了一个新的经济范畴，这就是"产权"。单一的要素并不创造财富，只有多种要素相结合，才能创造出价值。故此，所谓的"技术产权化"，就是把技术先与货币耦合起来，让技术变得可估值，即实现"技术货币化"，在此基础上，让货币化后的技术再与人、与生产资料相结合，进而形成一个全新的经济类型——产权。所以技术产权化的过程，也就是让技术与其他要素相结合产生新价值的过程。

如果我们把技术比作一个有机体组织的躯干，那么产权就相当于这个有机体的心脏。产权问题解决不好，犹如有机体的心脏出了毛病一样，整个组织的运行功能就会出现紊乱。中国的技术市场之所以多年来进展缓慢，一个很重要的原因，是没有解决好技术产权化问题。

在发达国家中，技术创新的主体一般都是企业。而我国目前却仍是以高校和科研院所作为技术研发的主体，企业大多只是技术成果转化的受体。在这种科研体制下，往往就出现管投资的政府部门不管研发，管研发的高校院所不管产业化，而管产业化的企业则对技术的投资和研发都无法制约等诸多不合理现象。研发成果的产权归属为国有，并未考虑到链条上其他环节的利益，尤其是科研当事人的利益。对于那些科研员来说，既然不能分享到技术产业化的收益，也就无法调动起他们对技术研发的积极性，这种体制下研发出的技术，其产业化效果当然不尽如人意。

所以，中国技术市场中的问题表面是反映在技术产业化上，根子却在于技术产权化问题没有解决好，整个组织的心脏环节出了故障，这才导致后面的技术产业化过程受阻。

5. 技术市场的解放之路

——技术交易思考之四[①]

中国技术交易所一个极为重要的任务，就是要厘清技术产权化过程中的各种关系，解决好技术确权问题，从而推动技术产业化、商品化的进程。

从当前市场发展现状来看，首先需要推动解决的，就是科研机构的股权激励问题。

理论上，科研机构的技术成果尽管是由政府投资形成，故把产权归为国有也无可厚非；但也应该看到，一项技术成果的诞生，其中也有研发机构的协作贡献和科研人员的个人劳动贡献。以往由于并不重视对这两类贡献的计量，从而束缚了科研机构与个人在技术研发与转化过程中的积极性。经过长期的实践与试错过程，政府也开始直面这个问题，目前在中关村国家自主创新示范区内，已开始开展股权激励试点工作，对园区内的科研试点单位和作出贡献的科研人员进行股权和分红权激励。但这一工作刚刚起步，并无规程可循，虽然政府也曾出台过鼓励科技成果转化的政策，但由于缺乏可操作性，实施效果并不明显。这就为刚刚成立的中国技术交易所留出一块施展拳脚的广阔空间。

在"产权"轴向上，中技所的工作不只停留在为产权交易的表层，而是深入内里，介入到项目的源头，梳理从研发到产业化全过程中各当

---

① 原载于熊焰新浪博客，2009 – 09 – 14，http：//blog. sina. com. cn/s/blog_ 504183620100f8uw. html。

事人对科技成果的贡献情况，进而确定不同主体间的权益配比。

如针对一个需产业化的技术项目，中技所会在该项目估值前，先行确认它的研发团队的权益贡献，根据贡献大小来确定其在技术成果中占有的权益。假定权益贡献认定为 25%，那么日后如果该项目在市场交易中实现了 1 000 万元的收益，研发人员就会获得 250 万元的相应回报。不同行业的技术项目，科研人员所分得的权益比例也是不同的——做芯片研发的团队获得的技术权益可能会超过从事新能源技术开发的团队，这些就要视其具体贡献情况而定。

此外，随着中技所在产权轴向上的业务深入，科研团队除可在技术研发上获得股权激励外，还可以进一步获得技术的"产业化期权"。仍以上个项目为例：为了激励研发团队走完技术产业化的全程，可以进一步完善股权激励设计体系，使该团队除在技术研发阶段能够获得 25% 的权益外，还可在产业化阶段获得另外 5% 的产业化期权，从而充分调动科研团队的参与积极性，增大技术产业化、商品化的力度。至此，技术确权工作才算完成。

这项工作对中国技术市场而言实际上具有"划时代"的意义，如果能把它做好，会在中国技术界中掀起一场宏大的"产权革命"！规模堪比当年农村的"土地革命"——从"土改"到"联产承包"所带来的巨大效应！

解决了确权问题后，中技所将进一步介入"技术入股"的工作领域。

尽管目前的《中华人民共和国公司法》规定无形资产、知识产权可以入股，但是操作性较差。中技所正在做这方面的规划设计，并与北京工商局探讨可行的实施方案，下一步会在中关村园区先行先试。

具体工作开展中，中技所会充分发挥自身优势，通过各种方式提升技术作价入股的操作性。同时，一个项目在实现了技术入股后，还可进一步提供其他附加服务，如股权托管、分红服务等。

假设有一个技术许可权入股的项目：被许可的企业承诺给技术许可人20%的分红权，可以每年参与分红，这时技术提供者就可以把他的这个分红权托管到中技所，让中技所帮他每年去"收债"。显然作为专业机构，中技所由于背后有庞大的律师、会计师队伍做支撑，那个被许可企业是很难通过账面作假来"糊弄"交易所的，20%的分红会一分钱不少地被收回来——但对于技术许可者而言，这却不是一件轻松的事，作为科学家，技术发明人，他们对企业财务报表却不一定在行。

这就是中技所沿着它的"产权"轴向拓展的一系列服务。

中国技术交易所的第三个轴向是"交易"维度。如前面的类比：我们把"技术"比作有机体的躯干，而"产权"是有机体的心脏，那么"交易"就是有机体的灵魂所在。

交易是技术实现产业化、商品化的根本途径，是把技术这种无形资产转化为现实财富的手段。没有交易，技术只能是一种潜在的财富，无法实现它的货币化和资本化，无法成为可以入股的资本，无法转化成为生产要素，最终也就无法变为推动社会进步的动力。技术产权化的目的，从根本上也是为了促进交易的发生。从市场角度看，交易的实现可以看作是一项技术发明的归宿所在。

但交易的实现并非易事。中国技术市场发展这么多年，根本目的就是为了促进技术交易的发展，但进展并非一帆风顺，由此才有了中国技术交易所，它承担着一种使命和责任。

在"交易"发展轴向上，中技所会充分汲取它的母体——北交所的营养，在借鉴产权市场的成功经验模式基础上，发挥自身的优势走出一条新路。目前，中技所已将北交所的知识产权交易中心业务全盘接受，这为以后的工作开展打下基础。

从某种意义上看，"交易"只是一个结果环节，而交易所的功能，就在于促成这种结果的发生。所以中国技术交易所的作用，就在于为交易"搭桥铺路"，把束缚交易的各类因素都排除出去，把促进交易的各种要素都吸收出来，这样交易自然会水到渠成，中国的技术市场就会得以"解放"。

正如本文前面所提到的一样，许多在看似是市场表面出现的问题，根子其实是在内里——表面上是技术产业化没搞好，根子其实是技术产权化问题没解决好。所以中技所的任务，就是要挖掘技术交易表层之下的病理根源，对症给药，从根子上解决"技术交易难"的问题。

中医有句行话，叫"痛则不通，通则不痛"，运用到技术交易中也是如此。一个技术项目的交易之所以不能实现，一定是它在整个交易链条环节中有"不通"的地方，中技所的作用，就是要按照资本市场规律，打通技术与人、技术与资本、技术与产业间的联通关系，达到"通则不痛"的效果。

具体实现手段上，中技所会根据技术交易规律，从市场发现投资人、市场发现价格原则角度入手，发挥交易所在信息披露、资源对接、竞价与结算等方面的功能，借鉴科技部和知识产权局等已有的技术价值评估体系，结合市场经验，通过市场机制为技术找到最佳买主；充分利用会员制优势，通过会员为技术交易双方提供一对一的专业服务；发挥资本市场力量，促进技术与国资、民资、外资、PE 等不同类资金的结合，实现技术与金融的融合；此外更为重要的一点，中技所将充分利用中关村自主创新示范区"先行先试"的政策优势，从制度创新角度入手，解决像股权激励、技术入股等以往传统技术市场中难以突破的制度瓶颈问题。

6. 科技型中小企业投融资的"中关村模式"

——基于"产权链"工程的融资探索[①]

产权是要素的抽象和升华，是企业的价值中枢和现代工商文明的基石。对科技型中小企业来说，由于其固定资产比重偏低，由产权等构成的"软资产"成为企业的核心价值所在。2010年，中关村年销售额500万元以上的科技型中小企业约有13万家，普遍存在银行信用和可供抵押的固定资产不足等特点，导致企业融资困难，发展受到限制。因此，把握中关村园区国家科技金融创新中心的定位，在中关村科技金融创新联盟的协调支持下，由中国技术交易所、北京金融资产交易所和北京股权登记管理中心等联合，探索把该类企业的产权"管起来"，实施"产权链"工程，使企业的无形资产尤其是知识产权"外化"和"金融化"，为投资人提供具象的资本品，并组合若干种金融产品对接这些"管起来"的产权，打造科技型中小企业融资的"中关村模式"，实现科技与金融在更高层面上的协同和贯通，助推科技型中小企业的发展壮大，具有划时代的意义。

① 原载于曹和平主编：《中国产权市场发展报告（2010—2011年）》，社会科学文献出版社，2012年1月，第43–50页。作于2011年。

一、科技型中小企业的特征

（一）轻资产

科技型中小企业的创业大都基于某项科技创新或者科技成果，发展初期急需资金支持，且具有资金需求急、频率高的特点。但在现实中，囿于企业自身规模小，社会信誉度不高，企业除了拥有知识产权或者专利外，可用于贷款抵押的实物资产几乎没有或很少。而知识产权的价值又难以准确量化，同样的一份知识产权在不同企业的价值可能有天壤之别，这使得大量的银行资本和风险资本游离于这类企业之外，不敢贸然进入，企业即便获得融资支持，付出的成本也会非常高。

（二）高风险

科技型中小企业始终面临着静态和动态两类风险。从静态的角度看，有新产品的研究开发风险、生产风险、市场开发风险、创业的经营管理风险、企业的发展风险等，这些风险处于企业发展过程的不同阶段，不同的风险对企业的影响也有所不同。从动态的角度看，科技型中小企业的风险突出表现在，风险具有开放组合特征，而风险带来的收益具有期权特征。静态风险与动态风险的相互交织，进一步放大了风险，对企业的持续健康经营造成不利影响。

（三）高回报

科技型中小企业的创业过程是将科技价值转化为经济价值的过程，随着企业的发展，其经济价值不断凸显，企业潜在的经济价值被发现得越充分，未来的收益也就越大。这类企业一般通过两种方式回报投资者：一是上市，即通过证券市场公开发行获得高额收益；二是股权转让，即通过企业并购或股权回购等方式退出。无论哪种方式，企业创业一旦成功，对投资者的回报都是十分可观的，这也是由科技型中小企业的知识产权具有股份期权化的本质特点决定的。

二、"产权链"工程的内涵

（一）"产权链"工程的内涵

产权作为经济所有制关系的法律表现形式，有着特定的存在状态，包括产权形成、产权运营、产权流转、产权重构等。这些紧密联系、相互隐含和切合的状态，构成了产权的动态变化过程，我们称之为"产权链"。

科技型中小企业的"产权链"工程就是以企业的股权管理为核心，以产权登记和产权质押为着力点，以信用增级为动力，把企业的产权特别是企业的无形资产中的知识产权"管起来"，沿着登记确权、托管外化、动态估值、股权质押、产权处置等产权链条进行管理，使企业的产权和知识产权外化、显值化和金融化，为投融资双方的对接提供实实在在的抓手，增强科技企业的融资能力（见图1）。

（二）"产权链"工程的五大着力点

1. 构建科技型中小企业数据库

收集、整理、保存中关村年销售额超过500万元、具有合理商业模式并已度过危险期的成长性企业，在"云服务"平台上，建立相应的企业数据库，基本内容包括企业的基本情况、资产构成、管理团队、财务和信贷记录、专利等。在此基础上，实现企业基本的注册信息、经营状况、财务状况以及各类资格、认证情况的查询，满足投资人对企业价值的基本判断；实现企业定期对财务信息进行更新，动态追踪企业发展

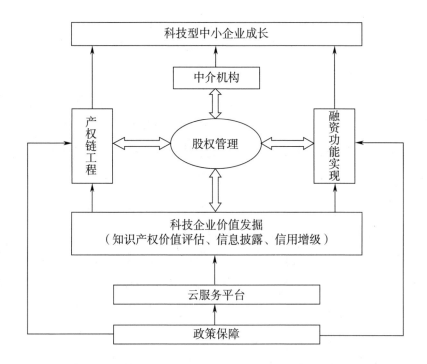

图1　基于科技型中小企业"产权链"工程的融资实现机制

状况，缓解融资市场信息不对称状况，提高企业与投资人的对接效率；实现对企业信息进行多条件综合分类查询以及排序的功能，方便投资人快速搜索意向投资企业；与银行、保险、信托、基金等各类金融机构实现信息聚集、资源共享。

2. 通过产权确权和登记"硬化"软资产

产权是企业运行的起点和归宿，也是企业的价值中枢。对于大多数科技型中小企业而言，最重要的资产就是其知识产权、管理团队等软资产，通过落实股权激励政策，完善股权结构，明晰企业的产权归属，然后在各级工商局、知识产权局的支持下，由北京股权登记管理中心进行产权登记托管，使产权的内在价值外化，为企业的信息披露、企业增信、产权交易提供依据，实现产权的金融属性。

3. 建立知识产权的价值评估系统

通过建立标准、统一、公开的评估流程和科学体系，从法律、技术和

197

市场三个维度评估知识产权的价值，并在三个维度评估的基础上进行综合估价，解决股权流转过程中知识产权的价值不确定性问题，形成市场化的知识产权价格估值机制，使得交易各方可以利用历史和当前信息对未来产生合理的价格预期，促进价格发现功能的实现。同时，借助专家经验，不断完善和提炼评估方法，通过先进的信息技术构建评估管理模块、评估指标模块、评估权重模块、评估模型管理模块以及系统功能管理模块，形成知识产权价值分析的专家系统，在最大限度借鉴专家评估经验的基础上，形成一个自反馈和循环优化的知识产权评估系统，减少人为因素带来的评估误差。

4. 创建符合中小企业特点的披露模式

对于初创期的中小企业来说，其资金使用、组织架构和税务压力等方面存在诸多问题，这将造成其信息披露成本的高企，也是阻碍中小企业进行信息披露最主要的障碍之一。因此，对于数据库里的中小企业，可按照"企业自愿、适度披露"的原则，依据"好人举手""戴红花"等理念，细分行业、企业成长阶段、信用记录、企业核心科技价值、获奖记录、融资额度、市场前景等指标，建立差别化的分级信息披露模式。同时，根据投资人的投资偏好、投资规模、投资经验建立差别化的信息查询模式，最大限度地尊重中小企业的成长规律，最大限度地降低企业信息披露的成本和客观障碍。

5. 建立科技型中小企业信用评价体系

企业的信用积累和信用评估是影响企业获得融资的重要因素，因此也是"产权链"工程着力打造的内容。在"产权链"工程中，通过前期的产权确权与登记、持续适度的信息披露以及知识产权价值评估系统的应用，本身就可以增加市场信用。此外，由于"产权链"工程得到政府的支持，以及工程的打造者——产权交易所的国有性质，又可以进一步为企业增加信用。在"产权链"工程中，通过信用评价体系将企业分为不同等级，为金融机构投资提供参考，降低投资风险，促进投融资对接的实现，提高投资效率。

三、科技型中小企业投融资的"中关村模式"

（一）"中关村模式"的要点

通过对科技型中小企业"产业链"工程的打造，实现了将产权"拎出来""管起来"的目标，为接下来组合和集成各类金融产品对这些企业提供多种选择的融资支持奠定了基础，我们将这种组合或集成式的融资模式称为"中关村模式"。

这种模式的要点包括：在中关村科技金融创新联盟的旗帜下，组织一批符合一定条件的园区企业加入联盟；在"云服务"平台进行企业信用登记和管理；把一部分企业的产权，特别是知识产权"拎出来""管起来"，提供质押融资服务；组织银行、PE/VC 等各类投资人提供"产品化"的组合金融服务；探索金融产品创新，如私募可转债、选择权贷款等，将当期的投资风险用远期股权回报实现对冲；由政府提供信用，购买中介服务，补偿投资风险等（见图2）。

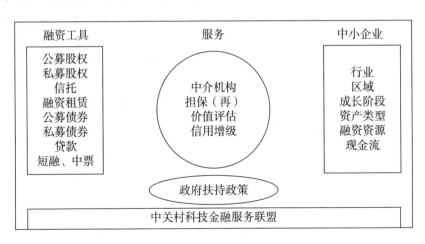

图2　科技型中小企业融资"中关村模式"示意

在这一模式中，中国技术交易所、北京金融资产交易所位居市场中间，集聚各类中介服务机构为左右两侧的金融产品和科技型中小企业提供居间服务，通过现代信息技术进行高效匹配使之达成较低成本的投融资撮合。

对投资方和融资方来说，两者具有高度的差异化特征。科技型中小企业的成长阶段、知识产权核心价值、现金流、所处行业等各不相同，每个企业对资金需要的数量、频率和周期存在很大差异。各类金融产品对投资标的所处行业、成长阶段等有不同的偏好，每个金融产品自身的风险承担能力和投资回报率也有不同的标准和要求，使得双方难以实现低成本的自由对接。"中关村模式"设计理念的核心就是解决这一问题。在实际操作中，我们将科技型中小企业按照一定标准进行分类，首先，打造出多个"融资企业包"。其次，将金融产品根据不同的特点进行优化组合，破除融资短板，打造出多个"融资产品包"。最后，"两个包"基于彼此的标准和要求进行多对多的自由选择，从而找到最优的匹配方式。

从"融资产品包"的打造来看，银行应以其资金实力和风控能力成为这一服务模式的牵头方，与北京股权登记管理中心制定产权质押融资的全部流程和风控节点。PE或VC虽然覆盖面有限，但抗风险能力较强，能够利用综合服务等专业优势，实现与银行业务的协同。其他金融产品诸如担保、信托、债券、中票等也各有特点，也能够成为"融资产品包"的重要组成部分。

目前，中国技术交易所、北京金融资产交易所已经根据上述理念设计出几款产品，并已着手付诸实践。第一款产品，我们称之为"中关村1号"，是"VC＋贷款＋担保"的组合，适用于拥有核心知识产权，刚刚摆脱成长危险期，但成长速度快，信用评级为及格的企业。第二款产品，"中关村2号"，是"PE＋贷款＋担保"的组合，适用于拥有核心知识产权，企业盈利模式稳定，处于稳定的发展期，信用评级为良好的企业。第三款产品,"中关村 3 号",是把融资租赁、VC 和担保组合在一起,适用于拥有核心知识产权、处于扩张期资金需求量大、企业盈利模式稳定,信用评级为优秀的企业。

当然,类似的排列组合还有很多,以上几款产品是对目前已经在中关村园区实施的金融服务的总结、提升和推广,这种以产权质押为基础的金融服务"产品化"将有利于形成流程,控制风险,有利于大银行的介入。

要指出的是,由于企业处于动态的变化之中,所以科技型中小企业融资的"中关村模式"作为一个理念、一个方法论,也处于永恒的发展创新之中,按照这个理念不断探索,不断创新,相信我们将越来越接近于拿到解决科技型中小企业融资难题这把钥匙。

(二)"中关村模式"的五大实现路径

"中关村模式"的核心在于"两个集成、一个撮合"。"两个集成"是指集成融资企业和金融产品,"一个撮合"是指撮合两者达成交易。因此,产权交易所作为市场的第四方,应当围绕这个核心开展工作,担负起聚集交易主体、制定规则、创新产品、规范市场的作用,为资金方、融资方和中介方提供共舞的优质平台。

1. 夯实"产权链"工程

"产权链"工程是"中关村模式"融资的基础,这一工程扎实与否、运行顺畅与否,直接关系到"中关村模式"的效率甚至成败,因此只有夯实这一工程,才能将"中关村模式"的"两个集成、一个撮合"做深做实,创造出更多的金融产品、创新出更多资本组合,为不同特征、不同需求的科技型中小企业提供结构性融资选择。

2. 设计投资风险平衡的长效机制

对投资人而言,由于科技型中小企业在技术上存在不确定性,企业处于幼稚时期,伴有各种经营风险,这造成其当期的投资风险是巨大的。如果投资人只能获得社会平均收益（比如银行贷款利率），那么理性的投资人会避而远之，这是我国以银行间接投资为主的模式难以满足科技中小企业融资需求的深层次原因。中关村园区作为国家科技金融创新中心，应当精心设计科技中小企业投融资风险平衡的长效机制，核心是把当期的投资风险用远期的股权回报来平衡。其关键环节有三个：一是将股权置于登记托管状态；二是 PE/VC 与银行具有长期深度合作和利益分享的机制；三是金融产品的不断创新。目前北京金融资产交易所正在相关部门的支持下，开发私募可转债、选择权贷款等产品，争取近期在中关村园区率先试点。

3. 建立"交易所＋中介机构"的商业模式

在"中关村模式"的架构中，经纪会员机构、担保机构、信用评级机构、审计、会计、法律等中介机构是市场运行的主力军。因此，要鼓励中介机构加盟到平台上来，积极尝试运用"维基百科模式"为企业的发展提供量体裁衣式的免费支持，先期由政府适度付费购买中介服务，待企业融资成功后，中介和平台一起分佣，同时鼓励中介服务费的收取可以用企业的股权来支付，以降低企业融资的现金支持成本。需要特别强调的是，在"中关村模式"构建的前期，要注重培育"科技型企业投资保荐人制度"，引导形成具备相当实力的保荐机构群体，由保荐人为融资企业提供全程专业服务，提高"中关村模式"的专业水准和市场效率，这将是活跃和壮大市场的重要因素。

4. 发起设立系列基金

在"中关村模式"构建的初期，政府各部门的支持必不可少。一方面，应当争取政府设立多品种的引导基金，并吸引企业、风险投资机构和金融机构的广泛参与，为这一模式在探索和实践初期提供强力支撑。另一方面，可以推动政府改变以往将风险补偿、成本补贴直接给予企业的补偿模式，改由把这些支持资金投放在交易所平台上，通过交易所的集成服务功能和市场化机制，更有效地调动各方资源，实现对科技型中小企业的集中支持。如股权激励基金、选择权贷款基金、知识产权投资基金等。

5. 推动金融机构提供优惠政策

长期以来，由于科技型中小企业的特征与金融机构的投资标准难以匹配，造成企业融资失败，而"中关村模式"的出现为双方的顺畅对接提供了平台和机制。然而，这种模式的顺利成长也迫切需要各级政府和监管部门推动金融创新，提供优惠政策。比如，在"中关村模式"的机制下，银行可以对专利权质押贷款出现非主观责任形成不良贷款的，可免予追究相关人员责任，从而消除专利权质押贷款营销调查、审查和审批人员的后顾之忧，使其尽职贷款。再比如，推动银行、PE/VC、小额贷款公司、担保机构等创制专项金融产品，专门投资于使用"中关村模式"融资的企业。

四、结语

科技型中小企业融资难是一个世界性难题，各国政府和相关组织都在努力探索解决之道。通过分析，我们能够知道，企业的融资需求不仅仅靠一种金融服务来实现，还可以通过多种金融服务的组合来实现，基于"云服务"的互联网操作平台，沿着产权链条管理和金融服务两条主线，以产权登记和知识产权质押为两个着力点，以银行为整个风险控制的枢纽，以 PE 作为运作的灵魂，探索科技型中小企业融资"中关村模式"，将是一条现实可行的路径。

第四章
环境能源交易平台建设

1. 借奥运祥云还北京碧水蓝天

——在北京环境交易所挂牌成立大会上的讲话①

北京环境交易所成立后，将致力于成为政府部门推动节能减排和环境保护的有力工具和重要平台。环交所将在不断学习国外成功经验、不断总结自身创新实践的基础上，摸着石头过河，努力为我国"用市场化手段解决节能减排环保问题"铺上一块成功基石，为国家的节能减排、环境保护和经济社会可持续发展贡献微薄的力量。

一、两年筹备结果实

在国家发改委、环保部等部委的关怀和帮助下，在北京市委、市政府的关心下，我们团队两年多以来一直在思考、设计如何用市场化机制推动环境问题的解决，实现环境的改善。2008 年 8 月 5 日，这种努力有了一个阶段性的成果：首家国家级环境权益交易机构——北京环境交易所在北京金融大街正式挂牌。

挂牌场面隆重热烈，国家领导、有关部委领导和市领导出席，中央电视台等媒体大篇幅报道。应该说，环交所的成立，不仅是北京金融发展史上的一项重大举措，也是中国环保事业发展进程中的一件大事，它标志着中国在利用市场化机制推动环境改善方面跨出了实质性的一步。环交所将成为政府部门推动节能减排和环境保护的有力工具和重要

---

① 原载于《中国证券报》，2008 年 8 月 18 日。

平台。

环交所的成立是以科学发展观为指导，落实节能环保、和谐社会等基本国策的重要举措。环交所作为首家国家级的环境权益交易机构，将利用多方面的优势，充分调动市场的力量，确保利用市场机制推动节能减排环保工作，为加快建设资源节约型和环境友好型社会作出贡献。

环交所建立的基础是北京市在这个领域中的自身优势以及我们团队对环境权益市场的理解。显然，在节能减排市场中，北京具有最集中的市场资源优势。首先，北京作为中国首都具有独特的区位优势，且市场要素完整，国际买家、主要中介机构和企业都集中在这里；其次，北京有很好的金融资源，能够支持发展环境权益交易的相关金融衍生品开发；北京市委市政府的高度重视，作业团队与相关国家监管部门的高效率沟通，也是环交所在国内领先的重要条件。最后，人力资源的集中以及北京产权交易所的相关实践经验也对环境权益交易形成很好的支撑。

应该说，这些优势不但促成了全国首家国家级的环境权益交易机构的挂牌，也必然能够帮助环交所在市场化的实践中取得突出的成绩。

二、探索环保市场机制

中国作为发展中国家，现在已经成为了排污排放大国之一。改善环境问题，形成一个资源节约，环境友好的经济发展模式需要行政、法律、经济手段并重。行政手段是引导，法律手段是规制，经济手段是平衡。因为环境的问题本质是发展问题、是经济问题，最终解决还是要靠经济规律，靠市场机制来解决。

市场机制解决环境问题在国际上已经有了相对成熟的经验，比如CDM、美国二氧化硫的解决等，都是用市场机制来解决环境问题很好的例证。所谓环境权益就是企业减少排污、排放形成的权益。不是说排污就可以交易，而是排污的减少作为一种企业权益是可以交易。事实上，这两年中国已经在开始探索排污权、排放权交易，但是这种交易往往处在分散的、信息不透明的状态下，交易链条长、成本高，造成企业环境权益资源的一种浪费。而且由于企业缺乏必要的专业知识，相关环境权益交易产品存在严重的价值低估现象。

在中国这样一个环境权益交易市场潜力巨大的国家，如何建立一个公开、集中的市场交易平台，促进环境权益交易规范化、透明化的进行显得尤为迫切。市场机制的引入就是要引导企业顺应国家政策，促进企业技术转移和产业升级，同时降低环境权益交易成本，提高交易效率，最大限度保护我国环境战略利益，使环境保护和经济发展形成一个良性的互动，形成多赢的格局。环交所作为国内首家专业服务于环境权益交易的市场平台，其首要目标就是发掘环境权益交易项目价值，推进中国环境权益交易的市场化进程，成为国内、国际环境类权益的价值发现平台和市场交易平台。

成立环交所，开展环境权益公开交易，是一种机制创新和服务创新。这种创新必然需要政策、技术、制度等方面的配套，而目前这种配套环境还有很大差距。事实上，市场与环境总是互为因果的，我们的想法就是通过先行的市场探索，逐步促进相关环境、政策、法规的完善与建立。我们希望作为一个积极推进者与促进者，在国家有关部门的监管下，进行审慎但是积极的探索，以求通过若干成功的实践，提炼出其中的规律，来促进政策、法规的出台。

由于在环境权益交易的具体实践方面国内还没有太多经验可循，对于其中的困难和艰辛，我们这个团队已经有了充分的思想准备。我们将在不断学习国外成功经验、不断总结自身创新实践的基础上，摸着石头过河，一步一个脚印地往前趟，努力成为我国"用市场化手段解决节能减排环保问题"的一块成功基石。

三、分梯次推进，碳交易缓行

随着环交所的正式挂牌，相关业务将会分梯次逐步推进。

目前，环交所是在国家应对气候变化领导小组办公室和国家节能减排工作领导小组办公室的指导下，在国家发展改革委、环保部等部委和北京市人民政府的直接领导下开展工作。业务方面，将充分发挥交易所凝聚国内外企业、中介、银行、投行等市场主体的强大市场平台力量，主要在节能减排和环保技术交易、节能量指标交易、二氧化硫等排污权益交易以及温室气体减排量的信息服务平台建设方面发挥作用。

具体地说，环交所的业务策略将在四个梯次上分步展开。第一个梯次目前已经具备了条件，业务资源也比较丰沛，就是节能减排与环保的技术交易。因为北京产权交易所原来就有一些这方面的交易，今后将把这些交易聚集起来，同时跟一系列的国际机构建立合作关系，争取把环交所建成国际的技术转移中心。北京市政府已要求北京所有排污和节能减排交易都必须进入环交所，这对我们来说是巨大的支持。目前，我们已经有逾30宗的项目储备。

第二个梯次是二氧化硫、COD等污染物的交易。目前，这方面的交易我们已经完成了"预研究"。事实上，环交所是国家二氧化硫交易的规则研究参与单位之一，我们的团队在这方面开展了研究，已经初步设计了相关交易产品和交易规则。而且我们也聚集了一批包括中央企业在内的项目资源，希望在一个不太长的时间内，这方面的交易也能开始进行。

第三个梯次是所谓节能量交易，目前这方面的交易已经进入了"预研究"阶段。中国的节能减排指标，"十一五"期间能源节约20%，如果量化成标煤就是6亿吨，需要将这些节能量指标配置到各个省市，量化指标分配到各个大企业。这种情况下，出现发达地区、不发达地区间的配额交易是有可能的。但污染物和节能量交易必须在总量、配额、估值、监测等方面都打通后，才能实现顺畅的交易。

第四个梯次就是在恰当条件下介入碳交易。我们会紧跟国家气候谈判的节奏，在宏观、微观各方面条件成熟时有节奏的探索。目前，碳交易离完全意义上的交易条件仍有很大距离。我们立足于建立信息平台，整合各种资源信息，与各相关机构展开广泛的合作，通过交流学习，普及碳排放权的相关知识，帮助中介机构的成长。

新成立的环交所将实行会员制，由各类专业会员为交易提供各种服务。主要的会员包括四类机构：技术转移机构、排污权交易机构、节能量交易机构，碳交易机构，这里面包括包装的公司、估值的公司等等。目前，环交所的会员规则初稿已经基本上形成了，短期内就会出台，分门别类征召优秀的专业机构，共同来打造这个创新性的环境权益交易市场平台。

北京环交所的成立可以说恰逢其时。就在揭牌仪式三天之后，世人瞩目的北京奥运会开幕了。当那些形似足印、象征着中国前进步伐的壮丽烟火由南向北，跨越过千年古都——北京城时，北京环交所就如同中国前进步伐中的一个小小印记，与绿色奥运一起实践着碧水蓝天的诺言。

大家可以关注一下我们环交所的 Logo 图案，中心部分的灵感就是取自北京奥运会祥云图案，我们也希望借助于这届"历史上最伟大的奥运会"的祥云，把环交所建设好、运营好，为国家的节能减排、环境保护和经济社会可持续发展贡献我们的微薄力量。

2. 用市场机制推动改善地球环境[①]

　　人类在过去的几百年工业化、现代化过程中，几乎是毫无节制地发展着。大量的建立在碳燃烧基础上的工业化进程，极度地污染着空气，污染着水，排放着温室气体。应该说，今天的地球，已经到了十分危险的境地。人类只有一个地球，现在还没有办法去另开辟一个生存空间。如何让我们的后代在这样一个地球上很好的生活下去，确实是人类需要认真面对的问题。

　　究其实质，这是一个环境问题。环境问题主要由"二排"造成：一个是排污，即对水、空气的污染。另一个是二氧化碳排放，今天的工业文明，是建立在碳燃烧基础上的一种脆弱文明形态，所产生的大量的二氧化碳形成了温室气体，如何改变这种危机是人类社会极为迫切的任务。

　　国际社会已经觉醒，采取了一系列的措施来减少排污、排放，如已经有了《京都议定书》。中国作为一个发展中国家，现在也已成为世界排污、排放大国之一。中国的排污、排放，既是我们发展的代价，也是我们发展的资源。中共十七大上提出了"生态文明"，建设资源节约型、环境友好型的社会，这是中国人民和中国政府对于我们中国的发展目标、发展理念的一个升华。

　　历史责任与现实义务应当平衡，经济发展与环境保护应当平衡。在

　　① 原载于新浪网《新浪财经》，2008 – 05 – 30，http：//gov. finance. sina. com. cn/chanquan/2008 – 05 – 30/63173. html。2008 年 5 月 21 日下午，第 11 届科博会高新技术产业金融创新国际论坛开幕式在人民大会堂举行，作者主持论坛并作了主题演讲。此为演讲稿，有删节。

改善一个国家环境问题方面，像刚才丹麦的嘉宾所讲的，要形成一个低碳的生产、生活方式，需要行政手段、法律手段与经济手段并重。行政手段是引导，法律手段是规制，经济手段是平衡。因为环境的问题本质是发展问题、是经济问题，最终解决还是要靠市场机制来解决。

市场机制解决环境问题已经有成熟的国际经验，比如说美国二氧化硫交易、国际上的CDM的交易等等，都是用市场机制来解决环境问题，这是一种好的实践。

所谓环境权益就是企业减少排污、排放形成的权益。不是说排污就可以交易，而是排污的减少是一种企业权益，可以交易。目前我国排污权交易已经开始，CDM项目已经开始实践，但是这种交易分散、低效，信息方面不透明。在这种交易状态中，企业处于不利的位置，交易链条长、成本高，实际上是我们发展资源的一种浪费，是企业价值的一种浪费。现在需要一个公开的集中交易平台，我们应该建设一个全国性公开市场，促进排污排放交易规范化、透明化的进行，降低交易成本，提高交易效率，提高企业环境意识和谈判地位，以市场手段引导企业顺应国家政策，促进企业技术转移和产业升级，最大限度保护我国环境战略利益，使环境保护和经济发展形成良性的互动，形成多赢的格局。

北京市委、市政府高度重视环境保护，包括用市场化的手段来推动改善环境，一直在思考设计在北京设立国家级的环境权益交易平台。北京作为中国首都，具有独特的区位优势，是中国监管机构的集中办公地，市场要素完整，国际上主要的中介机构和金融企业都集中在这里。人力资源非常集中，有利于国际交易的拓展。北京产权交易所长期实践积累的非标准权益交易的经验，构成很好的支撑。

在最近发布的北京市委、市政府《关于促进首都金融业发展的意见》中提出，要积极争取建立气候交易平台，支持北交所探索建设环境交易平台。正在筹建的"北京环境交易所"由北交所代表北京市，与中央相关权威部门合资成立一个公司制的交易平台，最终形成国家级的环境交易中心市场。

我们不仅仅是北京队，更是首都队，也是中国队。我们的业务策略是排污与排放并举，排污先行；技术交易与权益交易并举，技术交易先行。突出国际化特色，与相关机构搭建国际的环境技术权益交易平台，与国际主要的排污、排放交易机构合作，成为国际重要的排污、排放交易中心。

我们近期的业务策略主要包括以下三个方面：

第一，开展节能减排和环保技术交易，像刚才讲到的类似行者集团这样的技术，我们非常愿意为之进行推广，把国际国内先进的节能减排和环境保护技术，通过这个平台推广出去，成为国际节能减排与环境保护技术的中国重要接口。

第二，探索排污权交易，这是主要指二氧化硫和化学需氧量（COD）交易。

第三，在适当条件下用市场方式推进碳交易。我们紧跟国家气候谈判的节奏，维护我们的国家利益，分阶段有节奏的实施。

环境权益是一个巨大的市场，今年全球 CDM 交易额已达到 700 多亿美元。市场空间巨大，且增长迅速，值得关注。

设立环境交易所有很强的探索性。目前，政策、技术、制度等都需要我们进行艰苦的探索，需要各方面理解和支持。北京环境交易所将与服务、咨询等领域内的机构共同合作进行探索。

环境交易技术复杂、政治敏感，我们将立足于中国的环境保护事业，为保护我们的环境做一些基础性的工作，在有关管理部门指导下进行稳健务实的探索，希望大家关注北京环境交易所。

3. 由美国"能源新政" 想到中国新能源产业发展前景[①]

美国的"能源新政"能源环境政策是奥巴马经济刺激计划中的核心内容之一，奥巴马正希望于此着手助推其雄心勃勃的经济刺激计划，在国会赢得更多的支持。"能源新政"大致包含了以下内容。

以降低温室气体排放为重要目标。打算从 2012 年开始对排污排放收费，这是美国政府一个重大的政策转变。美国在《京都议定书》上没有签字，布什政府一直不承诺减排义务。但是，奥巴马政府上台伊始就宣布，从 2012 年起将对美国的排污、排放收费。这一政策可以说是美国"能源新政"的主心骨。将推动大量可再生能源的发展，使能源产业成为美国经济的主导产业，将实现美国各产业的跨越式重大转变。

要建设横跨四个时区的全国统一电网。美国的国家电网系统从二十世纪四五十年代初具规模，到七八十年代稳定下来。但是，这个电网的损耗与维修成本较高。根据目前的数据看来，目前电网的损耗及维修年费用大概是在 1 500 亿美元。因此，美国要建一个覆盖 4 时区以超导电网和智能电网为主的大电网，这个电网要接入包括风能、太阳能等在内的各种可再生能源，要能够进行智能化管理。

加大能源新技术方面的投入。奥巴马政府计划在未来几年投入 1 500 亿美元，用于能源新技术方面的资助。目前，美国包括超导电网、智能电网、太阳能、光伏电池等在内的能源新技术储备充足，这是继信

---

①　原载于《中国经贸》2009 年第 6 期，第 60－62 页。

息技术革命之后，美国技术储备的又一个方向。

刺激混合动力汽车大规模使用。美国政府以减税的办法，每辆车补贴 7 000 美元。因为，混合动力汽车价格会比一般汽车的价格高一点，希望到 2015 年，美国市场上能有 100 万台本土生产的插电式混合动力汽车。

根据美国 2009 年 3 月 31 日公布的由美国众议院提出的《新能源安全法案》，美国将启动立法程序，将发展清洁能源、提高能源效率、减少导致全球变暖的污染排放等内容纳入法律。而美国一旦形成立法，其执行力就会加大更多，政府将通过两种方式，一方面，关上一道闸，企业高排放就要收高额的费用；另一方面，则投入强大的资金进行刺激，进行国家能源战略的拉动。

当然，美国也有一些其他的想法。一个比较典型的案例就是能源部长朱棣文 3 月 17 日说，可能向美国进口的一些产品征收"碳关税"。这是典型的贸易保护思路，借温室气体排放的说辞，利用美国能源政策的变动把成本变相转移到像中国这样的新兴工业化国家。

中国如何应对？中国政府敏锐地看到这个重大的国际背景，国务院副总理李克强 4 月 20 日在广西考察调研时提到，新能源产业正孕育着新的经济增长点，也是新一轮国际战略制高点。当前国际金融危机为新能源产业带来了机遇，要以发展新能源为重要的举措，要以企业为主题，加强政策主导，促进风能、太阳能、水力发电的发展，促进新能源汽车的普及，加快能源设施的改造，推进能源乃至整个产业的调整。

客观地说，中国在应对这一轮经济危机中所出台的政策质量是很高的。但是，在能源政策的排序上却还没有将能源战略的位置排在前面。中国的十大振兴产业规划中有石化产业，但这只是大能源的一个子系统；中国也有一个电动汽车计划，但也只是汽车产业大系统中的一个子系统。中国今天应该将能源战略放到国家战略的高度上去考虑。

过去，工业文明的能源基础都是基于碳燃烧，现在这种方式实际上已经走到了尽头。因为，受到了两个限制，一是能源的有限性，再一个是碳燃烧所产生大量的二氧化碳，从根本上改变了整个地球的大气结构，大气层的二氧化碳浓度急剧上升。有人测算，现在二氧化碳的浓度是400～450PPM，如果过了临界值的话，恶劣气候将会频繁发生，整个人类文明存在的基础将被动摇。因此，防止全球变暖是每个国家都必须履行的职责。

中国国民经济中的各行各业，都与能源发生关联，因而新能源变革中孕育着巨大的机会。根据中国能源发展规划，到2010年，水电使用将达到23%，核电将达到2%，风电将达到7%；到2020年水电将达到30%，核电将达到8%，风电将达到12%。可以看出，核电会有4倍左右的增长，太阳能与风电会有50%的增长。光伏电池产业前景非常广阔。国际上的新能源技术应用，基本上集中在光伏电池上面，中国现在的太阳光伏电池制造水平，在国际上处于领先地位。中国的相关补贴政策比较到位，建设部等部委对太阳能利用的补贴强度非常大。当然，现在使用太阳能的成本还偏高，降低生产成本有很大的空间。

风电产业亟待整合。中国的风电现在称得上是"跑马圈地"，亟待整合。风电产业是集中度很高的产业，现在中国的风电成本大概是在0.5元/度。美国风电价格比中国的还要低，是4美分/度，约合人民币0.28元/度。风电产业有着很好的发展前景。

改造传输环节。中国的电网技术与国外有一定的差距。我们首先应该考虑整个电网对各种可再生能源的接入，要使风电、水电、太阳能发电能够顺利接入总电网。中国的电网虽然不具备一步改造为超导电网的能力，但是，我们在智能化方面进行试点应该是可行的。从原理上讲，应该能做到数网合一，就是送电网、家电管理网、通电网、广播网、电视网都由一个电力线网覆盖，这从技术上讲并不难实现。如果实现了这样一个大的"超级电网"的话，将会对整个中国国家实力提升产生重大作用。

发展电动汽车。电动汽车的核心问题是充电问题，这是一个大体系的建设，在中国也有非常大的应用商机。新型能源的汽车包括混合动力汽车、纯电力汽车、燃料电池汽车等。目前，这几个点都在并行往前推，从发展进程上看，混合动力汽车的突破可能性最大。

启动绿色建筑计划。中国现在大概有500亿平方米的城乡建筑，建筑所产生的温室气体排放将占整个温室气体排放的1/3，而城市空调体系又占据建筑总能耗的50%。建筑节能技术从国际上看应该说已相对成熟，中国后发的机会非常大。在这个时间点上，中国如果能在一些城市中启动绿色建筑计划，将会有巨大的市场。

新的企业评价标准——"碳排放"。这件事很快就会到来，新标准将改变人们的行为。这个指标对企业的影响是巨大的，某些企业今天看来生机勃勃，或许明天会突然死亡，因为碳排放超标了；有些企业，现在看着很弱小，但是明天可能会成为一个巨大的企业，因为顺应了低碳潮流。

如果我们今天还认为美国身处危机、苦不堪言，而没有看到美国已经启动了以能源革命为代表的一场技术革命和制度革命的话；如果我们还认为，中国在这场危机中相对轻松，没有意识到我们在能源战略上可能相对滞后，会是什么样子？如果10年、20年后美国能源革命成功了，将意味着世界会再次洗牌。

从中美两国的发展势态上看，美国能源革命需要中国。过去几年，中美实际上在能源格局中有很大的相似性。在国际上，美国与中国是第一、第二的排放国，二者之间还能相互看。今天，美国突然提出了碳排放的新规则，中国怎么办？

当然，中美两国国情不同，发展阶段不同，美国有打石油出口国的主意，有完善通货的意图等等，中国没有。但是，中国在能源技术革命和制度创新方面却不能落后，大能源产业应该成为中国经济转型的一个主力方向，而不是只注重在石化产业。我们每个人都应该有足够的敏感，因为这关系到我们国家，关系到我们的行业，关系到我们每一个人。

4. 迎接新能源革命^①

人类历史上称得上"工业革命"的共发生过三次：第一次是蒸汽机技术革命；第二次是内燃机与电力技术革命；第三次就是计算机与信息技术革命。每一次技术革命，都推动着人类社会向前迈进一大步。如今，我们人类正面临着第四次工业革命——新能源革命。

我去年访问美国时，心里面一直留存着一个疑问：就是危机下的美国准备如何使自己脱身泥潭？而自奥巴马上台以来在能源政策方面推行的一系列纲领举措，对此给出了答案。

在 2009 年 2 月 26 日美国出台的新财政预算中，公布的 2009—2010 年度财政支出是 3.6 万亿美元，赤字规模达到了史无前例的 1.75 万亿美元。同时奥巴马政府宣布，到 2013 年要把赤字缩减到 5 330 万美元，就是用四年左右时间将赤字大规模缩减掉 1.217 万亿美元！

这是一个很"雷人"的提法，它意味着奥巴马要在四年内如同变魔术般地凭空多增 1.217 万亿美元出来。变魔术还需要道具，奥巴马显然也不能仅凭双手，他也需要靠一个事先准备好的"道具"。随着各种信息的传递，现在这个"道具"的轮廓已逐渐清晰了，那就是"能源新政"。

"能源新政"构成了奥巴马整个执政纲领的中枢，今后，美国政府将展开以新能源应用为核心的一整套国民经济重组计划。它大致包含以下几方面的内容：

---

① 原载于熊焰新浪博客，2009 – 07 – 30，http：//blog. sina. com. cn/s/blog_ 504183620100eni6. html。

一是建立全国统一电网。美国的电网体系构建于二十世纪的五六十年代，年损耗大约是 3 000 亿～5 000 亿美元，维修成本很高。奥巴马政府上台就提出要建立一个覆盖四个时区、以超导电网和智能电网为主的全国统一电网。

二是加大对新能源技术的投入。奥巴马政府计划投资 1 500 亿美元用于新能源技术的研发。

三是从 2012 年开始对美国所有企业收取"排污排放费"。这一政策有可能成为能源新政的一只"定海神针"，会推动大量可再生能源在美国的使用，使美国经济发生跨越式重组。

四是大力推动混合动力汽车的生产和使用。美国政府宣布，将对每台新能源汽车、混合动力汽车补贴 7 000 美元，希望到 2015 年，美国年销售本土生产的插电式混合动力汽车达到 100 万台。

我们可以大致为奥巴马的"能源新政"算笔账，看看美国政府如何来抹平这 1.2 万亿元的赤字，也探一探"奥巴马魔术"的底，看它会不会"穿帮"。

首先，电网的节电收益。美国电网年损耗平均约 3 000 亿美元，如果美国进行电网改造，初期需投入约 1.5 万亿美元，中长期大约需投入 5 万亿美元，这样看，电网投资改造后的 10～20 年就可以回本，显然是一笔非常划算的买卖。

其次，美国对新能源的大规模应用，以及一整套的节能战略推广，会使美国的能源消耗结构发生根本的转变。美国现在的能源主要依靠石油，石油又主要来自中东和南美。美国现在每年石油进口大约会耗费 1 万亿美元，如果通过新能源替代和其他节能办法把石油进口降低 50%，则每年就可以省出 5 000 亿美元的费用。

最后，对排污许可的收费。预计到 2019 年，排污许可收费可能会达到年 6 000 亿美元的规模。

美国政府还可能获得一块"或有收入"——"碳关税"。美国新任能源部长朱棣文曾在一次讲话中提到："能源新政"会抬高美国企业的运行成本，美国政府要对没有履行减排义务的发展中国家企业加收"碳关税"。这一举措最终能否实施尚不可知，故这一费用也不好测算，但一旦开征，将是很大的一笔收入。

能源新政对美国政府而言还有更深一层意义，"醉翁之意"不在酒，"新政之意"也不只在解决财政赤字问题上，奥巴马可能会通过新政来改变目前美元体系面临的困境。

自布雷顿森林货币体系垮台，美元与黄金脱钩以来，美元发行一直处于一种不受节制的状态，这种以纸币为基础的单一通货体制，存在着巨大的缺陷，当前蔓延全球的金融危机就是其后果之一。为此周小川也曾在 G20 会上提出：要建立一个以 IMF 特别提款权为基础的"双货币体制"。但美国人当然不愿意这么做，他们或是在另辟蹊径——另外设计出一种能与美元等量齐观的通货："能源量"，从而形成有利于美国经济的双通货体系。

能源作为一种人类生活的必需品，现在已具备了"通货"的一些基本特征，在理论上已可作为计量工具、支付手段、偿债工具，因而"能源量"就有可能被塑造成为一种新型货币。美国人可能希望以后的世界经济能够实现双轮驱动：在依托使用美元纸币这个轮子的同时，还要依托"能源量"这个新轮子。

今天的人类正面临着"第四次工业革命"，而此次工业革命的宗旨，就是要大量创造出新的可再生能源。过去以碳燃烧为基础的工业模式已走到了转折点，必须改变。美国已启动了能源革命的按钮，客观上就要求中国也要迅速跟上，加速新能源革命的进程。

中国政府也正在积极采取着相应措施。李克强副总理曾在 2009 年 4 月 20 日的一次讲话中指出："新能源产业正孕育着新的经济增长点，也是新一轮国际竞争的战略制高点，当前国际金融危机为新能源产业发展带来了机遇，要把发展新能源作为应对危机的重要举措。要加强政策引导扶持，促进风能、太阳能、生物质能发展，推动新能源汽车、节能建筑和产品的广泛应用，加快用新能源和节能环保技术改造传统产业，推进能源乃至整个产业结构的调整。"中国新能源振兴产业规划也显示：政府已经把能源提高到国家战略的层面，开始投入力量引导推动。

对今后的中国而言，新能源革命的第一项要求就是"新能源"的导入，如风能、水能、太阳能、核电等。在新能源规划中，政府对新能源使用做出了重大安排，将投入 3 万多亿元人民币来推动新能源的发展。

二是能源的传输。能源一个重大的难题就是传输问题，中国应该尽快进行智能电网的建设。智能电网要满足各个可再生能源的接入。

三是中国的能源传送网络要满足"一网多道"的要求，把送电网、通信网、数据网、电视网合一，这将极大地提升中国整个社会的智能化水平。

四是加快新技术的突破。新技术包括二氧化碳的捕捉与封存技术、清洁煤技术、减量化技术、再利用技术、资源化技术、生态恢复技术、储能技术等。储能技术的代表就是电池，发展电动汽车最核心的问题就是电池充电问题；还有一个重大的应用领域就是建筑，中国应在全国一些城市中启动绿色建筑计划。

还有最重要的一点，就是要用经济机制来推动新能源革命。节能减排抑或降低温室气体排放，主要都需要靠经济的手段。那些肆意排放者应该加以惩罚，那些投入成本降低排放者，则应给予补偿，这是用经济机制来节能减排的一个道理。

当前态势下，"低碳社会"呼之欲出，一个新的国际标准——"碳标准"即将出现在社会大众面前，未来社会的所有经济行为都会以低能源消耗、低温室气体排放为其衡量标准，这个标准将是继联合国宪章和 WTO 之后的全世界的一个新的规章，那些顺应了低碳潮流的企业也将因此而受益。

　　如果现在我们还认为美国是身陷危机之中，而中国相对轻松，没有意识到美国已经启动了新能源革命，中国就在起点上落后了。现在中国的能源战略升级已成为政府的重要决策，中国的新能源产业规划已经开始启动，统一的碳交易市场也将在不久的将来形成，如果每个人都能顺应这一潮流，未来的世界一定会更加美好。

5. 中国减排：行动的困难与希望[①]

——在纽约"中美低碳经济会议"上的演讲

在过去两年中，人类经历了前所未有的经济危机，但与 1930 年那场大危机不同的是，这一次世界各国紧密联手，出台了高达 3.1 万亿美元的经济刺激计划。现在看来，复苏的种子已经萌发。我们来到纽约欣喜的看到，她依然充满活力，还孕育着新的生机。这个机会是什么？就是低碳时代的转折。以新能源为代表的低碳经济是美国的机会，是中国的机会，也是全世界的机会。

2009 年 7 月，中美两国在首轮战略与经济对话上草签了"关于加强在气候变化、能源和环境方面合作的谅解备忘录"，这标志着中美在上述领域全面合作的序幕已经拉开。合作是多层面的，借此机会，我作为一名中国民间人士讲三点看法。

一、中国已经采取切实有力的节能减排行动

先从我身边的案例说起。最近，北京市园林绿化局推出市民自愿"碳中和"活动，在机场、商场、公园等人群密集的地点设置碳补贴服务点，帮助市民更方便地认购碳汇，出资 1 000 元的机动车车主，将获

---

① 原载于新浪网《新浪财经》，2009 - 09 - 25，http：//finance. sina. com. cn/hy/20090925/16466794844. shtml。2009 年 9 月 21—25 日，由纽约 - 泛欧证券交易所集团、BlueNext 环境交易所、北京环境交易所、中国国家发改委能源研究所、美国环保协会等联合发起举办的"中美低碳经济会议"在纽约召开。作者在会上作主旨演讲，此为演讲全文，有删节。

得一年的绿色出行车贴，认购款进入中国绿色碳基金，用于在长城脚下植树。2009 年 8 月 5 日，我们北京环境交易所完成了中国首笔自愿碳减排交易。天平汽车保险股份有限公司作为绿色社会责任的践行者，购买奥运期间北京绿色出行活动产生的 8 026 吨碳减排指标，用于抵消该公司自 2004 年成立至 2008 年底运营过程中产生的碳排放。这两个鲜活的例子，说明中国自愿减排的意识在悄然萌发。

这些年，中国政府高度重视应对气候变化问题。2007 年，成立了国家应对气候变化领导小组，由温家宝总理担任组长，国务院发布了《中国应对气候变化国家方案》，"十一五"规划明确提出了"节能减排"目标和定量指标。与此同时，节能、新能源和环境领域的法律法规得以通过或修订。此外，还采取了一系列调整经济和产业结构、优化能源结构、节约能源、提高能效、发展可再生能源和核电、植树造林等的政策和措施。

为确保节能减排目标，一批大型企业积极推进设备升级与技术改造。国家还强制关闭了一批高耗能、高污染的小钢厂、小水泥厂、小电厂、小煤矿，数量达数万家，资产数百亿元，数十万工人因此失业。

这些努力没有白费，我们在"十一五"前三年，全国单位 GDP 能耗累计下降 10.1%，相当于节约 3.13 亿吨标准煤，少排放二氧化碳 7.58 亿吨。中国的减排努力和减排成就同世界上任何一个国家相比都不逊色。对此，国际社会应该给予认可。

二、中国减排的现实困难

作为一个发展中国家，中国人口众多，占世界人口的 21%。人均年收入只有 3 000 多美元，还有 1 500 万贫困人口，正处于工业化、城镇化加快发展的重要阶段，发展经济和改善民生的任务十分繁重。

中国气候条件复杂、生态环境脆弱。1999—2008 年，中国发生自然灾害 252 起，死亡人数 1.13 万人，受灾人数 10.48 亿人，经济损失高达 750.49 亿美元。根据 IPCC 的报告，一旦全球气候变暖超过临界值，发展中国家的损失将最为严重，而中国是最易遭受气候变化不利影响的国家之一，适应气候变化的任务十分艰巨。

我打过一个比方，国际社会是一个大家庭，欧洲、美国等发达国家，经过了长期发展，经济和社会形态都已经高度成熟了，好比五六十岁的老人家。他们不干重活，技术先进、能耗很低，70% 的排放都来自消费部门。而中国是这个国际社会大家庭中的壮劳力，20 来岁小伙子，干得多，自然吃得多。我们还不太富裕，处在成长发育的过程，吃的是粗粮，以煤为基础，因此排放自然就高，而且主要集中在工业部门，减排压力和难度远远大于发达国家。所以，国际社会要求发展中国家承担减排责任，就必须要提供相应的帮助，帮助年轻人改变膳食结构，提高作业技能。否则又要发展中国家加工制造，干重活，又不允许发展中国家增加排放，这在经济和道义上都是讲不通的，也不利于解决实际问题。特别是美国，应当在清洁能源技术及资金方面对中国给予更多的支持和协作，这也符合中美双方在应对全球气候变化、发展清洁能源、保护环境、确保能源安全等方面拥有的共同利益。

说到这里，让我想起 1943 年抗战期间宋美龄女士应邀在美国国会发表的那场著名演说，她把中国人民奋力抗战的情况，生动地介绍给美国国会和美国人民，极大拉近了中美两国人民心灵的距离。美国政府随后加大对中国的援助，民间捐助急剧增加，促使抗日战争尽早获胜。同样，今天摆在我们面前的，是和平年代的共同敌人——全球变暖和气候变化。危险已经迫在眉睫，需要我们破除国界、种族和文化的界限，齐心协力共同应对。正像宋美龄女士所说的，"如果中国人民会用你们的语言与你们说话，或是你们能了解我们的语言，他们会告诉你们，根本而言，我们都在为相同的理念奋战"。

三、中国减排的希望及我们的思考

与所有面向未来的负责任国家一样，中国政府和人民正在积极应对气候变化。近期，有几个重要的政策信号。2009 年 9 月 22 日，胡锦涛主席在联合国气候变化峰会开幕式上指出："中国从对本国人民和世界人民负责任的高度，充分认识到应对气候变化的重要性和紧迫性，已经并将继续坚定不移为应对气候变化作出切实努力。""加强节能、提高能效工作，争取到 2020 年单位国内生产总值二氧化碳排放比 2005 年有显著下降。"国家发改委副主任解振华 8 月 24 日向全国人大常委会报告关于应对气候变化的工作情况时介绍，下一阶段的重点工作将是研究制定《关于发展低碳经济的指导意见》，从中国国情和实际出发，开展低碳经济试点示范，试行碳排放强度考核制度，探索控制温室气体排放的体制机制，在特定区域或行业内探索性开展碳排放交易。随后，全国人大常委会通过了关于积极应对气候变化的决议。这些都表明，中国对于应对气候变化问题的坚定态度和扎实部署。

在全球变革的背景下，中国加快低碳经济转型势不可挡。我代表北京环境交易所，讲一点有关加快中国碳排放权交易市场建设的思考。

第一，尊重经济规律，推动经济的低碳转型。

气候变化与减排本质上是一种全球性公共品，要由各个国家政府来提供。人类排放的二氧化碳的 80% 左右是发达国家所排放的。发达国家从历史排放、人均排放和责任能力上讲都应该对发展中国家进行转移支付。这是国际气候合作的基本前提。

技术进步是解决气候与减排问题的根本途径，无论是太阳能、风能等可再生能源的开发、智能电网的建设，还是电动汽车，节能建筑的应用都离不开技术的突破。中国的能源效率是美国的 1/3，是日本的 1/6，差距也主要在技术上。发达国家要向发展中国家提供技术支持。

要改变消费模式，美国式的高消费已经走到了尽头，美国人住大房子、开大汽车，冬天室内像夏天一样热、夏天屋里冰凉。占全球总人口4%的美国消耗了全球25%的能源。如果中国也像美国这样消费，地球还有明天吗？

第二，循序渐进建设中国排放权交易市场。

在转移支付、技术进步和改变消费的前提下，中国应该推进用市场化手段解决减排问题。要使那些投入资金技术减少排放的企业得到补偿与奖励，使那些不进行技术改造超额排放的企业受到惩罚。形成自下而上基于价格信号的调节机制，引导资金、技术、人才的流向。

要探索建设中国排放权交易市场。借鉴国际排放权市场发展的成熟经验，积极听取国内相关利益群体诉求，探索相关交易制度和规则的设计。在综合考虑中国实现经济社会发展目标所必需的排放空间和对人类共有大气资源公平使用权的基础上，建设符合中国发展阶段和基本国情，简洁实用并且相对独立的排放权交易市场。

第三，北京环境交易所希望借鉴国际先进理念和技术，集合各方力量，发展和完善中国环境交易产品体系。

积极开展技术、资金和能力建设方面的国际合作。北京环境交易所经过一段时间的实践，已经推出节能环保技术转让、排污权与节能量、CDM 项目和生态补偿（VER）三个项目信息服务平台。与法国 BlueNext 交易所建立战略合作关系，并促成了全国首笔场内自愿减排交易。

加强自愿减排市场的标准研究，提升定价能力。近期北京环境交易所将倡议启动研究首个中国自愿减排标准。该标准将由买方、卖方、中介方、咨询开发公司等利益相关实体及能源环保类 NGO 组织等共同制定，从狭义上确立自愿减排量检测标准和原则；从广义上规定自愿减排流程、评定机构、规则限定等，以完善中国碳排放交易市场机制。

推进自愿减排场内交易，探索和完善交易结算平台，采用电子商务手段，促进自愿减排额购买的便利性和普及性。

应对气候变化，需要政府间的支持，亟待市场跟进，社会氛围的形成至关重要，不仅对于中国，全世界都是一样的。中美两大经济体，在应对气候变化和低碳转型问题上的互助互谅，是哥本哈根会议上达成全球协议的必要前提。站在此次中美低碳经济会议的起点，我相信在场的每一位都将尽自己的努力，为两国共同推动解决气候变化问题赢得更多的理解与合作。我们相信，这仅仅是一个开始。

6. 绿色金融与碳市场[①]

——在南非德班气候大会世行论坛上的演讲

很高兴参加"中国—世行"应对气候变化和绿色低碳发展论坛。多年来，世界银行一直致力于协调敦促各国推动绿色低碳发展。我们看到，目前应对气候变化的国际框架，以及全球碳交易市场及碳金融体系等都是基于《京都议定书》等一系列国际协定和国际规则而形成的。有理由相信，世界银行在未来全球减排统一框架和各国气候融资机制形成的过程中将扮演重要角色。很大程度上，2012 年后《京都议定书》能否维系，以及各国内部减排体系能否建立，都与融资机制息息相关。因此，借此次论坛的机会，我想从绿色金融与碳市场的话题谈一谈。

"绿色金融"这个概念出现得比较早。早在 20 世纪 70 年代，前西德就设立了世界上第一家环境银行。80 年代初，美国的《超级基金法案》就要求企业必须为其引起的环境污染负责。之后，英国、日本、欧盟等各国政府和国际组织在"绿色金融"方面进行了多种尝试和探索，其中 2003 年国际金融公司在国际银行业发起并由七个国家的十家主要银行率先执行的"赤道原则"在全球最有影响力，截至目前，赤道原则金融机构已遍布全球。"绿色保险""绿色资本市场"领域的绿色金融产品创新和绿色金融业务近年来在欧美等发达国家发展势头十

① 原载于新浪网《新浪财经》，2011 - 12 - 09，http：//gov. finance. sina. com. cn/chanquan/2011 - 12 - 09/110976. html。《联合国气候变化框架公约》第 17 次缔约方会议（COP17）于 2011 年 11 月 28 日至 12 月 9 日在南非德班举行，作者应邀在南非德班气候大会上作了主题演讲。此为演讲稿，有删节。

分迅速。

　　低碳经济的发展与绿色金融紧密相关，确切地说低碳经济为绿色金融的发展提供了大的环境和土壤，而低碳经济的发展又离不开金融的支持。因为低碳领域两个"不对称"的特征，使它的融资能力受到严重制约：一是成本、风险与收益不对称，往往是规模小、成本高；风险大、收益少，类似于风险投资项目，前景难测；二是信息不对称明显，合格担保品少，并且由于金融机构环保行业专业人才相对缺乏，造成在进入该行业时保持着谨慎态度。因此，在发展低碳经济时，必须设计外部性的内部化机制，合理处理成本和收益的分摊问题，并且需要两个重要参与者——政府和金融机构的特别关注。对于政府来说，其主要工作是制定减排标准，协调减排进度和额度，以及在财税、产业等政策上有所作为。而对于金融机构来说，由于其主要功能在于降低信息成本，管理和分散风险，发现未来价值以及促进资金融通，积极发展"绿色金融"，来协助低碳经济发展。在这方面，世界银行多年来已经做了一些工作，比如成立原子碳、生物碳等碳基金，通过全球环境基金项目等对包括中国在内的发展中国家提供赠款等。此外，世行还通过贷款的方式给予支持。如今年6月，世界银行表示将向波兰提供7.5亿欧元贷款，用于减少总能源消耗、提高可再生能源份额等。

　　虽有进展，但总体来说全球多边资金机制的建立步伐是滞后的。从《哥本哈根协议》首次提出300亿美元快速启动资金，时隔两年来进展缓慢。根据《联合国气候变化框架公约》中"共同但有区别的责任"的原则，发达国家应为其历史排放负责，为发展中国家提供资金帮助。多边资金机制困难导致的后果之一是，发达国家的承诺迟迟不兑现，在一定程度上制约了全球应对气候变化的脚步。我们衷心希望此次南非德班会议能够对300亿美元快速启动资金、1 000亿美元长期资金、绿色气候基金等问题的体制、机制、制度作出相关决定。

　　本质上来说，碳市场是一种创新融资机制。近年来国际碳市场的发展为促进低碳经济发展提供了一些经济激励。据世界银行发布的《2011年全球碳市场现状与趋势》报告称，2010年全球碳排放权交易成交额1 419亿美元，较2009年略有下降。2010年全球碳市场的扩张速度有所减缓，但是整体发展的趋势没有改变，随着越来越多国家及一些重要的新兴市场国家和地区相继承诺其减排目标，碳交易机制将日益完善，与其相关的碳金融产品将不断得以创新。

前面已经提到，近年来国际多边资金机制进展缓慢。在减排的问题上，按照公约和议定书的要求，发展中国家在得到资金、技术的情况下采取积极的减排行动。现实情况是，中国没有得到任何资金和技术，但是我们并没有停滞，而是已经采取了减排行动。

2009年中国在哥本哈根会议上提出中期碳强度下降40%～45%的承诺，并积极采取措施。2010年8月，国家启动"五省八市"低碳经济试点；今年2月，国家发改委要求"五省八市"将各地低碳试点方案纳入本地"十二五"经济和社会发展规划。国际社会广泛认为，中国的"十二五"规划所确定的政策、措施和目标体现了绿色低碳发展的要求。首先，确定了三个约束性指标："十二五"期间单位GDP能耗降低16%，单位GDP二氧化碳排放降低17%的目标，相当于节能6.7亿吨标准煤；发展非化石能源，2015年非化石能源占能源消费总量的比重提高到11.4%；增加森林碳汇，从2010年的20.36%提高到2015年的21.66%，森林蓄积量要增加6亿立方米。另外还提出了合理控制能源消费总量，使资源产出率提高15%的指导性目标。此外明确将利用市场机制，探索建立碳交易市场。不久前国务院刚刚审议通过了"十二五"控制温室气体排放工作方案，《中国温室气体自愿减排交易活动管理办法（暂行）》酝酿已久即将出台，预期该办法的出台将带动更多中国企业参与国内自愿减排市场，推动自愿减排市场蓬勃发展。

从《京都议定书》建立发展中国家参与国际碳交易的机制开始，中国一直在探索自己的碳交易之路。从单个的CDM项目交易到中国本土的自愿减排交易，从国家出台相关规划到特定行业特定地区碳交易机制的研究。今年11月14日，国家发展改革委在北京召开了国家碳排放交易试点工作启动会议，北京、广东、上海、天津、重庆、湖北和深圳七省市被确定为首批碳排放交易试点省市，并提出2013年中国将全面启动以上区域的总量限制碳排放交易。

碳交易本身是应对气候变化的市场化融资手段之一。一方面，为了避免发达国家工业化、城市化走过的先污染后治理的道路，为推动中国的绿色低碳发展，我们在人均GDP 4 000美元的时候就开始积极采取多种措施，应当看到，国际多边资金机制的作用不可代替，资金和技术仍是掣肘，发展中国家应对气候变化任重道远，融资缺口巨大；另一方面，我们也将自主实施减排，开展国内碳交易试点积累经验，利用市场手段，为中国的经济社会低碳化发展融资。

下面我想与各位分享一下北京环境交易所成立三年来在环境权益交易领域的探索和实践。

北京环境交易所成立于2008年8月5日，是北京市人民政府批准的特许经营实体。成立近三年以来，环交所在环境权益交易和低碳经济服务领域不断创新，积极参与中国国内多层次的环境权益市场建设。目前已开展的业务主线包括三条：一是碳交易，包括CDM项目撮合、自愿减排交易；二是节能量与排污权交易，包括合同能源管理投融资交易、节能量交易试点、排污权交易试点，以及今年启动的"北京市老旧机动车淘汰更新"业务等；三是面向地方政府的低碳转型服务，包括区域碳资产管理、节能环保技术引进与投融资、碳盘查和低碳发展规划等。

环交所在践行通过市场化机制和金融化手段解决环境问题方面作出诸多尝试。成立三年多以来，环交所与纽约泛欧证券交易所旗下的BlueNext交易所合作在中国国内率先推出了清洁发展机制项目国际合作平台，并建成了最大规模的项目和买方数据库；并与中国林权交易所、美国温洛克国际农业开发中心等联合开发了中国第一个自愿减排标准——"熊猫标准",已应用该标准开发和储备中国中西部地区的农林减排项目;环交所与清洁技术投资基金 Vantage Point Partner、中国中证指数有限公司共同推出了全球第一个反映中国低碳产业发展和证券化程度的指数——"中国低碳指数",力争引导资金技术向低碳领域集中;携手中国节能协会节能服务产业委员会,推出全球首创的合同能源管理投融资交易平台;同时承担了中国国家发改委、中国财政部、联合国开发计划署、世界银行、亚洲开发银行等多项研究课题。

在全球渠道建设方面。环交所共发展会员 60 余家,与中国兴业银行、中国光大银行联合发行的低碳信用卡打开了自愿减排量面向个人的交易渠道;同时,环交所积极参与中国地方交易所建设,参与发起并成立了 6 家中国地方环境交易所,初步形成了以北京环交所为中心,辐射中国国内各地的交易所网络;国际方面,环交所与 BlueNext 交易所、韩国能源管理公团、澳大利亚 FEX 交易所达成战略合作,与东京证券交易所等机构保持着良好的合作关系,初步建成了覆盖美洲、欧洲、东亚和澳洲的全球化合作推广渠道。

可以说,经过三年的发展,北京环交所已经成为中国最具影响力的环境交易平台。北京环交所将在未来的发展过程中继续发挥自身强大市场平台的优势,积极落实全球以及中国政府应对气候变化和节能减排政策,努力成为利用市场化机制和金融化手段解决环境问题的一块基石,向着国际一流的环境权益产品交易平台和全球主要环境权益产品定价中心不断迈进。

最后,代表广大发展中国家的市场机构,我想说一句,中国等发展中国家在推动绿色金融、应对气候变化、发展碳市场方面需要多层次的沟通和合作机制,我希望,世界银行能够在这个过程中发挥更加积极的作用,为发展中国家发展低碳经济谋求更多的渠道和机会。

第三编

行业建设、市场监管与未来展望

第一章
行业建设与市场监管

1. 发起成立行业协会，
促进产权市场自律发展[①]

与证券市场自上而下的发展历程不同，中国的产权市场走的是一条自下而上、自发形成的发展道路。这种特殊的发展模式，一方面要求产权市场适应市场需要、自力更生，从而培育了产权市场的生命力与竞争力，但另一方面也使得产权市场至今缺乏统一的规划、指导和监管，导致了产权市场的条块分割与无序竞争。

随着业务领域的不断拓展、交易规模的快速增长和参与主体的不断增加，产权市场面临的潜在风险日益增长，规范发展和风险防范已成为产权市场面临的重大课题。由于涉及面广，产权市场的规范发展绝不仅仅是某一方面单独努力所能完成的，除了要求政府相关部门加强规划协调和监督管理外，通过成立行业协会的方式加强行业自律，是一个必不可少的重要环节。

一、成立产权市场行业协会已成当务之急

要实现国有产权的通畅流转而不流失，不是某个产权机构所能够单独完成的，需要整个产权行业规范发展的支撑。可以说，产权市场一荣俱荣，一损俱损，一家产权机构的不规范所导致的风险可能影响整个

---

① 原载于《产权导刊》2005 年第 10 期，第 17 页。标题为编者所加，原标题为《加强行业自律，促进产权市场规范发展》。

行业发展，影响产权市场服务国有资产战略性调整作用的发挥。而单个产权机构的风险防范能力较弱，增强行业的整体风险防范能力十分重要。产权市场从 20 世纪成立以来，各产权机构都经历了从小到大、从起步到发展的过程，积累了各自的经验。通过建立行业协会，强化交流作用，建立会员间重大问题磋商机制，把大家的经验集合起来，制定行业操作规则，加强行业自律和业内监督，加强行业培训和总体宣传，提高整个行业的风险防范能力，不仅是规范产权市场发展的需要，也是保证国有产权有序流转的需要。

二、成立产权市场行业协会的时机已经成熟

目前，全国产权业界成立行业协会的愿望非常强烈，并在组织框架设计、报批流程咨询等方面做了大量的基础性工作。早在 2002 年 10 月，在上海联合产权交易所发起召开的产权市场峰会上就提出了成立行业协会的动议，有 20 多家机构的负责人签订了发起协议，还成立了上海牵头的沪京津鄂黑五机构筹备组。2005 年 5 月 18 日，在北方产权交易共同市场理事会上，多家产权交易机构的代表专门就行业自律问题进行了讨论，推举北交所和天津产权交易中心等 11 家产权交易机构，组成"全国产权市场协会"组建工作推动小组，以推动全国产权市场协会组建。

三、建议请国务院国资委牵头，促进全国产权市场协会的组建工作

《国务院关于 2005 年深化经济体制改革的意见》（国发〔2005〕9 号）中提出，由国务院国资委、国家发展改革委牵头，"完善国有资产监督管理体系。加快组建市（地）的国有资产监督管理机构。完善国

有资产管理体制和监管方式，进一步完善出资人制度，建立国有资本经营预算制度，规范国有企业改制和国有产权转让，促进国有资本合理流动，防止国有资产流失"。这是促进产权市场健康发展的一项重大决策。国资委作为产权市场最大的客户，完全有责任承担起指导产权市场规范发展的重任。提请由国务院国资委作为中国产权市场协会的主管部门，加快推进协会的筹建工作。

2. 中国产权交易联合系统建设
及其战略研究①

一、产权交易所全国联合系统商业模式

中国作为一个发展中国家，大量的中小企业的兴起，也就是近20年的事情，其中很多企业产权关系随着经济发展，对于交易的需求越来越强烈。西方已经形成的柜台交易市场体系，主要是以私募为核心的，非公开性的，所以国内对其交易的核心以及交易规则、流程、监管等的研究也越来越多了。本文从美国多层次资本市场的角度，深入到了这个层面，才对柜台交易市场有了一些研究和认识的深化，并结合我国的产权交易，提出了如图1所示的商业模式。

如图1所示，首先是由达成共识的几家产权交易所（文中简称发起机构）共同出资研发并创建的联合系统，该系统是独立于任何一家产权交易所的软件系统，可以被发起机构使用，也可以被其他愿意参加的机构使用，同样可以被外国的有关机构使用。凡是使用该联合系统的机构，均要缴纳使用该联合系统的费用，或者以会员制方式使用。联合系统作为一个软件系统，实际上是一个交易的信息化平台，大家共同出资创建，其研发投资额对于各个机构而言都是比较小的，能够集约全国

① 原载于曹和平主编：《中国产权市场发展报告（2009—2010年）》，社会科学文献出版社，2010年10月，第128－134页。第二作者，与张陆洋合作。

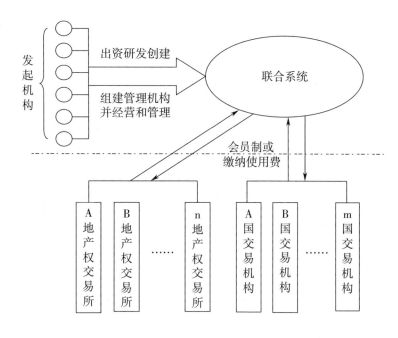

图1 联合系统的创建与使用模式示意

一流的专家甚至聘请外国专家来共同研究，建立起一个全国最高水平的产权交易系统，同时该系统的运营管理也是独立的、比较容易的。

二、联合系统的业务模式

根据曾经与各地产权交易所的讨论，进行整理以及达成的共识，认为联合系统的业务范围大致如表1所示。

表1 产权交易所可能的业务范围

资源＼业务	交易	托管	信息	咨询	代办	拍卖	私募
中小企业（包括科技型）	*	*	*	*		*	◎
科技项目	*	*	*	*		*	◎
国有产权	◎	◎	◎	*		★	◎
国有债权	◎	◎	◎	*		★	◎

续表

业务 资源	交易	托管	信息	咨询	代办	拍卖	私募
民营产权	◎	◎	◎			◎	◎
民营债权	◎	◎	◎			◎	◎
外资并购			◎	*	★		◎
非上市股份	◎	★	◎	*		★	◎
其他金融衍生			◎	*			

注:◎表示可做的业务,＊表示核心的业务,★表示现在背景下重点的业务。

根据对表1的分析,作为一个新型交易市场,可做的业务内容很多,即除了国家规定证券交易所之外的业务都可以开展。但在中国现有的管理体制和机制环境下,需要有一个战略性的发展步骤考虑。

表1中"＊"所示的业务内容,当是我们现在必须控制的核心业务,而且这些业务,是将来整个产权交易所的命脉所在。特别是为科技中小型企业的融投资服务,是我们现在切入资本市场的机会,也是我们建立新兴的新型柜台交易市场的基础。为科技中小型企业服务的融投资市场,是一个将科技资源与金融资源结合的平台。

图1所示的联合系统,首先是围绕着核心业务展开的商业模式,必须是大家能够共享的,这样才可能获得规模经济性。同时又必须是低成本的,这样才可能得到大家的支持。另外还必须是有经济价值的,这样才可能使得大家的支持有持续性。虽然有如此好的产权交易市场的设计,但是碍于中国行政化割据,各地都以可行性来决定创建当地的产权交易所,有的甚至将产权交易与早年于20世纪90年代建设的技术市场或者是2002年前后建设的技术产权交易合并,完成当地的产权交易构建。由于产权交易的特性,流动性差、交易件数必须达到规模,才能够保持该产权交易的可持续性。为此各地先后创建的产权交易所,几乎都是演化成了"有门无市"的状况,在全国来看仅仅有那么几家还可以维持。

我们以技术产权交易为例，可以有如下的分析。图2给出了核心业务的分析，该核心业务图，从创业所需要的信息、资本、各种服务的角度，系统地分析了创业的技术经济链与产权交易所的业务之间的关系。大家认为将来的合作是围绕着这样的基本内容展开的。

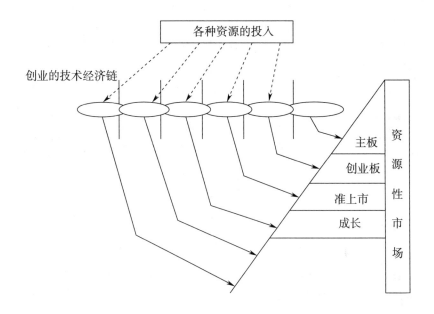

图2　创业技术经济链与资源性市场的关系

表1中"＊"是联合系统必须做好的，而且有着巨大知识服务价值的业务工作范围。这些工作与核心业务工作是紧密相关的。这些工作做得不好，必然会影响核心业务的扩展和质量。实际上现有的各个产权交易所所做的服务工作，还仅仅是常规的中介服务，这导致有意愿来获得融投资服务的客户，往往得不到增值服务，而不愿意到产权交易所来寻求服务。所以增值服务的方式及其价值获得，以及为核心业务奠定基础的各项工作，还有待于联合系统认真研究和进一步探索。

根据图2所示的内容，只要我们的工作能够满足科技中小企业创业的融投资需要，以及他们创业发展过程中增值服务的需要，只要有足够创业企业来寻求我们的服务，联合系统的经济价值就能够充分体现。为此，联合系统的真正价值在于构建一个能够为科技中小企业创业服务的科技与金融结合的资源整合和综合运作"平台"，如图3所示，该"平台"实际上是一个新兴的、新型的创业资本市场体系。

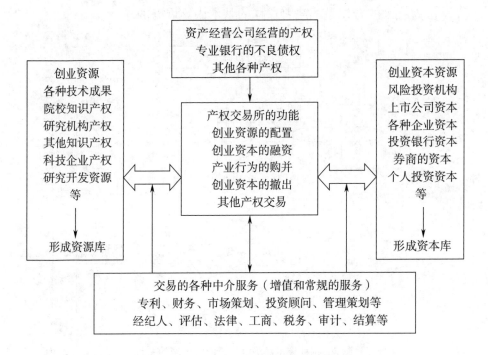

图3 联合系统的科技与金融结合的平台

围绕着这样的平台，有着大量的工作需要我们联合系统来一步一步探索和解决。从这个角度讲，我们的产权交易所及将要创建的联合系统，还仅仅是创业资本市场的起步而已，为此，这项工作还有着巨大的挑战和障碍在等待着我们。

预计这样的产权交易系统，少则5年多则10年，才能够实现良性运营，完全进入规范的市场过程。从而，我们的联合系统，必须要有一个创业发展战略的商业计划，一步一步地实现它，避免不必要的盲目性。

三、联合系统的经营管理模式

联合系统作为一个软件体系，它的研发成功，首先就是一个创新，它完全不同于传统的证券交易系统，为了保护知识产权，该软件系统将申报有关专利的保护。

为了使该软件系统能够发挥应有的价值，各发起机构将共同组建一个管理机构或者具有管理权限的协调机构，该机构仅仅负责经营管理该软件系统。除了发起机构使用之外，其他愿意从事这方面交易工作的个人、机构都可以使用，但都要支付使用费（参见图1中虚线以下部分所示）。所以，该系统的应用经济价值在于既要有广泛的使用者，同时还是低成本的使用，构建市场的吸引力。

实际上，该系统的经营管理成本是极低的。因为，它自身并不需要再单独建立一套运行系统，而是充分利用现有各个机构已经拥有的运行系统，或者租赁已有系统的空间，或者运行系统空置空间进行股权化合作。人员上，至少三年内即可以借用现有的人员，兼职经营管理即可，只要付些补助费用。当联合系统真正形成了规模经济效应时，再进行单独的人员设置。

该经营管理机构的地点设置，由发起的机构共同协商确定。联合系统的使用费，一是作为该系统的维护和创新；二是作为利益分配给发起创建的机构；三是作为知识产权发明者的利益分配期权，以一定比例分配给主要研发人员。

四、联合系统的利益模式

联合系统的利益模式，体现在以下几个层面：①联合系统自身软件运作的利益模式，如第三节所述；②各个参与机构之间通过联合系统构成的关联的规模经济利益模式，即各个参与机构，通过使用联合系统，其一是降低其自身系统创建和运作成本的利益，其二是获得 N 倍的信息和联盟放大效应带来的利益，其三是以市场机制自然结成了市场规模交易的利益；③各个参与机构，自身保持独立运营区域内获得的利益模式；④带进来的其他多项资源，进行综合和整合的利益模式；⑤赢得国外有关机构参与带来的利益模式；⑥信息资源收费的利益模式；⑦各种股权交易收费（区域内和区域之间交叉）的利益模式；⑧各个产权交易所发展中介机构会员制的利益模式；⑨各种股权托管的利益模式；⑩其他利益。由于文章篇幅有限和本文重点内容框架限定，在此不作有关利益机制上的分析。

五、联合系统的发展战略步骤

联合系统是一个具有重大创新意义的事件，开始时难以一步到位，很多问题需要我们在实践中去探索和解决，为此，建议联合系统的发展战略模式，分三步走。

第一步，研发并创建联合系统，特别是技术系统，初步建立核心业务的标准流程和运行规则（时间周期一年左右）。

第二步，完善联合系统的各项业务范畴，以及范畴内各项业务的流程标准化和各项规则，修订核心业务的各项流程和规则，初步形成创业企业融投资资本市场的体系和机制（时间周期三年左右）。

第三步，与国际接轨，引进国外的各类交易机构，真正形成能够融入国际各项创业资源、资本的交易系统（时间周期三至五年）。

即整个发展战略的完成，大约需要五到八年的时间，正好与我国资本市场开放的步伐同步。这五到八年的时间周期，是我们丰富完善产权交易机制的过程。

为了保证该产权交易系统的可操作性，需要国家某个部门牵头负责联合系统的研发以及技术系统等问题研究，在研究过程中必须联合各地产权交易机构一起参与，同时考虑到各个地方政府的权益机制，所研究的成果才能够实现各地的联合。

六、联合系统需要细化和开展的工作

根据本商业模式的设计，需要进行的各项工作有：①依据联合系统的商业模式，研发整个运作的技术系统；②在该联合系统之下，各个区域内的各项业务交易流程的标准化和交易规则的制定（各地都在做相关的工作，但需要统一起来）；③在该联合系统之下，各个发起机构的利益分配机制和其他使用机构的利益机制等问题；④如何吸引更多的机构来使用我们研发的联合系统；⑤与国际机构接轨的运行规则和机制问题；⑥有关法律规范的问题；⑦有关联合系统的其他问题。

在今天总结我们的研究时，虽然我们作了一定充分的研究，应该说是很有价值的；但是由于缺乏国家一级的支持，各地产权交易呈现遍地开花的形势，将来能否统一，我们持观望态度。如果没有国家部门的领导或协调，联合系统是难以联合的。

3. 探索以资本为纽带统一全国 产权行业之路

——纪念金马甲成立三周年①

时光荏苒，弹指一挥间，金马甲三岁了。

三年来，金马甲见证了中国产权市场的探索与创新，同时也奠定了自身在新型资本市场长远发展的基石。

首先我要衷心感谢三年来坚定信任并给予支持的金马甲的各股东单位和广大用户！真诚感谢曾为金马甲发展贡献过智慧、付出过辛勤汗水的每一位公司员工！

21世纪充满挑战与机遇，我们正处在一个具有中国特色的新型资本市场孕育破土、快速发展、百舸争流、波澜壮阔的时代。金马甲正是中国特色新型资本市场的重要建设者——资产与权益网络交易基础设施的建设与运营服务商。在对传统交易所业务传承与创新拓展的过程中，我们深刻意识到"碎片化""信息化"对未来市场和商业模式的深刻影响，互联网平台的创新模式正在营造全新的交易服务生态系统，满足后工业时代以要素资源配置、财富管理、风险与效率平衡的时代要求。

3年前，金马甲的出现，弥补了中国互联网经济的一个空白，由于已被广泛认知的电子商务网站都专注于商品交易，一直没有一家从事

---

① 原载于《产权导刊》2013年第1期，第53-54页。主标题为编者所加，原题为《肩负使命 开创未来》。

资产与权益交易服务的权威网站。本着"为各类资产与权益的交易搭建一个基于互联网的交易服务平台，由各类中介服务机构在这个平台上进行作业"的初衷，在继承了中国产权市场"公开、公正、公平"三公原则基因基础上，汲取互联网电子商务"无时空局限"的理念，面向市场、面向客户，金马甲肩负起为中国产权市场开辟新蓝海的重要使命，扬帆起航！

三年创业、三年求索、三年收获。网络竞价、动态报价、网络路演、诉讼资产处置一站式服务平台、公共资源交易管理一站式服务平台、高端商品交易、撮合服务平台等工具平台陆续上线运营；客户从服务北交所到服务全国各地近80家省市交易机构；业务从国有产权到非公产权（如房产、机动车、文化艺术品等）；服务触角从北京、上海拓展至台湾甚至海外。奥运缸、世博场馆资产、高端商品交易一个个鲜活的案例，成为中国资产权益网上交易的里程碑式事件！

如今的金马甲已经从拥有最初的单一竞价工具和十多名员工发展为拥有十多种交易工具和系统、近百名员工、交易额突破200亿元、成交标的突破1万个的大平台，在产权市场拥有了一席之地。

如果说，中国产权市场是在中国的政府权力丛林中，建设了一个真正的市场，通过市场发现投资人和标的价值，通过市场配置资源，有效杜绝腐败，保证国有资产阳光交易。那么金马甲则是借助互联网信息技术手段和持续的业务创新，为市场和客户，架起跨越时空的资产权益与资本对接的高速公路。它不仅助力国有资产的高效交易，更服务于广大的非公资产与权益的有序流转。

在非公资产交易领域，我们一方面拓展包括企业的融资需求和资产权益处置需求；另一方面还积极拓展高端商品现货交易业务，以高端稀缺商品为标的，有效解决高端商品保真消费难、流通环节多、收藏门槛高、投资退出难等问题为产权市场创新新的类权益交易品种。

忆往昔峥嵘岁月，展未来任重道远！

　　伴随互联网经济的飞速发展，互联网以其惊人的力量对传统社会经济生活产生深远的影响。作为资产与权益市场的开路先锋，金马甲的创新之路才刚刚开始，三年仅仅是我们在长征路上的一小步。

　　放眼未来，无论从全球竞争的角度来看，还是从国家战略来看，建设一个与中国经济实力相匹配、具有全球影响力的中国新型资本市场是我们所面临的重要挑战。这一过程，或许艰难而漫长，它需要我们万众一心、凝聚智慧，矢志不渝。金马甲能够为构建中国特色新型资本市场添柴加薪，是我们艰巨而又光荣的使命！我坚信，金马甲将一如既往地承担起自己的历史使命，以自身的能力和无穷生命力，坚持以市场为导向，充分发挥互联网平台优势，在构建全球资产与权益要素资源交易大平台的过程中，发挥出巨大作用，并获得应有地位！

4. 认清大势　团结合作　着力推进产权交易市场"四统一"建设

——在中国产权协会推进产权交易市场"四统一"座谈会上的讲话①

同志们：

上午好！

今天，将协会常务理事单位和部分理事单位及会员单位的负责同志请来，和国务院国资委产权局的领导一起，共同讨论推进全国产权交易市场"四统一"即统一信息披露、统一交易规则、统一交易系统和统一过程监测的问题，这是关系到产权交易行业未来发展的一件大事，是关系到全体会员单位命运的大事。

一、当前行业大势分析

产权交易市场从诞生到现在 25 年来，经历过 3 次大的波折，或者说是行业经历过 3 次大的清理整顿。

1988 年中国第一家产权交易机构在武汉诞生后，发展初期，面对地方政府的积极性，产权交易机构一哄而上，理论和实践上的许多基本

---

① 原载于《产权导刊》2013 年第 10 期，第 49－52 页。2013 年 9 月 6 日，国务院国资委产权局和中国企业国有产权交易机构协会在北京昌平组织召开了推进产权交易市场"四统一"座谈会。作者时任北京产权交易所董事长、中国产权协会会长，在会上发表讲话。

问题没有搞清楚，市场运作上不规范的问题比较突出，致使 1994 年 4 月国务院发出明传电报 12 号《关于加强国有企业产权交易管理的通知》，明确宣布暂停产权交易市场活动，给了势头正热的产权交易行业当头一击，大多数产权交易机构无奈关闭，其他像上海、天津、北京等地的交易机构处于防守态势，这是产权交易行业第一次波折。

经过三、四年的恢复，到了 1997 年、1998 年，当时以交易标准化股权为主业的那一拨交易所非常活跃，成都红庙子市场是典型代表。1998 年 3 月国办发〔1998〕10 号文转发中国证监会《关于清理整顿场外非法股票交易方案的通知》，针对部分产权交易机构从事非上市股份公司的股权拆细和连续交易业务，对处于复苏阶段的产权交易市场进行整顿。大多数机构在这一轮整顿中歇业或者解散了，部分规范经营的产权交易机构生存下来。这是产权交易行业的第二次整顿。

第三次清理整顿是大家都经历过的，目前这项工作还没有完，就是 2011 年 11 月国发〔2011〕38 号《国务院关于清理整顿各类交易场所切实防范金融风险的决定》和 2012 年 7 月国办发〔2012〕37 号《国务院办公厅关于清理整顿各类交易场所的实施意见》等文件出台，要求对各类交易场所，真正的目的是产权交易场所进行了清理整顿。同时，与这件事几乎同步发生的，就是各地在纪委和监察部门的推动下，将企业国有产权当作公共资源强行导入统一的公共资源交易平台，导致一些地方的产权交易机构被取消，机构被并入。

客观理性地分析产权交易行业经历的三次整顿，可以发现：一方面，产权交易行业存在有强大的市场需求，具有顽强生命力，尤其是地方政府有很大的积极性，这是产权市场生生不息的重要根源；另一方面，产权交易市场只有自律和规范经营才能生存和发展。过去 10 年，国资委产权局主持中央企业国有产权交易试点机构每年举行两次会议，研究新情况、新问题，内容各不相同，但主题就是两个，一是规范，二是创新。反复讲规范、规范再规范。

我在北交所内部一直讲，我们所做的产权业务，两大核心特征就是非标准化、私募性。画一个平面坐标系，横轴从左到右是从非标准经过原点到标准，纵轴从下到上是从私募经过原点到公募，第Ⅰ象限是标准、公募，第Ⅱ象限是标准、私募，第Ⅲ象限是非标准、私募，第Ⅳ象限是非标准、公募。产权行业只能在第Ⅲ象限里活动，越界就有风险。因为其他象限金融化特征明显，风险更高，需严格监管。我们要紧紧守住38号文提出的不拆分均等份额、不集中竞价、不双向报价、不连续交易和不公开发行的五个"不得"原则。就是说，标准化产品如股票、债券、期货等，我们绝不碰。同时，我们只服务于特定投资人，不服务于一般公众，我们要有底线。这是产权市场经历最近的清理整顿，但没出问题的重要基础。这个基础的形成实际上是源于国务院国资委不断强调"规范"的结果。现在看来，"规范"这两个字是要命的事情，提炼这两个字的真谛就是守住非标、私募，我们行业的业务创新就天宽地阔。

今年，国办发〔2013〕22号《关于实施〈国务院机构改革和职能转变方案〉任务分工的通知》、国办函〔2013〕63号《关于贯彻落实国务院第一次廉政工作会议精神任务分工的通知》和国资委纪检〔2013〕97号《关于国资委贯彻落实2013年反腐倡廉工作任务分工的意见》等文件的出台，集中提出国有产权交易平台的建设方向是，要改革和完善国有产权交易制度，推进市场化改革，实行统一信息披露、统一交易规则、统一交易系统、统一过程监测等"四统一"工作要求。〔2013〕63号函对产权交易平台建设的表述，其实是李克强总理今年3月26日在国务院第一次廉政工作会议上讲话的原话。在产权市场建设的政策面极具波动的环境下，国办出台这两个文可以看作是政策的一个重要转折点，表明在清理整顿交易所、整合建立公共资源交易平台这样的背景下，我们行业过了下行拐点开始往上行。大家要保持对这个政策的敏感性。曾经一度有人预言我们行业三年内，60%的机构将消失。

现在这一波下行已经结束了，开始往上拐，拐点信号就是国办发〔2013〕22号文中将原来由中纪委监察部门主导进行公共资源交易平台的整合建立工作改由市场建设部门——国家发改委主导，包括国资委在内13部委共同参与。这个格局的转变，对我们行业而言，是一个重要的拐点上升的信号。国办函〔2013〕63号进一步明确市场化方向和"四统一"的要求，这实际上给了行业发展新的方向，再一次向产权交易行业传递出政策支持的力量。我们如何看待、把握、抓住这一历史机遇，解决制约和影响全行业发展的重大问题，这应该是我们自己必须做好的工作，也是本次会议的主题。

二、推进产权交易市场"四统一"建设的几点意见

围绕推进产权交易市场"四统一"建设，重点就统一思想、形成共识方面，我讲几点意见，供大家参考。

（一）进一步树立市场化意识，立足长远

党的十八大提出"加快形成政社分开，权责明确，依法自治的现代社会组织体制"，前一段习近平总书记、李克强总理进一步明确提出十八届三中全会的一个改革的重要方向，是建立全国统一大市场。大家注意这个词，全国性的统一大市场，就是打破原来行政割据市场。国办函〔2013〕63号明确指出产权交易市场化改革方向，对行业"四统一"建设提出更高的要求。这是行业规范的需要，也是适应外部竞争的需要，是大势所趋。我们可以先从以下三个方面来分析当前产权市场面对的外部和内部形势。

第一个是来自互联网金融、互联网企业的挑战。有人称互联网企业是"门外的野蛮人"，以阿里巴巴为代表的互联网金融正在迅速崛起，对产权交易行业带来极大的挑战，这不能不引起我们的极大关注和警

觉。根据我看，以阿里巴巴为代表的网商，现在还没把目光聚集在我们产权行业，他们主攻目标是金融行业。现在互联网金融很火。我最近持续在与互联网金融圈的人接触，有这么一个分析，这是基金圈的人说的，说一旦阿里、腾讯等机构获得基金牌照，第一个做的动作就是交易零费率，彻底把金融行业秩序打乱，把原有的机构全给击死。这个事情在美国、在欧洲已经发生过，有成功案例。互联网商业的基本模式，先实行免费战略，打破格局，由此获取海量客户与海量信息，再从衍生商机中收获利润，即通过挖掘新的海量客户、海量数据中的商机获得回报。大家可以看看阿里，思考网商20年来发展走过的路径，他们到哪儿都是这套打法。互联网金融会不会成为商业银行的终结者当然现在还难说，但对商业银行的冲击是巨大的。我们设想一下，如果有一家电商持牌进入产权交易行业会怎么样？

互联网金融确实带来了大众化、开放、较为民主的金融模式，包括智能手机上的APP，小孩不用培训都会用，就是说这种人性化，这种高度的客户感受的服务，其他行业不能与之相比。我接触过天弘基金的老总，就是帮阿里卖基金的那家，阿里对他们提出：以前客户买基金在计算机上至少点击五次才能下单，阿里要求只需点击两次就要实现下单；要求天弘基金的老总和主管业务副总每周到客服中心去听半天电话，听客户投诉。这种改变是非常深刻的。一般企业包括我们北交所、北金所内部做不到，体制、机制和人力资源都跟不上。现在淘宝的交易模式完全打破了区域市场瓜分，大大简化了市场的交易程序，并且很强横地跨界扩张。阿里巴巴现在是没把目光扫向我们产权行业，或者是没来得及聚焦。一旦聚焦，大家预测一下，我们的行业将会发生什么？

互联网的发展，严峻的竞争环境，产权行业真的"狼来了"，已经在门外了，我们兄弟姐妹之间还在相互防着，你看着我，我看着你，殊不知，那一群人比我们狠得多，猛得多，也厉害得多。真的，行业该重视了！我们将面临着自己不改变就将被别人改变、被边缘化的境地，产权行业应齐心协力、共同及早应对这个挑战。

第二个是来自整合建立公共资源交易平台的挑战。过去两年多来，邓志雄局长、夏忠仁秘书长，当然也包括我在内的一批人都在积极地与中纪委监察部进行着沟通、说服工作。尤其令人高兴的就是国办发〔2013〕22 号文，使得整个局面的走势发生了微妙而重要的变化，即原来由中纪委监察部来主导市场建设，转变为由国家发改委来牵头主导这件事，纪委监察部门不再参与了。总体来看，这个变化是积极的，前一段时间整合建立公共资源交易平台与清理整顿各类交易所两项工作，对我们行业的公信力和地位造成了非常大的震动，但现在看，行业绝大部分机构通过了清理整顿验收，还没完成验收的省市，产权交易机构也没在清理整顿的重点关注名单中。当然，一些省市在整合建立公共资源交易平台中，将产权交易机构纳入进去，比如云南、甘肃、安徽、广州、大连等省市会员单位发生被整合的情况。对于这个变动，也需要分别看，只要你市场化能力强，独立法人资格还会保留。有的理事甚至常务理事单位及时向协会求助后，协会马上与地方党委和政府就国办今年新文件等有关政策进行深度沟通，提供一对一协调服务，使其所面临的不利情况得到了改善。但是，我们必须认识到，政策惯性很难在短时间内改过来，整合建立公共资源交易平台对我行业的不利影响还会持续一段时间。

第三个是来自行业内部信息平台资源分散的现状难以与其他领域抗衡是行业最大的软肋。产权交易行业的交易特点和优势，前面已讲过就是非标、私募，这种地域化的业务只有通过互联网技术手段，通过类似动态报价这样一些技术手段才能充分发现买主、发现价格。非标、私募如果没有现代信息工具，根本无法做出规模。标的是海量标的，如果没有互联网工具的话，根本无法完成这样一个作业。我们这个行业内的机构，大的大、小的小，各自为战，没有连成一张网。整个行业信息平台建设存在资源分散、地域分割的问题，而且总体上投资力度不够，没有形成整个行业横向协同的作用，难以发挥行业的整体优势。随着互联网企业在门外堆积，行业内部的劣势在其他网商和信息平台挤压下更加凸显。可以说，行业的有识之士看在眼里，急在心上，在协会的各种会议上反复提出并强烈呼吁要把行业的信息化提到新的高度，这说明大家已经意识到一定要解决这个问题。

巨大的发展往往来源于巨大的压力。这就是所谓"生于忧患，死于安乐"。推进产权交易市场化改革，实行"四统一"，就是顺应市场化改革的需要，是产权交易行业生存发展的长久之计。只有通过推行"四统一"，建立产权交易行业的大数据和云计算的基础，掌握了客户的信息和海量标的的情况才能获得主动权，才能提升行业的竞争优势和生存能力。

（二）进一步确立大局意识，谋求合作

合作发展是产权交易行业生存和做强做大的唯一路径，是产权交易市场"四统一"的关键。只有加强合作，把行业、市场做强做大了，各机构才能得到发展壮大。

回顾产权交易市场过去的发展经历，各产权交易机构经历过缺乏行业力量引导和依靠的无助、无奈阶段，探索过通过自发组建区域型组织的途径寻找抱团取暖的方法，这反映出大家对合作共赢谋生存的要求。产权交易市场走到今天，突出的困难就是产权交易机构的能力与市场需求不匹配。我和邓志雄局长曾经从不同角度对产权市场进行分析，认为这应是几十万亿级交易量的市场，最起码是十几万亿级的市场，但现在只是挤在一个角落里，在这儿，你看着我，我看着你，甚至相互对掐，大家没有转过身来琢磨这个巨大的市场。当然，服务这个巨大的市场，对于信息协同、信息合作的要求就更高了。我们的发展能力，包括人力资源、信息系统与市场需求的不匹配，导致了市场间的发展严重不平衡。北交所集群、上交所集群年均交易额在 1 万亿元左右，而交易额

不超过100亿元的机构在行业中占了绝大多数,这就是现状。因此,我们不能再抱着陈旧的观念看待市场,走单枪匹马做业务、各自为政闯市场的老路。产权交易机构无论位于东西南北中,无论规模大小,都应该高度重视行业间的合作,要发挥大机构的引领作用,要依靠行业的力量,通过"四统一"平台,建立信息共享、资源共享、业务共享、成果共享的工作机制,强联强,大帮小,强扶弱,不断携手把机构优势凝聚成行业优势,把行业优势转化为市场竞争优势,成为推动产权交易市场迈向新的高度的强大动力。

协会成立以来,秘书长领导下的秘书处高度重视并积极推动行业的信息化建设,在去年5月完成企业国有产权交易项目信息统一发布系统的基础上,努力申请并组织实施实物资产交易监测系统建设,争取到国家发展改委建设投资260万元。目前《实物资产交易规则》《实物资产监测系统管理办法》《实物资产监测系统技术规格说明书》已经起草。协会把"四统一"信息集成服务平台建设作为产权交易市场发展和提升竞争优势的基础工程,集中力量开展"四统一"信息集成服务平台建设可行性研究和立项报告,"四统一"信息集成服务平台建设项目可行性研究报告已经完成,正在向国家发展改革委、工信部申报,如果此项目获批,协会将得到千万元的信息化建设投资,这正是我们"四统一"建设千载难逢的历史机会。但就目前行业信息平台建设情况看,单独依靠这笔很有限的资金来建设整个行业的信息化平台,有可能将该项目建成一个起点不高、水平不高、效率不高的工程。因此,我们在这次座谈会上讨论"四统一"建设时,就要从国务院的要求,从行业的需要,从会员的愿望,研究如何利用会员单位现有网络资源来为协会服务,实现我们的目标,少花钱办大事,花同样的钱办更好更大的事,谋求行业信息化建设的最大利益。

(三) 进一步确立奉献意识,实现共赢

协会成立以来,各会员单位特别是各常务理事单位对协会的奉献、

对行业的奉献是有目共睹的，我们应该镌刻于心。

长江流域产权交易共同市场、上海联合产权交易所，在协会成立初期，将多年创办经营的《中国产权市场年鉴》交由协会主办，并主动提出，不在文本署名中体现承编单位名字，以突出协会的主编作用，增强其权威性。

天津产权交易中心在协会成立后，一是主动提出将具有社会影响力的在国内公开发行的财经类期刊中唯一的产权交易专业期刊《产权导刊》交由协会主管，提升为协会会刊，并且承诺，到该刊盈利前，天津产权交易中心支持的人力财力保障不变。二是切实贯彻执行国务院国资委副秘书长郭建新同志在青岛召开的协会二届一次理事会上的讲话精神，将其牵头的北方产权交易共同市场终止活动，并通过程序，组织成员单位批量加入协会，壮大了协会的力量，充分展现出其对行业的奉献和襟怀。三是在开展对外交流合作中，通过设有驻外国办事处的条件，协同协会组织部分会员单位负责人赴德国、荷兰、英国、澳大利亚、新西兰和新加坡相关对口中介服务机构，开展资本市场业务培训，组织项目推介，有力推动了行业的外事活动和业务创新。

北京产权交易所在协会成立后，将中国产权市场创新论坛这一具有一定知名度的品牌活动举办权无偿交给协会，在财力人力和办公场地方面予以支持，2011 年 7 月在沈阳、2012 年 3 月在北京分别举办了第六届、第七届中国产权交易市场创新论坛，探讨创新理论，推动创新发展，提升了产权行业的影响力，备受业内外关注。第六届论坛还得到沈阳联合产权交易所的大力支持。

协会在业务培训方面，在开展全行业的综合业务、金融资产交易业务、文化产权交易业务、涉诉资产交易业务、档案管理和统计业务的培训中，先后得到天津产权交易中心、北京产权交易所、上海联合产权交易所、重庆联合产权交易所、西部产权交易所、哈尔滨产权交易中心和黑龙江联合产权交易所的大力支持。

协会过去的工作，事关行业发展的工作，始终得到大家齐心合力的支持，实现了合作共赢的目标。目前，推进产权交易市场"四统一"建设，这是一件关系到大家共同发展、合作发展的头等大事，既需要得到大家在思想上的充分认同，更需要大家从行业发展的高度参与支持。大家过去做得好，我相信以后还会做得更好。我希望在这次座谈会上，大家在围绕推进产权交易市场"四统一"建设的中心议题讨论中，形成成果，形成一种有力出力、有钱出钱、有人出人、有技术出技术、有主意出主意的好局面，共同推动这项工作向前迈进。

同志们，《孟子》里，齐人有言："虽有智慧，不如乘势；虽有镃基①，不如待时。"邓志雄局长去年 11 月 9 日在重庆召开的中央企业国有产权交易试点机构秋季协调会上，就产权市场统一平台建设工作讲过："实践证明，行政性的统一与产权市场长尾市场的特性是不吻合的……不要想行政上的统一，行政性市场是为一定区域服务的。我们可以设想产权式的统一，但产权式的统一还有待市场中各机构的竞争进行到一定的程度形成寡头之后，才能形成某种共同认可的股本结构，现在条件还不具备。应该积极推进平台式统一。平台式统一即各交易机构交易系统的统一，现在已经具备了条件，形成共识就有可能实现。"邓志雄局长去年的讲话完全符合国务院办公厅 2013 年 63 号函的精神。我希望大家团结合作，乘势而为，用心用力推进产权交易市场"四统一"工作。

---

① 一种好锄头——编者注。

5. 产权市场需要引入多层监管主体[①]

产权交易，也就是企业重组与并购，按西方投资银行理论，它首先是一种财务调整手段，即通过各类资源（资产、资金、人员等）在企业内外的配置和组合，以期达到公司价值最大化的目标。

作为一个高度市场化和专业化的体系，产权市场包括有关市场主体（买方、卖方）、参与并购咨询、策划、执行的各类中介机构（投资银行、律师、会计师等），以及由此形成的信息网络与商业关系。产权市场的并购与重组对象是非上市公司，所以这个市场也是私募权益市场的一部分，是多层次资本市场的基础层面。

资本市场是最为国际化的，某种市场形态一旦形成，就会向着国际上已经成熟的某一个模式靠拢，正如中国股市最初是起于为国企脱困服务，后来逐渐转化为各类企业融资服务一样，中国产权市场未来的发展趋势可能是成为柜台交易市场。

如果说证券主板市场是随着社会主义市场经济建立而产生的融资平台，那么多层次资本市场就是社会主义市场经济体制走向完善的必由之路。在我国的多层次资本市场中，目前有主板证券市场、创业板（中小企业板）、债券等市场。中国目前注册的工商企业大约有1 000多万家，而在主板市场上市的只有1300多家，不过万分之一。现在开了中小企业板，虽然可以缓解中小企业的一些融资压力，但也不能从根本上消除绝大多数企业融资难的问题。要有效解决这个问题，大力发展以

---

① 原载于《上海国资》2004年第8期，第28—30页。

区域资本市场为构架的多层次资本市场成为必然的选择。

如何建设中国多层次的资本市场，按照风险分级、交易资本分级是中国资本市场发展的重要话题。2003 年 10 月召开的中共中央十六届三中全会对金融服务业改革做了未来 20 年、25 年的分析，国有资产强制进入产权市场交易形成市场氛围、聚拢资源、形成市场基础和消费习惯，逐步完善它的市场功能，进而为各类企业的产权交易服务，这是中国产权市场做大的路径。

产权市场作为低端资本市场将面向更多的企业、更大的需求群体，解决大多数企业的直接融资问题。伴随国有企业和资产改革的不断深入，产权市场将极大地促进产权流动和价值发现，使资源得到更合理的配置，在发展我国多层次资本市场中将发挥巨大的作用。

但必须注意到，在这个发展过程中，产权市场的信息公开、信息传输、信息解读、信息反馈四个环节目前还存在有效性缺损，主要表现为：大量中小型国有企业的信息发布渠道和手段有限、受到地域分割、地方保护主义以及观念等因素的影响，并购信息传播半径也相当有限，被公开的信息在由信息源向信息接收者（潜在投资者）传输时发生渗漏损失，特别是某些具有信息优势的国有企业管理层会有意识地倾向有利于自己的特定投资者（包括自己），而对那些不利于自己的投资者采取信息封锁，投资者在对所得到的信息进行解读时存在误差。尤其是考虑到财务数据的可靠性、中外会计制度的差异及估值方法的不同等因素，不同投资者会对企业价值产生差异性判断，投资者的反馈信息向市场传输时出现时滞。

同时，由于国有企业普遍存在的多重委托—代理关系（中央政府—地方政府—集团公司—企业董事会—经理层），导致内部人（经理层）对企业控制力很强。在信息不对称情况下，交易过程很容易出现道德风险与逆向选择，低估国有资产价值，使国有企业被有意识地转让给特定投资者（特别在 MBO 过程中），而将出价更高的其他投资者排除在外。

此外，政府强制性干预和政策不配套对国资产权并购也带来诸多负面效应：某些政府部门采取"拉郎配"方式撮合买卖，人为干预交易方向，阻碍了资源的优化配置；地方保护主义和行业分割导致跨地域、跨行业并购难度较大；政策缺乏灵活性，比如对资产价格的认定是按评估价还不是市场价，比如只能用现金收购而不能用股权收购等。

由此可见，要实现中国产权并购市场从无效市场向有效市场的转化，就必须引入市场外部监管力量。从国际经验来看，委托代理层次越多的经济领域，市场失灵现象越严重，需要引入的监管层次更多，力度也更大。因此，规范中国产权并购市场，一方面要尊重市场力量，另一方面也必须引入多层监管主体，利用多种监管手段（包括法律、行政和经济措施），对交易过程实施必要的组织、规划、协调、管理、监督和控制，以消除或尽可能减少交易价格扭曲及由此引起的资本配置效率的下降，从而实现国有产权的高效、规范和有序流转。

6. 政府规范治理将促进
中国交易所市场良性发展[①]

　　市场是人类最伟大的发明之一，市场是配置资源、分散风险的工具，是交换关系的总和。而交易所则是市场的高端形态，是权益和大宗商品的高效率交易市场。

　　交易所的成立需要具备几个要素：首先要有大量可供交易的标的；其次交易主体要足够多，三五个人或十几笔交易不需要专门来设立交易所去完成；此外还要有活跃的第三方中介机构。因此交易所是介于买方、卖方、中介方之外的"第四方"，为各方提供交易环境、交易规则、交易体系、交易机制。

　　交易所的核心功能就是发现投资人、发现价格，再进一步，交易所还具有优化资源配置、降低交易成本、推动公开透明、促进国有资产保值增值、预防腐败、促进国家经济和产业结构调整、推动解决中小企业融资难等功能。交易所的社会职能远大于它的经济职能，交易所某种意义上讲是"社会公器"，要承担相当多的社会职能，同时也具有很强的外部性——包括"正外部性"与"负外部性"，一旦运用不当，就可能引发诸如助长社会投机情绪，损害弱势群体利益、扰乱经济秩序、影响社会稳定等严重问题。

　　中国的交易所市场在近二十年中取得了长足的发展，不但有了深圳证券交易所、上海证券交易所，近十多年来还组建了一批产权交易所

---

　　① 原载于《金融时报》2011 年 12 月 8 日，第 7 版。作者时任中国产权协会唯一副会长。

和其他新型地方交易所，这些交易机构为我国的经济快速发展、资源优化配置作出了重大的贡献。

但是近几年来，尤其是近一二年，各种各样的交易所如雨后春笋一样出现，乃至产生了鱼龙混杂的现象。一些新成立的地方交易所，往往未经前期市场准备，便在地方政府的扶持下仓促上马，并开始大张旗鼓地进行"业务创新"，这些交易所所谓的"创新"突破了市场业务边界，与监管要求背道而驰，出现了一些人们不愿看到的乱象：如个别地方文化类、技术类交易机构在股权、艺术品、贵金属等交易中，采取了拆细、连续交易和面向不特定公众等明显带有证券化交易特征的交易模式，给市场监管带来极大隐患；一些交易机构甚至还存在投机炒作、内部人控制等问题，严重影响了市场秩序，也影响到整个产权市场的声誉。为此，国务院11月11日正式出台文件，要求对各类交易所进行清理整顿。

客观地看，这次清理整顿是非常及时和必要的，它是为更好地发展中国的交易所市场而进行的一次"刮骨疗毒"。正如同前些年国家清理整顿小煤窑进而带来了今天煤炭业的大繁荣、大发展一样，今天对那些不合格交易所的清理整顿，也是为了让整个交易所市场能更大规模、更高质量的发展，使其真正承担起推动市场经济发展的重任。应该明白，中国的产业结构调整需要交易所，中国的社会转型需要交易所，中国的公众投资也需要交易所，从这个意义上讲，中国的交易所不是发展太多，而是发育不足。在政府的规范治理下，中国的交易所市场会逐步走向一个良性发展的轨道。

交易所乱象之所以产生，里面还有深层次的原因，就是我国市场体制的不发达，规则的不完善，很多本应由市场承担的功能都交由各级地方政府来掌管，各地政府在发展冲动的驱动下，违背市场规律大建快上交易所，以至于出现了行政主导、条块分割、追求表面政绩的现象。殊不知交易所本身是一个十分特殊的业态，它需要相当多的资源环境为条件，在地方政府的发展冲动与监管能力严重不匹配的情况下，交易所的大量出现隐含着很大的市场风险。产生乱象的另外一个原因就是部分交易所的逐利倾向。很多人把交易所当作了一个赚钱的工具，而交易所作为社会公器，其首要职能是社会效益而非经济效益。北京产权交易所的企业文化中就有很重要的一条，叫"社会效益为首、经济效益为本"，其前后顺序是不能颠倒的。

在中国的交易所市场体系中，包括北京产权交易所在内的60多家从事国有产权交易的交易所，承担了国有资产保值增值任务的重要职能，在我国国民经济发展中发挥着越来越重要的作用，可以看做是交易所业态中的"标杆"。

第一，中国的产权交易所基本都厘清了与政府的关系，例如产权交易所与国务院国资委之间的关系，并不是领导与被领导的关系，而是"大用户"与"交易平台"的关系——当年正是国资委这个"用户"，选择了产权交易所作为其所监管国有资产的交易平台。

第二，产权交易所都有完整的交易规则。现在全国产权市场的交易规则是一个全国统一的完整的体系，同时有一套完整的信息化交易系统，把交易规则体系完全嵌入其中，保证了交易的质量控制。

第三，产权交易所的市场中介体系已经比较成熟。以北京产权交易所而言，它有各类会员机构近300家，包括经纪机构、拍卖机构、招投标机构等。

第四，产权交易所已经形成了一整套完整的监管体系。产权交易所的交易做到了权力被切碎，一切按照市场规律办事。应该说产权市场已经成为市场化配置资源的有效平台，成为政府管理经济的市场化工具，成为资本市场的"中国创造"。

第五，产权交易所的业务定位是清晰的。产权交易所一直将自身定位于非标准化权益交易的、基于互联网的、中立第四方的市场平台，业务无论如何创新都不会动摇这一定位。

　　总体来说，国务院此次出台 38 号文件，让产权交易所更加明确了自身的业务创新底线，即股权拆细交易的不能碰、连续交易的不能碰、面向公众投资人的不能碰、集中竞价与做市商等集中交易方式的不能碰——这将成为今后中国产权交易所发展的四条"铁律"。同时，这些规则的出台，将会在清理整顿一部分急功近利、为追求短期效益而敢于铤而走险的交易所的同时，也让那些守规矩的、在市场中真正秉承"服务市场、服务监管"理念的交易所有了护身符。

　　中国的交易所发展到今天，凝结了各级党和政府的信任与支持，凝结了业界的辛勤汗水，来之不易。目前存在的种种问题，可以看作是交易所在成长过程中所面临的阵痛。应该看到，近年来市场上出现的交易所违规越线问题只是极少数行为，远远不是我国交易所的主流。在合理监督、有效指导的基础上，监管部门对于各种金融创新仍应抱包容态度。在尊重市场发展规律的基础上，不断改善监管和法律环境，令各类市场发挥其应有的功能和作用，引导其走上健康发展的正轨。

7. 中国地方交易所的现状与前景

——在和讯网"连线华尔街"栏目的演讲①

讨论"地方交易所的现状与前景"这样一个话题，先要界定一下。我们所说的地方交易所是特指省级地方政府批准设立与监管的非标、非公众、区域性的要素交易场所，它不是深沪股市那样国家级的金融标准化的交易所。这是一个非常小的行业，能够登上"连线华尔街"这样一个大雅之堂，我感到很荣幸。

一、地方交易所的沿革与现状

地方交易所这个行业历史的起点是 1988 年 5 月中国首家产权交易市场——武汉市企业兼并市场事务所诞生。到了 1994 年，全国共成立了相关的产权交易机构大约是 170 多家。当时的交易机构在为国有产权流转做了一些服务之外，把更多的热情与精力放在了企业股票——初级企业的股票，也就是所谓的一级半市场。当时在全国比较知名的，比如成都的红庙子，淄博的 SDK、武汉柜台，都是非常红火的市场。对企业的股权融资起到了一些作用，但是也造成了一些混乱。到了 1994 年 4 月，国务院办公厅发出明传电报 12 号《关于加强国有产权交易管理的通知》，暂停产权市场活动。这是这个行业的第一次清理整顿与低

---

① 原载于和讯网，2018 – 09 – 04，http：//xianhuo. hexun. com/2018 – 09 – 04/193982484. html。本文是作者 2018 年 8 月 31 日在"连线华尔街"上的演讲。

潮。到了 1997 年 11 月，受亚洲金融风暴的影响，全国金融工作会议决定对涉嫌场外非法股票交易的产权交易机构进行清理整顿，这是这个行业的第二次清理整顿与低潮。除北京、上海等一些中心城市的市场还存在之外，年底这个行业停摆了。

这个行业的"引爆点"发生在 2003 年，国务院国资委成立了，它面临着一个重大的历史性的任务，就是数以万亿计的国有资产、国有产权如何流转。国有产权的流转在全球都是一个难题，有人讲国有产权流转在技术上很复杂，在政治上很敏感，质疑起来很容易，辩护起来很困难。国有资产流失这个魔咒，始终高悬在业界、管理当局以及交易双方头上。

国际上关于这个国有资产的处置，基本上是两个大的思路。一个大思路是行政化的处置，另一个大思路是市场化的处置。过去五十年，在历史上用行政化处置的思路，一些市场化的国家，比如德国、法国都成立过专门处理国有资产的相关政府部门，比如私有化部、托管局等等。反倒是苏联、东欧其他社会主义国家的处置是比较市场化的。苏联在 20 世纪 90 年代有个非常有名的世纪大拍卖，哈佛大学知名的经济学家做的俄罗斯私有化方案，在法律与经济学方面堪称完美，但是最终的社会结果并不令人满意。

中国的国有产权的处置实际也基本循着这样两个逻辑进行探索。大约是从 20 世纪 80 年代中期开始，到了 1992 年邓小平同志南方谈话，达到了一个高潮。行政化处置我们总体评价就是用非所长。让市长，哪怕再能干的市长，来处置该市的国有产权、国有资产，是很勉为其难的。因为市长并不擅长卖东西，因为国有产权转让说直白一点儿，毕竟还是卖东西，商品流转。1992 年就出现过山东潍坊市下辖县级市诸城一个叫陈光的市长，他把该市大概上百家的国有、集体的资产，一次性的全部卖光，人送外号"陈卖光"。这种行政化的处置，现在评价起来，轻则叫做资产盲目流动，重则就是导致国有资产流失、腐败，公众不满意。

　　行政化处置不行，另外一个选择就是市场化。在中国，20 世纪 90 年代以至于 21 世纪初，人们会发现完全市场化，市场环境不允许。因为企业国有产权的转让，是一个复杂的高级商品流转行为，要求比较好的市场环境。第一个是产权清晰与利益关联不够，国有资产归全国人民所有，但是资产的处置权，资产处置的收益分配权，跟处置的相关当事人，没有直接的清晰的稳定的联系。第二个是个人诚信与企业信用还不够，这个问题到今天在中国还没有解决。第三个是中介评估体系。因为这种处置必须透过会计师事务所、律师事务所、评估机构等专业中介机构的服务才能够达成。机构的能力水平操守达到比较合适的要求，还有很大的差距。另外是委托代理人和职业经理人制度，到今天这个问题还没有很好的解决。接下来是法律和金融的支持。所有这些都告诉我们，在中国，不要说十几年前，就是今天，完全市场化处置，市场、社会、政策的环境还不具备。

　　那么怎么办？包括国资管理当局、国有企业和地方政府，都在进行着认真的思考与尝试。人们尝试过用精准评估的方法，你不就是卖企业国有产权吗？国有产权最关键的问题不就是估值问题吗？那结合重置成本法、收益折现法和市场法，再结合地区行业的中线水平，做出一个价值评估来。最后人们明白了，任何评估只能给出企业价值之一般，绝不能给出企业价值之具体与特殊，根本做不到精准。有的地方在思考与尝试组建强力机构，用它来看着我们的国有资产。最后人们可能明白了，组建这样一个强力机构的综合社会成本，与省下的那点国有资产比可能得不偿失。

　　在这样一系列的思考与尝试的过程中，出现了一个重要的时间节点，就是 2003 年，一个重要的机构——国务院国资委成立了，一个重要的决定因素出现了，就是中国国有资产损益的终极责任人出现了。以前中国的国有企业特别是中央企业，是所谓九龙治水，发改委管规划，经贸委管技改，财政部管企业出资，不同的部门分兵把口，但是企业损益特别是亏损的终极责任谁来负责不清楚。国务院国资委成立，这个角色出现了，一些喜人的变化就出现了。国务院国资委相关的管理部门，比如说产权局、规划局等认真地开始思考与尝试中国的产权流转的逻辑。据我们的观察，大概他们逐步形成了这样一些基本的思考与共识。

第一，就是尽可能地压缩行政处置的空间。国有产权流转本质上是商品转让行为，它与行政权力是不挂钩的，因此不要管权力多大，也不要介入具体的企业股权的转让、卖给谁、如何定价问题。第二，当宏观市场环境短期内不可能完全改变的情况下，划出一个特区来，强制要求国有产权流转必须在这个特定的空间和环境中进行交易，这就是强制进场交易。第三，国务院国资委没有采取传统的政府部门做事情的逻辑，我要用一个市场，那我就正好给自己建一个自留地，也好安排相关的局长处长。他没有采取"自建场"的办法，而是选择了已经在市场上运行的产权市场。当然它提出了若干个选场的标准，达到标准，就可以承担国有产权流转的任务。当然，一个省级单位选择一家机构来承担。第四，允许特例。中国的改革，任何好的改革措施，如果不允许特例，一刀切，那可能实施起来也会很困难。因此国务院国资委对于产权流转也是允许特例，比如说纯国资之间，可以无偿划转，同一企业集团内部的资产和产权可以相互划转等，但是把这个空间压缩得非常小。最重要的是在产权市场中实行一个好的市场制度。

关于产权市场的制度设计。任何好的制度都是比较简单的。产权市场的制度设计也比较简单，就两个主题词，一个叫公开，另一个叫竞争。这个公开主要指信息公开，通过高强度的高质量的信息披露，把国有产权要流转的信息推送到了有这个需求的几乎所有的人群。这样一个办法最大限度地发现了受让人，改变了拍卖行业周末在一个报纸的小报缝里做了一个小拍卖公告的方式，他也信息公示了，但是天知道谁能看到这个公告。而产权市场的信息披露的强度，使圈里的人、行内的人、成百上千上万的人都知道，北京产权交易所，上海联合产权交易所，天津产权交易中心，在主流媒体、网站天天推送发布这种信息。同时产权交易行业协会包括北京金马甲公司这样的机构，也是把行业的信息更大范围的多维度的发送出来。公开的另外一个好处是割断了特定的利益输送通道。相关的人想搞一点小动作，这是经常发生的，而堵塞这种特殊利益通道最好的办法就是让信息公开。信息公开最大的好处是把可能私相授受、鸡鸣狗盗的想法的成本大幅度的提高了。公开的另外一个好处是保证了公众的知情权。从法理上讲，国有资产是归全国人民所有，如何让全国人民有知情权，最好的办法就是信息披露。特别是如果一个具体企业的国有产权的转让，涉及一些特定的利益相关方，比如说债权人，比如说该企业的员工，如何让他能够有知情权，最好的办法就是高强度的信息披露。公开还有一个好处就是保护国有产权交易当事人。国有产权转让的企业的负责人，转让的批准单位的负责人，应该说都还是战战兢兢的，大家头上都悬着国有资产流失的这样一把利剑。如何让这些人很坦荡，没有后顾之忧的来推动这个工作，最好的办法就是让信息是透明的，所有环节都是透明的，这对当事人是最大的保护。

产权市场制度的另外一个设计原则叫竞争。争什么？是争权力？争关系？争能力？还是争价格？我相信当时产权市场的相关设计人员对不同的"争"应该是做过思考的。比如说有人讲了，说一个企业，特别是有限责任公司，不仅仅是"资合"，还要"人合"，因此要有一定的能力。后来我估计也是小道理服从大道理，说这个能力很难比较。最简单的比较，特别是当把国有产权卖掉的状况下，最好的比较、竞争，就是价格竞争。通过竞争，通过市场的供求，通过交易的方式，通过出价高者得来发现价格。现在产权市场的制度设计，就是当挂牌期结束的时候，当只有一个受让人的时候，按照挂牌的价格协议转让。有两个以上就要采取不同的价格竞争方式，不同的价格竞争方式里面还是有一点管理能力和技巧的。另外，竞争机制还有一个好处就是有利于和谐社会。有的同志就笑了，这明显的有一点牵强。但在实际中真是这样。因为一宗大的产权交易，假设出现了竞争，各方为完成这样一个交易，需要做大量的前期工作，就是尽职调查工作，大规模的项目尽调花个大几百万元甚至上千万元都不稀奇。如何让花了这么大成本的各方，尤其是输的一方心服口服，心甘情愿。最好的解决办法就是通过竞争。你没有拿出更有竞争力的价格，你输了，那就得心甘情愿。

通过这样一系列的制度安排与逐渐的实践探索，中国的产权市场通过十几年的探索，建立了一个真的市场。这个"真市场"程序是明确的，信息是透明的，竞争是充分的。它解决了国有产权流转的基本问题，包括这个产权该不该流转，该以什么方式流转，该到哪里流转，谁有资格来购买，采取什么样竞争方式，该以什么价格成交等，最终是确保国有资产的保值增值，杜绝流失。同时国有产权交易通过实践也得到了上位法，也就是《企业国有资产法》的支持和主管部门国务院国资委的全力的支持，形成了一支稳定的队伍。有一个全国性的行业协会——中国国有企业产权交易机构协会，也形成了一定规模的市场。这实际就是中国地方交易所的引爆点，也就是起点。

我前面讲了，2003 年国务院国资委的成立，是一个重要的时间节点，此后，在各地方政府的支持下，从 2008 年开始到 2012 年期间，全国性的地方交易所的快速扩张阶段到来了。我所在的北京大概在那几年，基本沿着权益市场、商品市场、金融市场的这样一个路径在迅速扩展着交易市场。2008 年 8 月 5 日北京环境交易所揭牌，2009 年 8 月 13 日中国技术交易所揭牌，2009 年 11 月 23 日中国林权交易所揭牌，2010 年 5 月 30 日北京金融交易所揭牌，推动的速度是比较快的。我们把这个目前的地方交易所分成了三大类：权益类、商品类和金融资产类。金融资产类就是现在的金融资产交易所。目前这个业态大约近 70 家，其中 2/3 是在正常运行着。另外就是权益类。权益类有国有产权、环境权益、知识产权、林权、矿权等等。还有一大类是商品类，以大宗商品和特殊商品为代表，大宗商品包括石油、铁矿石、棉花等。它是生产资料类的。还有就是特殊商品，包括艺术品、红木等。北京各种各类的交易场所，大约52家，其中28家是在正常运行的。

如果说两个典型，第一个就是北京产权交易所，它的前身是北京产权交易中心和中关村技术产权交易所。我是2003年加入到中关村技术产权交易所，2004年参与了北京产权交易所的运营。北京产权交易所目前有五大类业务，企业国有产权转让、国企增资扩股、国企资产转让、行政事业单位资产处置、涉诉资产处置。

第二个就是关于整个地方交易所的监管格局与清理整顿。全国性的标准化的涉众的金融交易所，由"一行两会"批准设立并监管。非标准化的不涉众的地方交易机构由地方政府（金融局或金融办）批准设立并监管。基本的监管原则是"谁批准设立，谁负责监管"。行业的土话叫做"谁的孩子谁抱走"。2011年国务院对各类交易场所进行清理整顿，出台了国发〔2011〕38号文以及国办发〔2012〕37号文，设立了由中国证监会牵头的清理整顿各类交易场所联席会议制度。过去一年左右时间，清理整顿贯穿了全年行业的走势。清整办陆续下发了四五个文件，实际上是对38号文、37号文进行具体的细化；要求各地进行白名单或者黑名单的公示；金融资产交易场所迎来了规范监管；区域性股权交易场所基本整合完毕，每省保留一家；OTG模式基本退出；微盘微交易整体关闭；邮币卡发售交易全面叫停；商品类交易场所关停并转；风险监测防控平台试点开始推广；清算所模式开始迎来发展的契机；国家部委牵头落地全国性的地方交易所场所；期货交易所布局大宗商票交易等这样一些动作。这一轮的清理整顿回头看对行业的业务形成了一定的压力，但也厘清了行业发展的边界与方向，对于行业的长久发展是有好处的。

二、地方交易所的特征与定位

地方交易所快速发展的原因。这是由于中国尚处在市场经济的起步阶段，市场体系还不完备。中国建设市场经济体系，不到30年的时间，整个市场体系还是处在发展的初期，市场体系不完备，缝隙很多，空间还是很大的，特别是跟地方的结合。另外就是金融支持实体经济还显得不是很够。地方很多行业的需求与区域的特殊的要求没有得到满足。金融支持实体经济需要特定的通道与工具，也就是行业性、区域性的市场平台。中国的金融市场是一个"舶来品"，自上而下，不太接地气。因此地方政府都支持和推动当地要素市场建设，把它理解为中国特色资本市场的一个重要组成部分。有这么几个原因，一个是地方金融事权有限，国家问责的属地化，使得地方政府对交易市场一直萦绕于心。当然也有一些地方政府政绩驱动的攀比心态。快速发展的另外一个原因就是有关部委的支持，部委对于用资本市场来推动产业的发展也是有一定的积极的意愿。

如何认识地方交易所？应该说它是市场需求和行业发展到一定阶段的客观需求。市场在中国源远流长，《周易》中记载为"日中为市，致天下之民，聚天下之货，交易而退，各得其所"，这是炎帝当年规划市场的场景。从当年炎帝的日中为市，到今天的现代市场，经历过了长期的演化过程。中国真正意义的现代市场是改革开放的产物，很多是从国外引进借鉴过来的。因此它是一个非常复杂的多元的现代市场体系。我们所看到的现代市场，包括我们身边的地摊、夫妻店、菜市场、农贸市场、百货大楼、MALL，这是我们所说的日用商品市场。还有各种各样的批发市场，钢铁、建材和粮食等，是生产资料的市场。在这些市场之上又出现了我们所说的交易所。

交易所是现代市场体系的高端形态，是指这样一些特征，体现在规则前置、标准明确、系统高效、全面服务。全面服务就包括交易所要提供信息披露、产品合规、投资人组织、交易组织、产品交割、支付清算等全链条的服务。

构成交易所，我们认为有三大基石，叫做安全、效率与成本。在交易所里进行的交易，应该是安全的，因为得到了法律法规和相关政府政策的支持。这也是为什么很多地方交易所出了问题，老百姓可以到相关管理部门，比如金融办、证监局去告状的原因。同时，交易所里的效率要比在场外效率要高一些。

另外交易所的核心资产，不是那个大楼，不是计算机系统，而是信誉。所以我在北交所和北金所主持工作的时候，经常跟我的同事讲，单宗项目不能兴邦，但是单宗项目可以灭国。就是如果一宗交易出了大问题，就可能让你这个交易所关门。

所谓交易所之梦，是所有做交易所的人都有这样一个梦想或者叫情愫，做好了一个省市，就琢磨能不能做成一个全国的；做好了非标的业务，就琢磨能不能做标准化的业务；做好了 ToB（指针对公司购买的产品）的就想能不能做 ToC（指针对普通消费者的产品）的。现在看这个交易所之梦，显然有点不太合时宜。

交易所有相当的特定行业的要求。这个特定行业既包括你所在的这个行业，比如说你是这个能源交易所，你要熟悉能源行业，同时你又要熟悉交易所的正常的规律性的东西。另外这个交易场所有地方性的，显然有它的地域性的要求。中国目前的情况是在区域分割下的市场建设。

我在北金所的时候，同志们经常跟我讲，希望给大家捋一个所谓金融产品的管理逻辑，我画了这样一个九宫格，它的横轴是标准化，纵轴是公众性。标准这个词，在金融圈里，可以理解为是通用安全、契约完备、等额分割、流动性好的。现在的操作上，是把在"银行间市场"和"交易所市场"交易发行的产品理解为标准化。除外就是非标的。

公众性就是投资人适当制度。我们按这样框格，就画成了九宫格。我认为靠近标准化的这条线是红线，高净值客户以上的也是红线，那么就是1、2、3、6、9，这是地方交易所的禁区，原则上是不能碰的。我们能够碰的就是4、5、7、8这样一个范围内。有人说这范围小了点吧，但是在中国这已经是足够大的了。

关于交易所的特征。第一它的市场主体要足够多。这是交易所最难的，唯此为大，就是你要回答人家为啥要来，谁让他来的？如何聚拢你的基本客户，这是最难的。第二是你的产品要足够多，足够丰富。你的产品标准、合规性、吸引力，以及你的产品的盈利能力要有空间。第三就是稳定公开严谨的规则，规则不能轻易动。第四要有一个很强大的信息系统。第五原则上实行代理交易制度。商为市之魂。这个市场是否活跃，最重要的看里边的经纪商的能量与多少，另外就是市场规模与运营门槛。作为一个地方交易场所，年100亿元左右的交易额，年1 000万元左右的交易收入，只有超过这个门槛，才能够进入良性循环。还有就是市场是如何形成的？现在做的比较好的，比较大的基本上都是靠行政的力量形成的，比如说国有产权交易，比如现在的北金所。另外就是纯粹市场化的，目前看真正做成了的，上海陆家嘴金融资产交易所是一个，其他的多数都还处于比较惨淡的经营状态中。

关于交易所的定位，我们一直认为交易所是现代金融服务业，是多层次资本市场的一个重要组成部分。它是中立第四方，它既不是买方，也不是卖方，也不是为买卖双方提供专业服务的那些专业中介机构，它是为这三方提供交易环境的中立第四方。交易所还有一个特征是特许经营。一般在一个省市自治区的范围内，同类的交易场所一般只能有一个。因此我在北交所和北金所当董事长的时候，就跟我的同事反复讲这个道理，"既然你能干的事情别人不能干，因此别人能干的事儿你就不应该干，否则就不公道，你也长久不了。"要站住这种中立的开场子的位置，你不能既当裁判员又当运动员。交易所还有一个特征，有很强的外部性。这是一个经济学的术语，这个机构对社会、对公众的影响，远远大于对内的作用，这就是外部性。我用过一个词叫"公器"，它实际它的社会功能远远大于它的盈利，内部管理功能。还有很强专业性，有一定的地域性。还有一条就是交易所一定能够提供不可替代的增值服务。交易所本身并不创造交易，这类交易在交易所成立之前就已经存在了。但是这类交易可能始终存在着那么一点不顺畅的地方，不合理的地方。比如说在信息披露上不够充分，在交易时间上比较长，在交易成本上有点偏高，在合规性上差了那么一点，有某些客群的独特要求没有满足。交易所存在的价值，就是在这些交易中的不合理的地方，你改变了一点点，帮了一点点，哪怕在一个链条上帮了谁一点点，你就出现了存在的价值。存在价值最好的检验的办法就是客户是否持续缴费。

三、对地方交易所未来发展的思考

对交易所而言，要按照交易所的规律来办，也就是风控为先，服务为本。交易所从业人员要尊重现代资本市场，现代金融服务业的规律，以服务客户、服务行业、服务地方为本，要本着风控为先，底线思维。刚才我画的九宫格，涉众的1、2、3区域不能碰，标准化的3、6、9区域不能碰，作为管理人员一定要有强烈的底线思维，红线绝不能碰。另外就一定要强化管理，包括客户管理，产品管理，合规管理等等。人才决定成败。交易场所是一个新的业态，懂的人和优秀的人才还是比较稀缺的。地方交易场所可以探索混合所有制，以提供比较强的团队激励与约束。在清理整顿回头看的大背景下，应该说行业处于冬天，不是法定进场的交易所，还有没有前景？依我看取决于改革，这个改革是大范围的改革了。取决于创新，就是我们自身的创新，取决于我们跟谁合作，我们能不能找到一个好的靠山，要立足本地，聚拢资源促进交易。在地方交易所交易的要素中，只有资产权益和商品有本地化的属性，资金没有严格的区域属性。因此地方交易所的定位是要围绕交易的发起方，也就是本地化资产权益和票据来提供服务，吸引更大范围的资金进场，盘活存量，为本地发展服务。

要依靠数字科技提高交易效率与风控能力。数字科技就是现在时髦的说法 ABCD，A 是人工智能。B 是区块链，C 是云计算，D 是大数据。ABCD 的思维，会打开我们在常规的传统的业务和管理上的空间。比如说我们可以借助大数据来更精准地进行客户画像，更精准地满足特定客户的特定产品的要求。人工智能可能会取代很多常规的简单计算的工作，这对我们整个交易所的管理和发展也会产生很大的作用。区块链很有可能是未来我们低成本的解决信用问题的一个最好的工具。因此只有靠服务创新和科技驱动，才有交易场所的明天。

关于这个地方交易所与地方金融监管。我跟地方金融局（办）很多朋友在议论的时候讲，金融事权归中央，中外金融均是严监管。地方金融实际只有三件事，维稳、服务、聚要素。因此地方交易场所一定忌面面俱到，忌盲目攀比，忌内部竞争。要对交易所进行分类指导，聚焦优势与特色。

地方交易所如何监管？第一是发展与监管并重，地方金融部门不仅仅是地方交易所的监管方，也是地方交易所发展的推动方，要结合区域目标，扶持特定地方交易所的发展，基于本地区发展目标，依托当地资源，寻找细分领域，进行整体规划，发展差异化的地方交易所。在规划中要有一定的前瞻性，站在地区经济发展需要的高度上，评估特定地方交易所的作用。第二是优化地方交易所发起主体。在发起设立时，对于发起主体的审核，要充分考虑本地资源的导入，又要具备专业的地方交易所的运营能力，很好地把握全国市场动态，才能使地方交易所顺利起步，并且发展壮大。第三是引入外脑，提升地方监管的这种专业性。对于地方交易所来进行分类监管，引入细分领域的专家，增强监管的专业性，做到不错杀真创新，不漏掉伪创新。第四是重视行业信息化建设，搭建风险监测防控平台。

在目前这个行业的冬天的情况下，实际上这个行业里除了几大法定交易所，市场化的机构都很艰难。因此我的建议是稳住阵脚，守住底线，控制成本，找准市场需求的突破口，把金融创新和技术进步叠加起来，这个行业还是有明天的，行业的春天早晚会到来。

第二章
未 来 展 望

1. 产权市场的功能与未来发展①

中国产权市场兴起的一个背景是从 1988 年一直延续到今天的国有资产战略结构调整。国资结构调整的核心原因不在于国有企业经营状况的好坏，而是中国选择了走社会主义市场经济的道路。在市场经济中，国有经济是一种特殊形式的经济，它通过控制、引导和融入来为全社会服务。国有企业必须从根本上改变单一所有制、单一产权的现状，与其他各种经济性质的资产整合起来，使国民经济总量最大化。国企改变单一所有制有多种办法，包括改组、联合、兼并、股份制、出售等，最有效的途径是进行产权转让、重组，也就是把一部分产权出让给其他性质的所有者。

产权市场兴起的另一个背景是转让环境的差距。第一，国企产权不够清晰，产权出让时的利益关联不正常；出让价格与出让决策人之间的利益关系不是正相关，往往是不相关或负相关，即出让价格越低，决策人反倒更有利。第二，企业产权转让需要专业中介机构的介入，与会计师、律师等的从业素质和职业道德有很大关系，但国内这些中介机构的整体状况不尽如人意。第三，我国企业并购的法制环境尚未建立，关于企业并购的立法还是空白。第四，委托代理制和职业经理人制度没有建立起来。第五，银行和金融体系的支持不足，任何大宗的企业并购，单凭企业自有资金而不靠银行的支持是难以完成的。

在这样的背景下进行国企产权转让，国有资产流失就成为不可回

<hr>

① 原载于《中外企业文化》2005 年第 4 期，第 20 – 21 页。标题为编者所加，原题为《产权市场将逐步融入多层次资本市场体系》。

避的话题。导致流失的办法有低价评估、转移隐匿资产、自买自卖、他买他卖等，其根本原因是国有资产的经营者代替所有者行使了权利，加之行政主导、暗箱操作、权钱结合等。有人说：国企改革是最后一次暴富机会。

多年来，政府、专家、业界在国有产权转让问题上进行了艰难的探索，有人提出设计一个非常精准的企业价值评估方式来确定转让价格，有人提出搞一个强力机构来进行监管，也有人提议发动群众来决策。但这些方式的运营成本都太高，可操作性差。在经过多种实践和探讨后，逐步找到一个办法：国有产权转让是市场行为，市场行为要启动市场机制。由此，中国产权市场应运而生。防止国有资产交易性流失的历史责任，落在了准备尚不充分的中国产权市场的肩上。

一、产权市场的功能

（一）防流失：产权市场的行政化功能

中国产权市场的基本设计思路是四个字：公开、竞争。靠公开割断特定的利益输送通道，靠竞争形成合理的价格。

2003 年 12 月 31 日之前，国有产权出让的决策人也许私自就可以决定卖给谁、卖什么价格。此后不行，国务院国资委和财政部 3 号令明确规定国有产权交易必须入场，信息公示不得少于 20 个工作日。因为产权市场的核心作用就是把信息平等公示给所有潜在投资人。同时，靠公开取信于民，也保护了相关当事人。然后，就可能出现多个投资人竞争。任何一个市场中理性的卖者，都希望卖高价，而任何一个买者都想少出钱，若干个卖者与买者之间的公开博弈，就形成了市场的价格。这就是产权市场的设计初衷。

产权市场的基本思路明确之后，制度建设开始逐步完善。国有资产是国家的，交易要听出资人的，也就是听国家的。随着作为国有资产出资人代表的各级国资委的成立，国有资产排他性的责任人到位了。这批以3号令为核心的有关国有企业产权流转的规范性文件，奠定了中国国有资产转让和产权市场建设的法制基础。

2004年10月以来，国务院国资委等机构对有关省市的国企产权转让进行了检查，对产权市场功能进行了一次评估。评估结果应该说是良好的，企业国有资产入场交易率达85%，平均溢价20%。这说明产权市场对国有资产流转的监督与防流失功能基本得到了实现。但是，行政命令并不能解决全部问题，还有若干种因素在困扰着产权市场。

第一，既得利益者干扰。在国有产权转让上，既得利益者对进场交易和公开竞争是不接受的，因为这妨碍了原来的某些操作手法。现在经常会遇到这种情况：有些项目就是不愿入场交易，即使入场也是走走过场，手拉手来的，也就是事先已经选好了买方，一旦出现有人竞买就马上撤牌不卖了。

第二，与公司法有不协调之处。公司法规定，有限责任公司的股东有优先受让权，这就与3号令中规定公开挂牌广泛竞价有冲突。

第三，出价最高者未必最优。例如：一家国有机械厂在转让中出现了两个购买人，一个是搞房地产开发的民营企业，另一个是境外机械行业的大公司。这家外企非常懂行，而且有非常好的技术和市场渠道，但他的收购价压得比较低。而那家房地产公司，可能只是看好机械厂占有的这块地，准备用来搞房地产开发，所以出价高一些。在这种情况下，出价最高者就不是对企业发展最优的。

第四，并购的隐蔽性和见光死。柳传志曾在中央电视台讲到联想购买IBM的PC业务时，决策的前几天最担心的一件事就是信息泄露出去。

上述这些都说明目前的产权市场制度设计中还有一些有待完善、细化的地方。目前，产权交易机构都在对这些问题进行着认真的思索，根据市场提出的新题目进一步完善制度设计。

中国产权市场功能一个是行政化功能，另一个是市场化功能。行政功能与市场功能相辅相成、互为支撑，是国有资产监管部门意志的市场化体现。随着市场经济的推进，市场将逐步取代政府的行政化资源配置功能。目前，行政功能主要是防止国资流失，市场功能主要是促进产权的流动。

（二）促流动：产权市场的市场化功能

中国企业有强烈的权益流动和融资需求。目前我国企业总数约在800万户到1 000万户，解决资金问题通过两种方式：一是间接融资，即债务性融资；二是直接融资，即权益性融资。中国现在的融资结构极不合理，直接融资比率严重偏低。2002年企业直接融资只占融资总量的2.59%，其他绝大多数是间接融资。

如何扩大企业直接融资比例？一是迅速扩大企业权益总量；二是提高权益资本流动性。

流动是现代产权制度的精髓，现代产权制度中法人财产权与出资所有权这两层是可以分离的，也就是股东出资所构成的投入企业运营的资源，与出资人的权益（股权、产权）是可以分离的。出资人权益可以独立在市场中进行交换。在资本市场竞争的环境下，这部分资产可以高效率流动、可以大幅增值。

为权益性资产提供流动性是资本市场的基本功能，只有资本高效流动，才能优化资源配置，才能规避风险，使资源高效率地向优势企业和企业家聚集。中国资本市场由于原始出发点、制度设计及层次单一、容量限制等问题，远远满足不了大多数企业的股权融资和权益资本流动的需求，截至目前，只有1 300多家企业能上市直接融资，剩下的数百万家企业通过什么渠道实现直接融资？这个话题留给了中国产权市场巨大的想象空间。

中国正在进行着急剧的社会转型，由计划经济向市场经济转型，由农业、半工业社会向工业社会、服务型社会转型，由权力经济向资本经济转型。在转型过程中，对资本市场提出了极高的要求，如果多层次资本市场问题不能解决的话，将严重制约中国经济的发展和中国企业的发展。所以说，当前解决大多数企业直接融资难的问题是产权市场的一个巨大挑战，也是一个战略性机遇。面对这个挑战、抓住这个机遇，让产权市场快速发展起来的途径是：

第一，以当前国有资产强制入场为契机，聚拢资源。国有资产明令入场交易形成了产权市场的基础货源，依靠它再聚拢其他资源，包括投资资源、中介资源，也包括其他性质的产权资源，逐步形成市场氛围和交易习惯。也许一开始大家对这个市场不习惯、不认识、不接受，但逐渐会认可这个平台和它的各种服务，并接受这种服务。让想卖的项目知道到产权市场可以卖，想买的人知道产权市场有众多的项目可供选择，这是产权市场聚拢资源的基础工作。

第二，完善市场功能。目前产权市场的功能还不是很完善，不十分符合资本市场的要求，不能充分满足投资人的要求，需要有一个逐渐完善市场功能的过程，但最终会成为各类产权交易服务的大市场。在这个市场里，国有资产是其中最重要的一项，还有民营的、外资的，吸引、管理、培训大批高水平的中介机构，为交易双方提供专业、可信赖的服务，是产权市场的职责。

第三，逐渐向标准化资本市场靠拢。资本市场聚集了经济发展中最稀缺的资源——资金，让想融资的人在这里可以融到资，想投资的人在这里可以找到好项目挣到钱。从本质上讲，产权市场就是资本市场，只不过它的产品是非标准化的，没有股票市场的流动性那么强，监管没那么严格而已。在目前股份制经济相对不发达，国有企业仍以实现战略性调整和改制建立现代企业制度为主要目标的条件下，产权市场的主要功能将是以规范为主要特征的产权交易鉴证业务。而国有产权及其他各类产权进场交易的过程，实质上就是产权关系清晰化、产权主体多元化、单一所有制企业股份化的过程。在股份制经济得到充分发展的情况下，更加清晰化、标准化的股权流动重组的需求将更大，其对产权交易市场的功能要求也将发生重大变化。产权交易市场的功能将逐步向为标准化股权转让服务方面转移，形成真正意义上的权益性资本市场。

多层次资本市场是按照风险分级、成本分级、企业规模、成长历史分级的原则设计的。产权市场恰逢其时，极有可能承担起基础层次资本市场的使命。

二、产权市场发展趋势：非上市股份公司股权流动平台

一个资本市场要想持续稳定的发展，必须有持续稳定的交易品种，这种基础商品应该是可以多次交易的、标准化的。我们在探索过程中逐步感到：非上市股份公司的股权最终可能成为产权市场的基础商品。

十六届三中全会决议中一个具有突破性的结论就是：股份制是公有制的主要实现形式。

股份公司与有限责任公司相比，股权流动性更好。有限责任公司是人和公司，基于投资人之间的理念、文化与价值观的认同，某股东想出让股权的时候必须征得其他股东的同意，其他股东有优先受让权，其股权与人（自然人、法人）的牵连、制衡是很强的。股份公司是资合公司，股东比较多，公司股权与人的牵连与制衡关系相对较弱，某一股东想出让股权，无须征求其他股东同意，可自行处置，股权的流动性比有限公司好。不过目前来看，如何大力推动、规范股份公司的改造问题，似乎还没有得到有关方面的足够重视。

为了加速企业再造，迅速提升中国企业的总体质量，应该大力推动、加强企业的股份制改造。在这种改造中，国有企业应该作为启动力量或者是先导力量。国有企业在资源和资金上有很大优势，但也有一个

问题难以克服,就是如何针对管理人员特别是高层管理人员建立持续的激励机制。不过,这个问题在国有企业改制成股份公司后,也许就迎刃而解。如果除了少量关系国计民生,必须由国家控制,不允许其他性质的资本参与之外,大力提倡国有企业与民营企业、外资企业合资,那么,中国的股份公司将跨上一个很大的台阶。如果用5~10年的时间,中国工商企业的5%~10%改造成股份公司,就会有40万~80万户股份公司,在这些股份公司里国有资产占一定股份,民营占一定股份,外资占一定股份,管理层也可以占一定股份。这样,整个中国企业的产权结构、治理结构和总体量就会发生巨大的腾越。

人们一般都认为股份公司就是上市公司,实际上这种理解是不正确的。股份制改造只是上市前的必经之路,股份公司中最优的一批可以在股票市场上市。但任何单一市场的容量都是有限的,目前全球最大的股票交易所中的上市公司数量也不过万家,那些未上市股份公司股权也有流通需要,如果中国出现几十万家股份公司,必然要求多层次、区域性的资本市场体系为其股权流动提供服务平台。如果通过对现有产权市场的改造和提升,在规范管理的基础上拓展其为非上市股份有限公司股权转让服务的功能,将极大地改善股份公司的运行环境,进而带动股份制经济的大发展。可以说,通过产权市场实现非上市股份公司股权的有序流转,不仅是产权市场自身发展的需要,更是贯彻落实十六届三中全会精神、大力发展股份制经济的需要。

2. 新《公司法》促进产权市场大发展①

新《公司法》自 2006 年 1 月 1 日起施行，共 219 条，它代表了当代国际公司治理的最高水平，代表了国际公司立法的最新成果和最高境界，符合中国目前公司发展的实际情况。对于构建和谐社会、诚信社会提供了公司治理层面的基石。从产权市场的发展来看，新《公司法》对产权市场的影响主要体现在以下三个方面。

一、权益性投资将爆炸式增长

这一判断的依据之一是新《公司法》在有关权益性投资，也就是公司成立的资本基础这个方向上做出了非常重大的突破。比如说在出资形式上，新《公司法》明确表示，股东可以用货币出资，也可以用实物、知识产权、土地使用权等可以用货币估价并可以依法转让的非货币财产出资。原《公司法》只是明确了非专利技术、土地使用权，新《公司法》涵盖范围明显大了许多，更大量的社会财富可以作为公司的权益性资本来投入。

中国资本市场一个非常大的问题就是在现行经济实体运行中，权益性资本太少，债务性资本太多，许多企业是靠借钱运营，这就不可避免地造成了短期行为。因此新《公司法》对中国企业成长和资本市场将产生非常大的推进作用，成千上万的投资人将拿出原来闲置的债券、

---

① 原载于《上海国资》2006 年第 6 期，第 60－61 页。标题为编者所加，原标题为《产权市场面临大发展》。

股权、矿权等来投资。

原《公司法》有非常明确的投资限制，其中最明确的一条是投资不得超过净资产的50%，就是说注册资本金100万元的企业，投资另外企业，最多出资只能是50万元，这样给企业发展、并购受到了巨大的限制。对这道禁令，有人评论说是给中国经济高速发展，中国企业快速扩张套了一个紧箍咒。新《公司法》把这个门槛去掉了，其表述是，公司可以向其他企业投资，没有50%、100%或者是200%的限制，只要你能够合法出资，无限制，这是一个重大的突破，此举将直接导致中国企业的设立和并购快速、大幅增长。

新《公司法》在注册资本制度上进行了重大的调整。以前是实到资本制，就是注册时全部资本金必须实际到账，并经验资，才能形成公司法人资产。现在的方法是折中资本制，介于许可资本制和承诺资本制之间，既吸收了两者的优点又规避了两者的不足。它授权公司董事会，在认为适当的情况下，逐步增加公司的实到资金。首次实到资金20%就可以了。这样的制度，极大节约了社会资源，合理放大了公司的规模。这对于中国公司的发展会有极大的好处。

再一个就是公司注册门槛。原《公司法》是依不同类型的公司，如生产经营企业、商品批发、零售企业等，来制定不同的注册门槛，一般门槛底线是50万元。而新《公司法》统一为有限责任注册资本门槛是3万元，股份有限公司降为500万元。

在无形资产出资规定方面，以前的高新技术企业无形资产出资不得超过注册资本的20%，在中关村经批准也不得超过35%。新《公司法》规定货币出资不低于30%，翻译过来就是无形资产出资上限可以到70%，这也是一个巨大的改变，符合国际高科技企业发展的潮流。

可以预见，随着新《公司法》的实行，中国工商企业的数量将急剧增长，企业数量今明两年将有巨大增幅，我个人的判断是，年增幅约在25%～30%，也就是150万家公司左右，这对中国的经济和中国的并购市场将是一个巨大的促进。

二、非上市股份公司的股份或成产权市场主力

中国产权市场是中国资本市场的组成部分，除掉上市公司股票之外的权益类资产，都可以在产权市场中流动，也就是物权、股权、债券、知识产权等在内的大市场。

新《公司法》出台后，未上市公司的股权很有可能成为中国产权市场的主力。作出这种判断主要基于以下几点：

首先，新《公司法》对股份公司注册资本的底限大幅度下降，由原来1 000万元降低为500万元，许多原来不够条件、不够线的公司现在够了。

其次，发起股东的转让时限大幅度缩短了。原《公司法》要求发起人公司成立起三年内不能转让，新《公司法》调整为一年内不允许转让，这大幅度缩短了发行股东股权流动的时间。

最后，关于转让场所，原《公司法》讲股东转让其股份，必须在依法设立的证券交易场所进行，新《公司法》在这句话后面加了一点，股东转让其股份，应该在依法设立的证券场所进行或者按照国务院规定的其他方式进行。这就为在证券交易所之外的其他场所进行交易提供了某种可能性，实际上是开了一个可能的口子。

此外，新《公司法》对股份公司的设立方式，也做了非常大的调整，也就是允许私募。这就为中国除股市之外的资本市场提供了机会。

三、产权市场的风险增大

新《公司法》对公司章程赋予了更大的个性化空间，使许多原来的强制性规范变成了任意性规范。公司章程是公司的宪法。可以预见，

今后的公司章程可能是五花八门、千奇百怪。新《公司法》中"公司章程另有规定的除外",这种任意性条款有40多处,可以设想,今后中国公司的章程、公司的个性、特征都会随公司的章程的制定而出现。这就使得今后中国并购市场的个性化更为丰富,使得并购的平台产权市场的工作显得更加复杂。

包括同股不同权、同股不同利等,大幅度增加了交易鉴证的难度。优先购买权的例外规定,使交易的变数明显增加,原来产权市场的合规性审查的任务,会呈现实质性审查的特点,许多交易的不确定性将增加。由于个人诚信、企业信用、监控体系、违规查处等一系列社会问题不可能产生突变,因此,新《公司法》运行初期,违规、欺诈的现象会明显增多,这必然会加大产权市场操作的难度,增加产权市场的风险。

3. 产权市场国际合作的
思考与北交所的实践[①]

中国国有资产战略调整中存在的巨大机遇、中国加入 WTO 之后的开放承诺、行业壁垒的降低、"中国制造"的崛起、信息时代全球经济一体化的发展趋势等，都强烈吸引着全球资本对中国的高度关注和介入。同样，在中国经济全方位融入世界经济的潮流中，中国企业与全球资源整合的必然选择，都使产权市场国际合作势在必行！

一、让外国人看懂中国产权市场

中国的产权市场源自于中国国有资产战略结构调整，是中国改革开放的重要产物，其设计初衷是通过"公开"与"竞争"，防止国有资产流失，促进资源的流动和优化配置，大力发展股份制经济，提高企业的运营效率和竞争力，提高国民经济的总体水平。

产权交易市场有广义和狭义之分。广义的产权交易市场就是企业财产权益的交易市场，可以分两类，一类是公开的产权交易市场，也就是股票市场；另一类就是非公开的产权交易市场，非常近似于发达市场经济国家的并购市场、私募股权市场和柜台交易市场。本文所说的产权市场就是这一类非公开交易市场。

目前，中国产权交易机构有 200 多家，它们与股票市场最大的差异

---

① 原载于《产权导刊》2005 年第 9 期，第 35－37 页。

就在于，一是股票市场的产品是完全标准化的，可以一手一手的卖，产权市场的产品价值却不可平均切分，还没有做到标准化；二是由于股票价值做到了标准化，所以它可以完全公开面对社会所有投资人，而产权市场则只能面对特定的投资人；三是股票市场的信息披露深度、交易连续性、产品流动效率、投资者数量都比产权市场更为充分、优越。

股票市场与产权市场同属资本市场，只不过它们的服务对象有所区别。中国约有 1 000 万户企业，其中只有 1 400 多户可以在股票市场直接融资，那么其他万分之九千九百九十九的企业如何解决资金需求呢？靠间接融资，但是银行贷款一般多为短期借贷，很难满足企业的长期发展需求。而中国产权市场的出现，恰好弥补了中国资本市场层次单一的缺陷，为国有企业、非上市股份公司、中小企业、科技企业、民营企业等不同规模企业的直接融资提供了平台，让想融资的企业在这里能够融到资金、想投资的人能够通过买卖企业权益实现资本增值。所以说产权市场与股票市场一样，同属资本市场，是中国多层次资本市场的一部分。

发达市场经济国家有股票市场，但没有"产权市场"这样的有形机构存在，小的并购案律师就可以办，大的案子由投资银行处理。因此，如何让外国人看懂中国产权市场十分重要。目前，中国的产权市场与国外的并购市场、私募市场在环境上还有很大的区别：

第一，产权清晰程度与利益的关联程度差别非常大。西方发达市场经济国家，是基于私有产权制度。而中国的国有企业产权关系还不够清晰，产权并没有明确清晰到个人，所以在并购的利益关联上，不如国外那样清晰，企业产权交易的价格与当事人的个人收益之间的联系，往往不是正相关，有时是不相关，有时甚至是负相关，即很可能价格卖的越低，某些个人的个人收益就越多，这必然导致逆向选择。

第二，个人诚信与企业信用差别很大。企业信用体系建设是一个长期过程，中国走市场经济道路的过程还不太长，与那些发达市场经济国家相比，由市场造就的诚信、信用体系还很不牢固。

第三，中介评估体系，会计师事务所、律师事务所，包括产权经纪人、投行的能力、水平差异。西方经济发达国家由于经济环境的影响，在这些方面更为成熟规范一些，而我国目前的情况还很不理想，以至于上一届总理给国家会计学院的题词是"不做假账"，其程度可见一斑。

第四，委托代理与职业经理制度的差别。所谓委托代理就是产权所有人将一部分权利分级授权给执行人，如果委托代理链条太长就容易导致失控。目前国内很多企业没有一批靠管理企业来成名成家的职业经理人，这对于收购兼并是很不利的。并购之后，原来企业的职业经理人会被全部换掉，而实际上企业核心竞争力就是企业家的运营能力，企业家换掉了，企业自然就会发生很大变化，导致很多不稳定因素。

第五，法制环境差异。中国到目前为止，一系列的法律制度对于收购兼并的支持很不到位。《公司法》等法规对收购兼并非常不利，一些非常硬性的规定阻碍企业并购。

第六，金融支持差异。收购兼并最重要的润滑剂是资金，没有资金很难做收购兼并，但目前中国的金融体系对收购兼并不够支持。

在这样的环境下中国进行国有企业产权转让，国有资产流失就成为不可回避的话题。导致流失的办法有低价评估、转移隐匿资产、自买自卖、他买他卖等等，如何既保证国有资产的高效流动又能防止在交易流动中的流失现象？在经过多种实践和探讨后，我们逐步找到一个办法：国有产权转让是市场行为，市场行为就启动市场机制，于是，中国就出现了一个专门为国有资产转让而设计的市场：产权市场。中国政府规定，国有产权的转让必须在产权市场公开进行，以"公开、公平、公正"的原则，通过"公开"和"竞争"来实现国有产权的"阳光交易"，防止国有资产流失。产权市场成为国有产权转让的法定场所。

二、产权市场国际合作的趋势

尽管中国的产权市场环境与国外的并购环境存在诸多差异，但是，中国企业走出去与全球资源整合、境外资本希望进入中国市场的迫切需求，都使得中外产权交易合作势在必行！

据统计，2003 年，国内企业间相互并购的交易金额达到 74.4 亿美元；海外企业跨境并购总额约为 38.4 亿美元；中国企业并购海外企业总额约 7.2 亿美元。2004 年各类并购金额进一步大幅增长，出现了对技术和资源的渗透、产业的整合、销售渠道的整合，并购向更深层次发展。但面对世界经济的大潮，这仍然是不够的。

中国的经济要实现持续的增长、要保持在国际上的竞争力，必须遵循大规模的产业调整趋势，通过并购重组，遵循资源优化配置的规则，与国际资本、国际市场联姻，实现做大做强。另外，中国的市场不是孤立的市场，中国市场在原来封闭的情况下，可以考虑自己的行业利润，自成网络，但是在加入 WTO 之后，国外优质的产品、先进的技术、强大的市场占有能力冲入中国，迫使中国企业必须与之合作。所以，中国企业要寻求海外合作不仅仅是赚钱的问题，而是把自己的价值链放到全球价值链中，跟全球资源进行整合。任何一个产品不是由一个国家，而是要几十个国家来完成，每个国家都有机会在这个生产价值链上发挥作用，取得一定的份额。无论是主动还是被动，中国企业必须找到自己的份额，这不只是盈利的问题，还是生存和让自己融入全球化的问题。

而对于也急于想进入中国市场的资本与机构来说，随着中国政府为跨境产权交易与并购不断努力，有关跨境并购的法律与环境建设在不断的完善，外国投资者可以通过多种方式参与国内企业的并购重组。外资并购的条件和环境正逐步完善，通过并购的方式快速进入中国已经成为国际投资者的首要选择。

但是在实践中我们看到，外资与中国企业之间的并购热潮并没有真正到来，原因主要有这样几个方面：一是中外并购法律体系有很大差异；二是信息沟通上有障碍。除了语言障碍之外，中国企业的财务制度、透明程度与国外会计制度并不相同，信息不对称；三是境外投资者对中国政策的"不托底"；四是缺乏相关专业支持。如外资进入时往往不了解中国政府审批程序、不了解具体的交易流程、不精通法律法规、难以妥善处理职工安置和企业债务等问题。

所以，目前影响外资并购重组的主要问题是大批境外投资者缺乏直接进行中国企业并购的信息渠道和市场支持，他们在主观和客观上都需要借助专业的中介市场和中介力量，协助其寻找合适的项目资源、协调政府资源、提供各类专业化服务。

三、北交所国际合作的实践

第一，建立通道。北交所与北京市投资促进局合作，建立"跨国并购绿色通道"，为境外投资机构提供快速便捷的全程政策咨询和专业的一条龙服务。同时，率先在全国产权交易机构中开设外汇结算账户，为外资并购重组项目提供方便、快捷的外汇结算服务。

第二，由近及远。中国产权市场与国际资本接轨是一个渐进、长期的过程，2004 年北交所首先在中国香港开设办事机构，把香港作为北交所与国际接轨的桥头堡，通过香港这一国际化的环境完成部分国内企业和外资之间的交易对接。同时，与中国台湾、新加坡、韩国等资本密集的国家和地区展开深入交流。

第三，信息先行。为使更多的国际投资机构在第一时间掌握中国产权市场及并购项目的最新资讯，2004 年北交所搭建了中国产权市场第一家跨境私募融资电子平台，与 Bloomberg（彭博）、Sunbelt（桑贝尔特)、Reuters（路透有限公司）等全球著名的金融资讯平台合作，采用国际通用的电子化手段实现项目信息的高效上载与发布，按照国际规范进行信息披露，其融资文件的格式和语言（英文）均符合国际惯例，为国内企业开辟了一条专业化、规范化的跨境融资信息发布渠道，能够迅速将中国企业融资需求信息传达给世界各地的潜在投资者，加速国内项目与海外投资机构的直接对接。

第四，与巨人同行。与美国纳斯达克、英国 AIM 交易所、加拿大 CNQ 交易所、新加坡交易所、香港交易所等成熟的资本市场建立业务往来，输送中国私募融资项目信息，帮助中国优质企业在境外资本市场融资。

第五，扩大机构联盟。伴随着国有资产战略调整进程的加快，北交所聚拢项目资源的能力日渐突出，越来越多的国际知名投资机构、金融服务中介纷纷申请加入北交所国际会员。这其中包括普华永道、毕马威、德勤、日本日联银行、美国纽约国际资本集团、日本三菱证券、中国台湾金鼎证券、中国香港大福证券在内的四十余家会计师事务所、投资银行、金融中介加入了北交所国际会员的行列。北交所将组织这些国际专业中介服务队伍，为国内企业吸引外资提供从企业策划、项目包装、推介路演、撮合交易、外汇结算等一站式全程服务。

第六，广泛经营国际投资人。经过一年多时间的精心准备，北交所已建立起一个"分类、分级、分重点"的国际投资人数据库。目前该数据库已收录了境外包括产业投资者、投资银行、资产管理公司、金融控股集团、保险集团、企业养老基金、风险投资基金等各类机构近 2 000 家。北交所采取灵活多样的形式，如拜访客户、通过电话解答投资人的咨询、发放投资意向问卷等多种形式持续不断地从潜在投资人那里获得第一手投资需求信息，为今后有针对性地、高效率地向境外投资人推介融资项目打下了坚实的基础，同时也为数以万计的境内企业实现跨境融资提供了各种资源支持。

第七，双向吸引。作为一个国际化产权交易平台，北交所聚集的项目资源不仅限于中国企业，也不仅供境外资本选择，更有境外挂牌项目，以供国内企业"走出去"实施并购，并同样辅以相关全程咨询、服务。

第八，各国路演。北交所定期和不定期组织高质量的国内项目企业出境，与意向投资人沟通洽谈、举办或参与境外大型项目推介活动、进行海外项目路演。今年下半年，北交所有计划分别赴美国、加拿大、日本、韩国、新加坡、中国香港等国家和地区进行项目推介。

附　录

附录 1

中国产权市场建设与改革40年[①]

1978年，党的十一届三中全会开启了中国改革开放的伟大征程。国有企业，作为中国经济的重要组成部分，经历了放权让利、承包经营、公司制改革、混合所有制改革等从计划经济到市场经济的改革历程，取得了辉煌成就。中国产权市场正是在这个过程中，因服务国资国企改革而生，在服务改革中发展壮大。服务范围从最初的企业国有产权转让，逐步拓展到股权、债权、知识产权等现代产权制度所涉及各类要素的有序流转和优化配置，走过从无到有、从小到大、从单一到多元的发展历程，展现出旺盛的生命力和创造力。中国产权市场自诞生以来始终肩负着国有资产公开、阳光交易的重任，为国资优化配置和保值增值提供高效平台，成为国家建立健全惩治和预防腐败体系的重要抓手。同时，中国产权市场的建设和发展，是中国在非标准化资产交易领域的重大制度创新，它与证券市场一起，构成了中国复合资本市场体系的基础框架，有效推动了产权制度改革，为我国完善社会主义市场经济体制发

———————————

① 本文作者为邓志雄、何亚斌、吴汝川、陈志祥、苗伟、刘闻。邓志雄，教授级高级工程师，国务院国资委产权局原局长、规划局原局长，现任中国电信、中国铝业、中国保利集团专职外部董事；何亚斌，研究员，中国产权协会党委原副书记、原副秘书长；吴汝川，中国产权协会会长、北京产权交易所党委书记、董事长；陈志祥，中国产权协会副会长，武汉光谷联合产权交易所党委书记、董事长；苗伟，中国产权协会副会长，山东产权交易中心党委书记、董事长；刘闻，中国产权协会常务理事、广东省产权交易集团党委书记、董事长。原载于国务院发展研究中心市场经济研究所：《改革开放40年：市场体系建立、发展与展望》，中国发展出版社，2019年1月，第215—237页。

本文定稿前，课题组成员何亚斌受组长邓志雄委托，登门向中国产权协会党委书记、秘书长夏忠仁，向国务院国资委产权局副局长李晓梁，征求意见，受到高度重视，他们提出了高水平的修改意见和建议，这些意见和建议已完全地体现在本稿中。他们的负责精神和智慧，对于提高本文质量，起了重要作用，特此表示真诚感谢！

挥了重要作用。产权市场，中国创造，为世界其他国家和地区建设现代市场体系提供了中国智慧和方案。

一、产权市场的发展历程①

（一）萌芽兴起阶段（1978—1993 年）

改革开放拉开中国经济体制改革的大幕。从尊重经济规律办事，到计划经济为主、市场调节为辅，到实行有计划的社会主义商品经济，再到计划与市场的内在统一，当时体制僵化的国有企业，亟须推进改制重组以适应新的市场环境，中国产权市场正是在这种背景下破土发芽。1988 年 5 月 11 日，武汉市体改委批准设立"武汉市企业兼并市场事务所"②，中国第一家完全意义上的产权交易机构就此诞生。之后，昆明、深圳、山东、江西、山西、北京、上海、南京、乐山等地产权交易机构如雨后春笋般出现。

1993 年 11 月，党的十四届三中全会提出建立"产权清晰、权责明确、政企分开、管理科学"的现代企业制度，首次提出实行"产权流动和重组"，产权市场发展随之趋于活跃。截至 1993 年底，全国共成立产权交易机构 170 多家，形成中国产权市场的第一次发展高潮。

（二）艰难探索阶段（1994—2002 年）

中国产权市场发展之初，尽管国家和一些省市政府出台了一些支持和规范企业产权交易的政策措施，但由于市场缺乏必要的监管体系，少

---

① 发展历程划分方法，系参照何亚斌：《中国产权交易评述：政策沿革视角》，载曹和平主编：《中国产权市场发展报告（2008—2009）》，社会科学文献出版社 2009 年版，第 312—320 页。

② 1988 年 5 月 11 日，武汉市体改委对武汉市财政局发出《关于同意成立武汉市企业兼并市场事务所的批复》（武体改〔1988〕第 012 号），同意成立武汉企业兼并市场事务所。

数产权交易机构对初级企业的股票擅自开展非上市公司股权拆细和连续交易，即所谓一级半市场，当时成都的红庙子、武汉的汉柜、淄博的SDK 都很红火，① 但它游离于证券监管之外开展证券交易，引发市场风险。鉴于此，1994 年 4 月，国务院办公厅发出明传电报 12 号《关于加强国有企业产权交易管理的通知》，要求暂停产权交易市场活动。到 1997年，受亚洲金融风暴的影响，国务院为掌握场外交易市场情况，同年 5月组织证券委员会、证监会、人民银行、体改委、国资局 5 部委成立联合调研组，到山东、河北专题调研，11 月全国金融工作会议讨论形成清理整顿意见，12 月，《中共中央、国务院关于深化金融改革整顿金融秩序防范金融风险的通知》（中发〔1997〕19 号）出台。为落实这个文件要求，1998 年 3 月，国务院办公厅转发中国证监会《关于清理整顿场外非法股票交易方案的通知》（国办发〔1998〕10 号），要求"彻底清理和纠正各类证券交易中心和报价系统非法进行的股票、基金等上市交易活动，严禁各地产权交易机构变相进行股票上市交易"。因此，淄博、乐山、成都、武汉等一批不规范的柜台交易机构被关停，全国只留下上海、北京、天津、深圳等地少量比较规范的产权交易机构，市场发展态势低迷。直到 1999 年，伴随国家大力推进高新技术企业发展，技术产权流转存在巨大需求，催生了技术产权交易市场的建设和发展，这给处于困境的中国产权市场注入了新动力，产权市场复苏。

（三）规范发展阶段（2003—2015 年 8 月）

如果说，中国产权市场诞生和发展的前 15 年，主要特征是孕育、探索和试错，那么 2003 年以后，在中央纪委和国务院国资委的推动下，中国产权市场进入规范运行、快速发展的时期。

2002 年初，党的十五届中纪委第七次全会提出："各地区、各部门

---

① 熊焰：《地方交易所的现状与前景》，引自 2018 年 8 月 31 日北京国富资本有限公司网站。

都要实行经营性土地使用权出让招标拍卖、建设工程项目公开招标投标、政府采购、产权交易进入市场等四项制度”，这是中国产权市场实行全面规范发展的制度起源。同年，党的十六大提出“健全统一、开放、竞争、有序的现代市场体系”，“发展产权、土地、劳动力和技术等市场”。2003 年 10 月，党的十六届三中全会进一步提出建立“归属清晰、权责明确、保护严格、流转顺畅”的现代产权制度，提出要“依法保护各类产权，健全产权交易规则和监管制度，推动产权有序流转”，要求“规范发展产权交易”。

按照上述要求，2003 年 11 月，国务院办公厅转发了当年新设立的国务院国资委《关于规范国有企业改制工作的意见》（国办发〔2003〕96 号），规范国有企业改制行为，同时提出“非上市企业国有产权转让要进入产权交易市场……并按照《企业国有产权转让管理暂行办法》的规定，公开信息，竞价转让”。同年 12 月 31 日，国务院国资委和财政部联合颁布《企业国有产权转让管理暂行办法》（国资委、财政部令第 3 号，以下简称 3 号令），从解决“进场交易”这个要害出发，建立了企业国有产权进场交易制度。之后，国资委指导各地出台法规和政策，就如何选择产权交易机构、做好进场交易准备、交易信息披露、场内竞价交易、买方与价格确认、交易价款结算、产权关系变更、交易过程监管等环节，制定了一整套严密的企业国有产权转让交易规则，明确了转让各环节具体的工作程序和操作细则。以 3 号令的出台为标志，我国产权市场进入规范快速发展阶段。

2009 年 5 月 1 日，《企业国有资产法》开始施行，其中第 54 条规定：“国有资产转让应当遵循等价有偿和公开、公平、公正的原则。除按照国家规定可以直接协议转让的以外，国有资产转让应当在依法设立的产权交易场所公开进行。”“依法设立的产权交易场所”和企业国有资产进场交易的原则，正式被写入法律，有了法律保障。

在这一阶段，按照国务院国资委关于企业国有资产“应进必进、能进则进、进则规范、操作透明"的原则，企业国有产权转让行为在全国范围内实现强制进场，使中国产权市场全面复兴，交易行为规范大为增强，市场效率极大提升。以此为带动，中国产权市场不断拓展服务范围，企业资产转让、行政事业单位资产转让、司法机关涉案资产交易、查没贪腐资产处置等涉及的各类国有和非国有资产，以及知识产权、林权、碳排放权、金融资产等各类生产要素也陆续通过产权市场这一阳光化、市场化平台进行交易，交易规模和市场影响力持续放大。

随着产权市场的快速发展，社会上一些机构再次出现打着产权交易所旗号开展证券市场外的拆细连续交易的行为。2011 年 11 月，国务院发布《关于清理整顿各类交易场所切实防范金融风险的决定》（国发〔2011〕38 号），要求"按照属地管理原则，对本地区各类交易场所，进行一次集中清理整顿，其中重点是坚决纠正违法证券期货交易活动"。为此，国务院成立由证监会牵头的"清理整顿各类交易场所部际联席会议"，开始对全国范围内从事产权交易、文化艺术品交易和大宗商品中远期交易等各种类型的交易场所进行清理整顿。2012 年 7 月，国务院办公厅发布《国务院办公厅关于清理整顿各类交易场所的实施意见》（国办发〔2012〕37 号），明确划清了产权市场与证券市场的业务边界。到 2014 年前后，各省市自治区陆续公布本区域通过清理整顿检查验收的交易场所名单。全国各地国资委选择认定从事企业国有资产交易的产权交易机构全部通过检查验收，产权市场经受住了考验，市场公信力进一步提升。

（四）进入发展新时代（2015 年 8 月至今）

2015 年 8 月，中共中央、国务院出台《关于深化国有企业改革的指导意见》（中发〔2015〕22 号，以下简称 22 号文），明确提出"支持企业依法合规通过证券交易、产权交易等资本市场，以市场公允价格处置企业资产，实现国有资本形态转换，变现的国有资本用于更需要的领域和行业"。该文首次将产权市场与证券市场平行纳入"资本市场"范畴，产权市场属于资本市场重要组成部分这一重要定位，在国家顶层设计中得到明确，产权市场和证券市场一起构成了有中国特色的复合资本市场。以 22 号文出台为标志，产权市场的发展进入新时代。

2016 年 7 月，国务院国资委会同财政部发布《企业国有资产交易监督管理办法》（国务院国资委、财政部令第 32 号，以下简称 32 号令），明确将企业国有产权转让、增资扩股、资产转让行为一并纳入产权市场公开交易，在资产交易、流转的基础上，赋予了产权市场产股权融资功能，健全完善了产权市场的资本市场定位。

习近平总书记非常重视产权市场在中国经济转型升级中发挥的重要作用。2016 年 3 月 4 日，习近平总书记在参加全国政协十二届四次会议民建、工商联界委员联组会议时指出："要着力引导民营企业利用产权市场组合民间资本，开展跨地区、跨行业兼并重组，培育一批特色突出、市场竞争力强的大企业集团。"[①] 2017 年 10 月，党的十九大报告提出要贯彻新发展理念，建设现代化经济体系，指出"经济体制改革必须以完善产权制度和要素市场化配置为重点，实现产权有效激励、要素自由流动、价格反应灵活、竞争公平有序、企业优胜劣汰"。中央一系列政策文件和习总书记的指示精神，确立了产权市场在新时代的发展方向，也赋予了产权市场新的使命和任务。

二、产权市场的发展成就

（一）交易规模呈跨越式发展

在长期的市场实践中，产权市场坚持提升服务功能，加快业务创

---

① 习近平：《毫不动摇坚持我国基本经济制度，推动各种所有制经济健康发展》，引自《人民日报》，2016 年 3 月 5 日。

新，较好适应了我国不同发展阶段生产力发展的需求，平台优势不断显现，交易规模呈跨越式发展。党的十八大以来，产权市场各类交易品种累计交易额已经突破 26 万亿元，取得显著的发展成效。

（二）业务品种显著增多

中国产权协会统计数据显示，其统计范围内 68 家交易机构目前已形成 12 类主要业务，包括：产股权交易、企业融资服务（含增资业务）、实物资产交易、其他公共资源交易、诉讼资产交易、金融资产交易、环境权益交易、技术产权交易、文化产权交易、林权交易、矿业权交易和农村产权交易等①，产权市场的业务已经深入到国民经济和社会生活的多个关键领域，对实体经济发展起着关键的支撑作用，促进了社会和谐稳定。

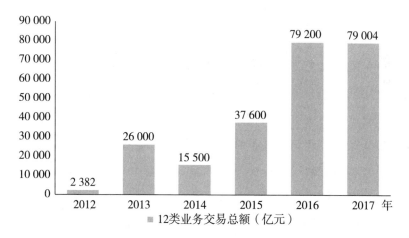

资料来源：中国产权协会《2017 年度产权交易行业统计报告》。

图 1　中国产权市场交易规模变化情况（2012—2017 年）②

---

① 以上数据引用自中国产权协会《2017 年度产权交易行业统计报告》。
② 2012 年 11 月，《产权交易行业统计工作实施办法》开始实施，是产权行业统一的统计制度方法。

（三）服务领域不断扩大

第一，服务国资国企改革。在服务国有资产阳光交易方面，统计数据显示，2007—2016 年，全国各产权交易机构公开挂牌转让企业国有产权 9 590 亿元，较评估结果增值 1 626 亿元，平均增值率达 20%[①]，这与未进场交易前多以评估价转让或低于评估价转让的情形形成鲜明对比，表明企业国有资产通过产权市场在流转中实现了保值增值，国有资产价值得到有效挖掘。在服务国有资产优化配置方面，企业资产交易的标的，是"活"的产权，是企业未来发展必不可少的"活"的要素。因此，产权市场不仅要助力国有资产实现保值增值，还要实现资源的最优化配置，帮助标的企业找到最有利于企业后续发展的投资者。实践证明，过去十几年产权市场涌现出一大批助力企业做强做优做大的典型案例。2006 年，福建雪津啤酒有限公司 100%股权在福建省产权交易中心采取"两轮竞价"方式，被荷兰英博啤酒集团竞得，5.3 亿元的净资产以 58.86 亿元成交，增值率达到 1 060%，在充分竞争的情况下，以巨额增值实现了国有股权转让的高倍增值，同时顺利引进了外资，实现了多方共赢，创造了中国产权市场的"雪津神话"。2011 年，国务院国资委产权局深入福建莆田对该项目进行回访，结果表明，该项目实现了企业、买方、地方政府、社会多赢的良好成果：一是企业管理水平明显提升；二是经营规模稳步增长；三是企业品牌和发展质量得到提升，全球品牌价值达 13 亿美元；四是经济效益不断提高，纳税总额由 2005 年的 3.26 亿元增加到 2011 年的 8.45 亿元[②]。武汉光谷联合产权交易所 2015 年操作的湖北华清电力公司破产资产（鹤峰县江坪河水电站）交易项目，经过 143 轮竞价，由湖北能源集团以 15.1 亿元竞得。增值率

---

① 以上数据引用自国务院国资委产权局副局长郜志宇在中国产权协会三届二次常务理事会暨学习 32 号令培训班上的讲话。
② 国务院国资委产权管理局编：《国资新局》，中信出版社 2013 年版，第 3—27 页。

虽然只有 11.78%，但其关键的社会意义在于，该电站是鹤峰县的"希望工程"，停工 4 年被起死回生恢复施工后，建设进展顺利。经 2018 年 8 月回访得知，预计 2019 年夏可建成发电，每年可为当地财政增加收入过亿元，防洪、航运和旅游效益显著，成为产权市场助力脱贫奔小康的典范。2015 年，重庆联合产权交易所受理中新大东方人寿保险公司 50% 国有股权转让项目，成立精干团队，与转让方一道，挖掘项目核心价值，广泛发动市场，征集到 4 家合格意向受让方。经过持续 4 个半小时 721 轮的公开电子竞价，最终恒大地产集团以 39.39 亿元高价竞得，比挂牌价增值 23.36 亿元，比股权对应的净资产 2.99 亿元增值 36.4 亿元，创下该所建所以来单宗国有产权交易增值新高，受到重庆市政府和社会舆论的广泛好评。党的十八大，尤其是十八届三中全会以来，国家积极推进国企混合所有制改革，在此过程中，产权市场充分发挥交易平台功能，助力国企混改引入社会资本，在放大国有资本功能、优化法人治理结构、提升国有经济活力和竞争力等方面发挥了重要作用。32 号令发布以来，国有企业通过产权市场以转让部分股权或增资扩股方式完成混改项目 822 宗，累计引入各类资本 3 074.7 亿元，在加快国有资本与社会资本融合的同时，有效降低了国有企业的负债水平，为国有经济更高质量发展提供了资金支持，确保了混改的规范、透明。东方航空物流有限公司 2017 年通过上海联合产权交易所引入德邦、普洛斯等行业龙头企业作为战略投资者，引入联想、绿地等民营资本作为财务投资者，同时引入核心员工持股形成利益共同体，在引进各类社会资本后，重点推进三项制度改革，经营效率显著提升，利润总额同比增长 62.78%[①]。2018 年，中国铁路总公司旗下动车 WiFi 项目通过北京产权交易所引入深圳腾讯公司和浙江吉利控股公司组成的联合体，实现高铁网和互联网的"双网融合"，产权市场助力中国铁路总公司迈出混改

[①]　以上数据引用自国务院国资委产权局副局长郜志宇在"2018 中国企业并购与国企混改（成都）峰会"上的讲话。

第一步，产生深远影响。这些案例都说明，产权市场已发展成为推动国有资本与社会资本相互融合、交叉持股的重要平台。

第二，服务各类经济主体去杠杆和扩大直接融资。为企业融通发展所需资金，是产权市场作为资本市场的重要特征。2017 年，产权市场通过股权融资、债权融资、股权质押融资、政府与社会资本合作（PPP）等多种方式，共为实体经济企业募集资金 7 984 亿元。相比之下，2017 年共有 428 家公司通过上海证券交易所首次公开发行上市，募资 2 255.72 亿元[①]；共有 2 379 家新三板挂牌公司完成定向增发 2 580次，募资 1 184.25 亿元[②]。从这些数据可以看出，产权市场在为企业提供"非标准化"的融资服务方面，发挥了重要作用。

资料来源：中国产权协会《2017 年度产权交易行业统计报告》。

图 2　中国产权市场服务企业融资情况（2013—2017 年）

第三，服务各类要素资源的优化配置。按照著名经济学家常修泽的"广义产权论"[③]，产权要素是"广领域"的：一是广到天上，即"环

---

① 以上数据信息引用自上海证券交易所于 2017 年 12 月 25 日发布的发审信息。
② 以上数据信息引用《中国证券报》2017 年 12 月 20 日的报道：《2 379 家新三板公司定增募资 1 184 亿元》。
③ 常修泽：《广义产权论》，中国经济出版社，2009 年版，第 3 页。

境产权"；二是广到地上地下，如自然资源资产产权；三是广到天地之间的"人"的身上，如各种人力资本产权等。而产权市场的发展实践，正是沿着"广领域"产权要素来展开的。多年来，产权市场始终在积极探索和完善通过公开市场对各类要素资源进行有效配置的途径和模式，目前业务范围已经涵盖各类权益、实物资产、大宗商品和金融产品等品类，有效推动了各类要素资源的自由流转和市场化配置。2017 年，山东兖矿科澳铝业有限公司 14 万吨电解铝产能指标通过山东产权交易中心公开转让，挂牌 2.1 亿元，吸引了东方希望、信发集团、魏桥集团等电解铝龙头企业在内的十多家机构参与，并最终以 14.02 亿元成交，增值 11.92 亿元，创造了产权市场有效服务供给侧结构性改革的新案例。

第四，服务政府部门资产管理和经济管理。在服务资产管理方面，产权市场积极服务公共权力部门在转变职能过程中下放产生的市场化处置业务，例如行政事业单位资产处置、公共资源交易、司法机关涉案资产交易、查没贪腐资产处置等，取得很好的成效。在服务经济管理方面，随着证监会等监管部门不断加强对上市公司并购重组和资产处置行为的监管，产权市场推出"上市公司并购重组和资产处置"等业务，为上市公司搭建了规范的并购重组和资产处置平台；为推进国内外产业和资本交流合作，产权市场推出"企业跨境并购重组"等业务，为国有、非国有、外资实体企业和金融机构，提供国际并购撮合和跨境融资等一站式服务；为助力各类企业"降杠杆"，有效防范和化解金融风险，产权市场推出"债权资产交易"业务，为银行、信托、资产管理公司、担保、典当行等机构，以及企业持有的债权资产、抵债资产的转让、债转股、投资等交易活动提供综合服务。例如，广东省交易控股集团积极开展银行不良资产跨境转让试点业务，为引入境外优质金融资源服务实体经济提供渠道；又如，广东国投破产财产整体处置项目在广东省交易控股集团以 551 亿元成交，溢价 104 亿元，有效化解了金融风险，很大程度上保护了债权人的合法权益。

（四）市场体系建设成效显著

第一，诚信自律建设初见成效。由中纪委推动、国务院同意、民政部批准登记、国务院国资委组建、党的关系由国资委党委直管的中国产权协会，于 2011 年 2 月成立，加强了行业自律，促进了产权市场统一、规范、高效发展。协会成立后，开展行业信用体系建设课题研究，建立行业信用评价工作制度，实行行业会员信用管理，对提升产权市场诚信意识、规范产权行业信用秩序起到重要作用。

第二，理论体系建设成果显现。理论研究一直是建设产权市场的基础。近年来，产权市场通过开展基础理论研究、举办创新论坛、建设博士后科研工作站、专门成立咨询研究机构等措施，不断加强理论研究工作，同时积极促进研究成果在实践中的转化应用，推动产权行业规范化、专业化、系统化发展。

第三，服务体系建设全面推进。在统一的产权市场建设方面，据中国产权协会统计，截至 2018 年 9 月底，全国具备企业国有产权交易资质的产权交易机构有 122 家，覆盖我国除台湾、香港和澳门以外的所有省、自治区和直辖市；部分产权交易机构还通过设立境外分支机构、发展国际会员等方式，积极推动产权市场境外服务的覆盖。2018 年 8 月 20 日，澳门特别行政区行政长官颁布第 94/2018 号行政命令，由中央企业南光集团和澳门特别行政区政府等共同出资建设的中华（澳门）金融资产交易股份有限公司获准成立，标志着产权市场开始走向境外发展。

按照《关于实施〈国务院机构改革和职能转变方案〉任务分工的通知》（国办发〔2013〕22 号）、《关于贯彻落实国务院第一次廉政工作会议精神任务分工的通知》（国办函〔2013〕63 号）和《关于国资委贯彻落实 2013 年反腐倡廉工作任务分工的意见》（国资党委纪检

〔2013〕97 号）三个文件精神，产权市场积极推动"四统一"建设。一是统一信息披露。由中国产权协会牵头，搭建全国统一的产权交易信息披露平台——中国产权网，实现了全国各机构交易信息的汇聚和集中披露，并强化信息披露的推广力度。二是统一交易规则。2016 年，32 号令发布以后，各地产权交易机构以此为遵循制定具体操作规则，中国产权协会也出台了相应的行业操作规范，交易规则的统一为产权市场业务的有序开展奠定了很好的基础。三是统一交易系统。产权市场的非标资产交易特质决定了交易系统的多样性。根据国务院国资委的要求，全国各产权交易机构在企业国有资产交易业务中按照统一的标准建设交易系统，同时满足了政府监管和交易机构业务的个性化需求。四是统一过程监测。当前，国务院国资委和各地方国资委依托企业国有资产交易监测系统，对产权交易机构的交易行为实时监测，实现了监管部门对企业国有产权交易全流程、各环节的动态监测。在线上线下服务体系搭建方面，适应大数据、云计算、移动互联和人工智能技术的快速发展，产权市场已实现注册、登记、挂牌、竞价、结算、在线咨询、撮合服务等交易功能的线上运行，形成完整的、支撑交易全流程的信息技术系统；与此同时，近年来，产权市场通过增设专业服务部门、发展交易中介会员、推进投资顾问服务、优化交易模式等方式，全面提升了产权市场的线下服务水平。在与证券市场联动方面，部分计划在国内外主板市场（含中小板、创业板）上市的国有企业申请上市之前，出于优化股权结构、满足上市条件等目的，积极通过产权市场进行产股权转让或增资扩股。例如，2016 年 9 月，招商局华建公路投资有限公司通过北京产权交易所募集资金 105 亿元，成为 32 号令发布后首个进场的央企增资项目；2017 年 12 月 25 日，招商公路换股吸收合并华北高速公路股份有限公司，并在深圳证券交易所挂牌上市（股票代码：001965）。此外，产权市场与新三板联动操作的项目也在不断增加，华龙证券股份有限公司通过甘肃省产权交易所募集资金 96.22 亿元，创造了 2016 年

中国新三板挂牌企业定向增发新记录。产权市场与四板市场即区域性股权市场的联动则更加普遍化和常态化。

（五）市场监管全面加强

2003年以来，产权市场形成了一套较为成熟的监管模式。在国家层面，国务院国资委、财政部、监察部、发展改革委、证监会和国家工商总局等六部委组成联合评审组，每两年对中央企业国有产权交易机构进行综合评审。国务院国资委开发建设了企业国有产权交易信息监测系统，对产权市场的国有产权交易进行全面动态实时监测。在地方层面，各地对口六厅局对本地产权交易机构进行业务指导和管理。

（六）为世界其他国家贡献"中国智慧"

产权市场的诞生和发展，虽然是中国特有环境下的"中国创造"，但也为世界其他国家做好国有资产监管以及建立完善本国资本市场贡献了"中国智慧"。一是产权市场完善的制度规则、内部控制体系以及互联网技术支撑，实现了各项交易和各个交易环节的阳光操作，有效预防了商业贿赂等腐败行为，很大程度上确保了交易的程序正义和依法合规，解决了国有资产交易易发腐败这一世界性难题，为世界上其他具备较多国有资产存量和增量的国家提供了良好借鉴。二是产权市场的市场化操作，能够助力企业找到优质的战略或财务投资者，为企业做强做优做大和经济结构转型升级提供有力支撑。三是建设产权市场比建设证券市场更简单易行，且产权市场覆盖要素资源的范围广，市场配置资源的效率高，产权市场和证券市场平行发展的资本市场结构大大优于单一证券市场的资本市场模式，这为世界其他国家完善本国资本市场体系提供了可借鉴经验。近十年来，产权市场的对外开放逐步展开：一方面，国务院国资委组织发达省市产权交易机构负责人"走出去"，先后访问联合国开发计划署等多个国际组织，考察纽约、伦敦、法兰克福等地证券交易所，积极学习国际资本市场运作经验，推动国际合作与交流。例如，2007年8月，上海联合产权交易所与联合国开发计划署南南合作特设局在上海共同创立"南南全球技术产权交易所"（以下简称SS-GATE），通过"技术+资金"方式援助部分欠发达国家的发展。2011年8月，时任联合国秘书长潘基文在联大报告中，3次提及SS-GATE并高度表彰其在国际技术转移和促进南南合作方面的突出贡献。国家发展改革委组织武汉光谷联合产权交易所、福建省产权交易中心负责人到古巴哈瓦那，在古巴国家和政府高等干部学院讲授中国国有产权转让的市场化操作经验，受到该干部学院院长的高度评价，写信邀请中国继续派遣授课。另一方面，采取"引进来"的办法。北京大学与康奈尔大学合办"美国未来领袖培训班"，开设"中国产权市场"课程，由国务院国资委产权局负责人讲授，获得参训者对我国阳光交易机制的赞叹。美国加州大学圣布拉第纳分校经济系考察团3次到访北京产权交易所。德国经济合作发展部与天津市人民政府合作开展的"中德合作建设中国产权交易市场体系项目"是中国产权市场首次获得的外国政府援助项目，该项目中方执行机构——天津产权交易中心在法兰克福、伦敦、布达佩斯、墨尔本设有办事处，承担招商引资任务。国家发展改革委和商务部开展"智力援外"，组织多哥和毛里塔尼亚官员培训班考察武汉光谷联合产权交易所，邀请资深产权交易专家在国内为古巴、菲律宾、埃塞俄比亚、冈比亚、赞比亚、纳米比亚、亚美尼亚、白俄罗斯、越南等多个培训班讲课，产权市场的"中国智慧"正在世界部分国家落地开花。

三、产权市场的发展经验

40年来，我国产权市场形成了一些值得长期坚持的宝贵经验，主要有六条。

（一）始终坚持市场化改革方向

在改革开放过程中，产权市场始终牢牢抓住服务生产关系变革的主线，始终将服务市场化改革作为核心工作，始终紧跟国家政策，精准站位，深入贯彻并及时挖掘产权市场发挥作用的机会。从中央和国家的决策部署，到各级政府部门的政策法规，再到行业制度规范，产权市场始终坚持第一时间学习领会，第一时间将国家和各级政府要求与发挥产权市场功能相结合，第一时间实现各项服务的落地，取得较好效果，得到各级政府和各类企业的一致认可。

（二）始终坚持推进国企改革和预防腐败

改革开放初期，国有产权转让大多采取行政化手段，一个企业卖不卖、卖给谁、卖多少钱都由党政官员主导，这导致擅自决策、少评低估、暗箱操作、自卖自买等混乱状况，滋生腐败。更为严重的是，非市场化的配置方式往往导致资源的盲目流动和错配，对企业后续发展埋下隐患。如何寻找一条既符合中国实际情况，保证国有资产不流失，又能实现最优化配置的市场化路径，成为当时亟须解决的问题。利用好产权市场实行阳光交易就成为解决这一难题的最佳答案。其一，产权市场充分的信息披露制度，广泛征集受让方，能最大可能地发现投资者。其二，产权市场基本采用网络竞价的交易方式，避免了人为干扰，能最大限度地发现交易价格。其三，产权市场公开、透明的交易流程保护了交易各方，特别是被转让标的企业债权人和职工的合法权益，保障了社会公众对国有资产交易的知情权和参与权，很大程度上避免了场外交易经常引发的债权人和职工上访问题，维护了社会和谐稳定。产权市场的建立，实现了卖方公开规范的卖，买方公平合法的买，监管方公正高效的审批，解除了国企改革中极易引发争议和混乱的产权困扰，有效遏制住了国有产权流转中存在的暗箱操作、定价过低、资产流失等突出问题，企业国有产权得以顺利流转，国企改革得以在产权层面上规范有序地展开和深化①。2007年，透明国际组织腐败指数总负责人约翰·兰斯多夫在对我国一些产权市场进行考察后作出如下评价："我们深刻感受到你们在所献身的反腐败斗争中所取得的成绩。政府采购和国有资产转让，在全世界都是滋生腐败的土壤。但在这里，你们用复杂而成熟的技术、透明的程序和明确的指导把这项工作组织得很好。我们钦佩你们如此迅速地在反腐败斗争中进行了最好的实践。其他国家相信可以从你们的经验中学到很多。"②

（三）始终坚持长尾资本市场性质定位

中国的资本市场由头部的股票市场和长尾的产权市场复合组成。产权市场具有三大特质属性③：一是非标准化交易属性。进场交易的是非标准化的产品，交易过程采用的是非连续的交易方式，能够为各类市场主体提供除拆细连续交易以外的各种资本市场服务，可以完成多个领域、多个交易品种的交易。二是具备完整的资本市场功能。既能以引发激烈竞争的二级市场功能为产权流转服务，也能以低门槛高效率的一级市场功能为产权形成服务。三是市场化服务平台特性。不同于一般资本市场的"银货两讫"的"一对一"交易互动机制，产权市场始终把对促进交易双方"多对多"互动服务贯穿于交易全过程：多个买方竞争一个交易标的，多个中介竞争一个交易主体，多个市场竞争一个交易项目，全面体现资本市场公开公平公正竞争要求。在发展过程中，产权市场始终坚持以上三个特质属性，始终坚持为我国数以千万计的广大非上市企业提供多种个性化资本服务，在我国经济体系建设中发挥了独特而重要的作用，使中国的资本市场形成了真正的中国特色。

---

① 邓志雄：《中国产权市场的回顾与思考》，《产权导刊》2007年第7期，第24—28页。
② 熊焰：《资本盛宴：中国产权市场解读》，北京大学出版社2008年版，第127页。
③ 常修泽：《混合所有制经济新论》，安徽人民出版社2017年版，第345页。

（四）始终坚持规范化运营

产权市场"公开、公平、公正"的平台属性，客观上要求交易机构必须坚持规范化操作。第一，在党中央、国务院相关政策指引下，国务院国资委等中央部委、地方政府部门、产权交易行业，陆续出台了一整套较为完备的产权交易制度和规则体系，确保了产权市场的有序运行和规范操作。第二，产权市场始终严格落实各项监管要求，从业务审核、会员管理、档案管理、内部控制等多方面入手，将风险防控工作有效融入到日常经营和业务活动中，建立起完善的风险防控体系。第三，产权市场始终将业务创新控制在国家法律法规允许的框架内，杜绝参与国家明令禁止的交易活动，有效维护了市场的持续健康发展。第四，基于信息系统的日常监测和地方政府与相关部委的定期不定期检查，有力加强了市场运行的规范性。

（五）始终坚持市场化创新

为发挥好资本市场功能，发挥好市场在资源配置中的决定性作用，产权市场始终按照市场化方式开展各项工作。一是坚持平台化市场机制设计，不搞中心化市场。坚持产权市场区域化设置，中央部门选用地方交易机构，地方交易机构之间既有竞争也有协同，始终保持较强的市场运行效率和发展活力。二是持续推进市场创新，不论是制度创新、交易方式创新，还是产品与服务创新，产权市场始终坚持与时俱进，通过创新有效提高项目成交率、竞价率和增值率，扩大了产权市场的服务范围。三是开展广泛的市场合作。产权市场积极与各类企业对接，及时了解企业需求，解决企业进场交易中存在的问题；积极吸收产权交易链条上的产权经纪公司、审计评估机构、律师事务所、会计师事务所、拍卖公司、财务顾问公司、投资银行机构等各类专业服务主体成为交易会员，有效提升交易活跃度、完善产权市场服务功能。

（六）始终坚持强化互联网技术支撑

产权市场始终把信息化建设作为平台规范、高效发展的重要支撑。一是适应大数据、云计算、移动互联和人工智能技术的快速发展，大部分产权交易机构已打造出包括交易竞价系统、金融服务系统、投资人数据库和移动 APP 应用等在内的信息技术系统，实现了便捷的移动信息服务、移动交易服务和移动支付服务，实现了项目和投资人的快速聚拢和有效分类。二是充分利用信息技术手段，首创网络竞价和动态报价等交易模式，打造了全时空、全流程的竞价方式，大大提升了国有产权的处置效率。三是国务院国资委始终坚持加强国有产权交易信息监测系统的适时动态监测，中国产权协会也积极利用互联网系统加强市场的信用评价。

四、新时代产权市场发展面临的机遇和挑战

当前，中国经济面临着极其复杂的国内外形势，产权市场发展的内外部环境也发生着深刻变化，加快建设和完善产权市场体系，推动产权市场在新时代中国经济的转型升级中发挥更大作用，既面临难得的历史机遇，也存在一些问题。

（一）新时代产权市场的发展机遇

党的十九大报告提出，"经济体制改革必须以完善产权制度和要素市场化配置为重点，实现产权有效激励、要素自由流动、价格反应灵活、竞争公平有序、企业优胜劣汰"。产权市场作为现代化经济体系的重要构成，是市场化配置各类要素资源的主战场，必将迎来高速发展的新时代。

近年来，国家货币政策转向松紧适度，财政政策更加积极有效，市

场流动性紧张的局面得到缓解，减税降费力度超过以往；国资国企改革"从点到面"加快推进，混合所有制改革迈入深水区；国家深化科技体制改革、推进科技创新和科技成果转化的力度不断加大；中央首次提出"金融供给侧结构性改革"，发展绿色金融和金融改革开放的步伐越来越快，金融服务实体经济的能力将进一步提升；"一带一路"、雄安新区建设、京津冀协同发展、长江经济带发展、东北振兴、粤港澳大湾区发展等区域发展规划，显示出要素市场是国家区域发展战略中不可或缺的金融基础设施。以上这些国家改革发展举措的背后蕴含着广阔、海量的要素资源流动需求，迫切需要产权市场更加积极有为地参与和推进改革，为中国现代化建设提供更加强大的推动力量。

2019 年 3 月 5 日，李克强总理向十三届全国人大二次会议作政府工作报告。报告指出，"我国发展仍处于重要战略机遇期，拥有足够的韧性、巨大的潜力和不断迸发的创新活力"，"经济长期向好的趋势没有也不会改变"。在国资国企改革领域，政府工作报告强调，要"推进国有资本投资、运营公司改革试点"；要"积极稳妥推进混合所有制改革"；要"依法处置僵尸企业"；要"深化电力、油气、铁路等领域改革"；要推动"国有企业要通过改革创新、强身健体"；等等。可以预见，今后一段时期，各类国有企业的产权流转、融资活动将越来越活跃，产权资本市场为这些流转和融资活动提供服务的机会也将越来越多。同时，报告对财税金融体制改革、民营经济发展环境的优化、科技研发和产业化应用机制改革、绿色发展和生态建设、全方位对外开放等均作出明确部署，为产权市场提供了一系列业务切入点，而这些都需要产权市场发挥更加重要的作用。

（二）产权市场发展面临的问题和挑战

1. 交易立法待加快

中国产权市场经过 30 年的发展，已成为国家市场体系不可或缺的重要组成部分。虽然国家一系列相关法律和规章为产权市场的发展明确了方向，但《企业国有资产法》是关于企业国有资产管理的综合性法律，32 号令仅是部门规章，因此中国产权市场至今缺乏一部专门的上位法作为基础支撑。立法的滞后、法律体系的不健全，一方面对产权市场的各项服务、业务操作带来一定的风险，另一方面则不利于非标准化资本市场的建设发展和功能的充分发挥。

2. 市场功能待提升

目前，我国产权市场的功能还未得到充分发挥，距离支撑国家和区域经济社会发展的要求还有一定差距。一是各地产权交易机构的发展程度参差不齐，一些机构运行机制老化突出，在治理结构、激励和约束机制、人才建设等方面尚有很大提升空间，市场化改革力度还有待加强；二是交易生态链上的商业银行、信托、保险、基金、资产管理等金融机构，以及投资银行、律师事务所、审计机构、会计师事务所等中介服务机构的数量和质量有所不足，这种市场体系的不健全影响到市场功能的充分发挥和可持续发展。

3. 交易信息系统待统一

信息系统对提升交易效率、促进交易规范、维护交易安全起着重要作用。当前，中国产权市场从单个机构或部分区域性市场来讲，建成了满足交易需求的信息系统，但从全国范围看，仍缺乏统一的足以支撑信息披露、竞价、结算特别是融资等全流程的信息系统。这一方面造成项目资源、投资者群体资源的分散，不能最大限度形成规模效应，影响到投资人和价格的充分发现；另一方面，信息化建设的分散，使得市场不能在移动互联、人工智能、大数据、区块链技术等信息化建设趋势的大背景下形成建设合力，影响到整个市场信息系统的迭代开发和应用，最终影响到市场的整体发展。

4. 发展动力待增强

长期以来，对于大部分产权交易机构来说，服务对象主要是国有企业，交易品种主要是国有产权和国有资产，为企业增资扩股等融资类服务的业务总量较少，为企业提供并购融资服务的能力较弱，由此造成部分交易机构运营收入来源单一、市场发展后劲不足等问题。产权市场如何加强业务创新、如何为非公有企业提供更多服务、如何为国际市场资本形成和流转服务，都是目前需要重点探索研究的方向。

五、新时代产权市场的发展路径

（一）坚持规范化，确保产权市场行稳致远

产权市场要认真贯彻落实中央经济、金融工作会议要求，加强对创新业务及重大项目的风控研究和审核备案工作，加强对已有业务的风险巡回管理工作，坚决守住不发生重大风险的底线；要增强依法决策、依法经营、依法管理意识，将法治文化融入企业经营管理过程中，不断提升依法治企能力水平；要坚持制度先行的原则，按照监管部门要求，及时起草、修订和完善各项业务规则和管理规章；要通过加快诚信建设、加强内部控制评价等措施，切实提升内部控制建设和规范化管理水平。

（二）坚持市场化，提升产权市场的资本市场功能

产权市场要按照成熟资本市场的标准，以服务实体经济和实体企业为根本出发点，不断强化和提升交易机构的公司治理能力、创新研发能力以及员工的专业技能；要在集聚上下游资源方面下功夫，要与银行、证券、保险、基金、资产管理、融资租赁、小额贷款等金融机构以及律师事务所、会计师事务所、审计机构、征信机构、信用评级机构等建立紧密合作关系，与国内外证券市场等各类交易场所开展深入合作，不断促成多边主体的合作互动与跨界集成，最终实现交易的活跃、价值的发现和效率的提升；要按照国务院要求，继续推进产权市场的市场化

改革，继续推进行业"四统一"工作，实现信息披露、交易制度、交易系统、过程监测在全国范围内的真正统一。

（三）坚持信息化，搞好"互联网＋产权市场"

产权市场应着力构建全国产权市场统一的信息门户网站和"互联网＋产权市场"网络生态体系。一是各产权交易机构要高度重视大数据、云计算、移动互联、人工智能、区块链等技术的开发和运用，高起点、高标准提升行业信息化水平，强化信息安全保障。二是按照信息时代资本市场的统一性要求，产权市场应建立统一的中国产权市场网络，以信息化培育新动能，用新动能推动新发展，各产权交易机构应通过贡献智慧、资本、资源等多种方式共同参与，避免重复建设。三是要充分利用互联网技术对产权市场原有业务和功能予以发展和创新，改善用户参与交易和投资的互联网体验，实现产权市场运营管理的精细化、网络化、数据化和智能化。

（四）探索多元化，加快对内对外开放

新时代赋予产权市场新任务和新使命，产权市场应坚持"一体两翼"的服务战略，即以服务国资国企改革为主体，以服务于民企和国外企业为两翼，不断开创发展的新动力新引擎，助力中国经济转型升级和社会和谐发展，为经济全球化和人类命运共同体的构建贡献智慧和力量。一是应坚守为国资国企改革服务的根基，紧紧围绕党的十九大报告提出的"加快国有经济布局优化、结构调整、战略性重组，促进国有资产保值增值，有效防止国有资产流失"，"深化国有企业改革，发展混合所有制经济，培育具有全球竞争力的世界一流企业"等内容，在推进国企混合所有制改革和股权多元化、降低负债率、推进重组整合、加强市值管理、促进境外国有资产保值增值等重点工作中发挥更大作用、做出更大贡献。二是应坚守为产权制度改革和要素市场化配置服

务的宗旨，推动国有资本、集体资本、民营资本、外商资本以及企业内部职工的股本交叉持股、相互融合，建立起各类资本有序流转、进退顺畅的体制机制；应按照各类要素资源所处行业特点，切实做好环境权益、技术产权、文化产权等已有的要素交易业务，不断提升服务水平和市场效率，同时紧跟政策需求，创新交易品种、交易模式和服务产品，不断促进各类要素资源的优化配置，协助政府部门实现对国民经济的调节与控制。三是以国际标准、国际视野推进产权市场国际化发展，应认真学习借鉴国内外资本市场和相关机构的先进经验和做法，应探索与国外交易平台和相关机构合作与交流，条件成熟的可选取部分国际金融中心城市探索设立分支机构，或与国际知名投资银行、律师事务所、咨询公司等中介服务机构合作建设海外办事机构，逐步搭建全球业务网络，拓展市场渠道和发展空间，推动国内和国外在资金、项目和中介服务等方面的高效对接和充分融合。

六、政策建议

（一）建立统一的产权市场法律法规制度

资本市场，法治当先。为推进产权市场高质量发展，应加快产权市场立法工作，应通过法律明确产权市场的资本市场功能定位，明确产权市场的概念、限定条件、运行规范、功能定位及主管部门，明确相关各方的法律责任。同时，应加快研究出台所有要素资源非标准化配置业务的政策法规，促进产权市场规范有序发展。

（二）完善并创新产权交易市场体系

为了完善并创新产权交易市场体系，应按照党的十八届三中全会提出的"建设统一开放、竞争有序的市场体系"的要求，从顶层制度设计入手，坚决摒弃"各自为政，各成一体"的非市场理念，打破行政壁垒和制度藩篱，充分运用产权市场的适应性和可复制性，组织更多的资本、要素资源进入产权市场交易，不再建设同质性的交易场所。

二〇一八年十一月二十日

参考文献

［1］邓志雄．中国产权市场的回顾与思考［J］．产权导刊，2007
（7）：24 - 28．

［2］邓志雄．谈如何推进产权交易市场"四统一"建设［M］//
曹和平．中国产权市场发展报告（2014）．北京：社会科学文献出版社，2015：24 - 31．

［3］邓志雄，胡彩娟．把产权市场打造成为推进资本混合的主要平台［J］．产权导刊，2018（3）：18 - 22．

［4］邓志雄．发展混合所有制经济的八条理由［J］．产权导刊，2019（2）：26 - 27．

［5］任兴洲．建立市场体系：30 年市场化改革进程［M］．北京：中国发展出版社，2008．

［6］任兴洲，王微，王青，等．建设全国统一市场：路径与政策
［M］．北京：中国发展出版社，2015．

［7］常修泽．广义产权论：中国广领域多权能产权制度研究
［M］．北京：中国经济出版社，2009．

［8］常修泽．混合所有制经济新论［M］．合肥：安徽人民出版社，2017．

［9］曹和平．中国产权市场发展报告（2008—2009）［M］．北京：

社会科学文献出版社，2009.

　　［10］夏忠仁．协会在中国产权交易行业规范化建设中的实践及未来发展方向［M］//曹和平．中国产权市场发展报告（2014）．北京：社会科学文献出版社，2015：45－52.

　　［11］本书编委会．产权市场　中国创造［M］．上海：同济大学出版社，2014.

　　［12］熊焰．资本盛宴：中国产权市场解读［M］．北京：北京大学出版社，2008.

　　［13］吴汝川．混合所有制经济的实现路径以及产权市场的作用［M］//曹和平．中国产权市场发展报告（2014）．北京：社会科学文献出版社，2015：69－74.

　　［14］何亚斌．中国国有产权转让的市场化经验及其国际意义［J］．产权导刊，2018（3）：23－30.

　　［15］国务院国资委产权管理局．国资新局［M］．北京：中信出版社，2013.

　　［16］中国企业国有产权交易机构协会．中国产权市场年鉴：2013—2015［M］．北京：经济管理出版社，2016.

　　［17］中国产权协会．中国产权交易资本市场研究报告［M］．北京：中国经济出版社，2018.

附录 2

中国产权市场的“李云龙”[①]

在大楼林立的北京金融街，北京金融资产交易所（以下简称北金所）是其中最矮的一栋，却因坐望阜成门二环路而成为其中视野最宽阔的一栋，就如北京市政府对其的制度定位一样：开放且集聚的金融资产基础要素平台。

北京产权交易所（以下简称北交所）党委书记兼董事长，也是坐镇北金所的董事长兼总裁熊焰，这几日十分忙碌且喜悦。5月8日，中国铁矿石现货交易平台正式在北京国际矿业权交易所（以下简称北矿所）挂牌成立。这是熊焰推动北矿所团队，运用三四年时间精心打造的，也是最近几年在熊焰的带领下，北交所集团里从梦想走进现实的典型案例。如今，北交所集团代表北京市政府逐步完成了北京要素市场的布局，形成中国技术交易所、中国林权交易所、北京环境交易所、北京石油交易所、北京黄金交易中心，北京国际矿业权交易所、北京金融资产交易所等在内的“一托十”格局。

“我是恰逢中国市场化改革的浪潮，即资源由行政配置更多地转为市场配置，很多公有类的权利和资源需要阳光流转，”在北金所开阔、简约的董事长办公室里，熊焰轻抚着沙发扶手，略有所思，“我只不过是在这湍急的河流中，坐上了最快的船，并幸运地成为掌舵人。”

显然这又是一个“正确的时间，正确的人，在正确的位置上”的

[①] 原载于《中外管理》2012年第6期，第104-109页，由该刊记者孙春艳、刘奔采写。李云龙，电视剧《亮剑》主人公。该剧讲述革命军人李云龙历经抗日战争、解放战争、抗美援朝战争等历史时期，军人本色始终不改的故事。

故事，不过作为知名学者的他，是如何坐镇北交所这个庞大的北京要素市场平台的呢？有人说他聪慧过人，有人说他"长袖善舞"……他自己的领导哲学则是当个"甩手掌柜"，让团队成员像他一样充满"使命感"，得到足够的信任。就如同他受到的待遇那样。

行到水穷处，坐看云起时

每个渴望成功的人，都想知道何为"正确的时间"？自己怎样才能成为"正确的人"，以及如何才能被摆在"正确的位置上"。也许听了中国产权市场领跑者熊焰的讲述后，你能找到答案。

机遇总是与挑战孪生。2003 年熊焰初涉产权市场时，产权市场还是一个"知者甚少"，参与者更少的新兴市场。熊焰调侃，自己与其结缘是个"编剧变成'男一号'"的故事。

早在 2000 年，时年 44 岁不喜安分的司局级干部熊焰从共青团中央退下来，创建了"百校信息园"并任总裁，进入投资领域，酝酿将全国高校的项目孵化落地。两年后，时任北京市科委主任的范伯元来百校信息园考察，问起熊焰对北京技术交易促进中心改制的看法，熊焰的建议令范伯元"另眼相看"。

随后熊焰带领团队按照范伯元的要求设计了一套更为贴近市场化的方案，除新建的中关村技术交易所，北京技术交易促进中心作为股东，他还找到其他股东。

熊焰这位"资源整合型"人才，在北交所这个大平台中发挥了大效用。

"故事是你讲的，股东是你找的，你不干谁干呢？"范伯元打趣般地问熊焰。

就这样，熊焰学雷锋"学"进了中国产权大市场。早先对产权交易、技术交易并没有概念的他，在中关村百校信息园的工作中一直想在

IT 产业和资本市场的交叉点上施展拳脚，他感到产权市场正处于这个节点，未来发展空间会很大，值得一试。一直希望走一条别人没走过的路的他，希望自己的人生之火能在"不惑之年"真正点燃。

"没权没法做事，"在得到上级领导的充分放权之后，2003 年，熊焰正式出任中关村技术交易所总裁。上任不久，熊焰很快显示出领导者的眼界和魄力，开始推动自己新想法的实施——将整个北京市产权市场统一起来。于是他开始游说有关部门，推动中关村技术交易所与当时的北京产权交易中心合并为北交所。

实际上，之后成立的中国技术交易所、中国林权交易所、北京环境交易所、北京石油交易所、北京黄金交易中心，北矿所、北金所等，几乎都是在熊焰资源整合理念下成就的，且屡试不爽。

当然，与大多数企业一样，中关村技术交易所的初创期颇为艰难。当年（2003 年）在中国产权市场这片尚未开垦的处女地上，生存都成问题。2003 年底亏空达 200 多万元，最终靠熊焰争取的上层支持渡过了年关。

谁也没有想过，那正是黎明前的黑暗，随着国务院国资委、财政部 3 号令（2004 年 2 月 1 日实施的《企业国有产权转让管理暂行办法》）颁布实施，产权市场的"天突然大亮起来"。幸运的是，熊焰是赶着天亮之前加入的，这之后整个市场进入跳跃式发展期。

"行到水穷处，坐看云起时"，熊焰回首当年的心情，可以用他办公室的那幅邵秉仁先生的题词来形容：真正出路是没有路的时候才有的，你走吧，走到要哭了的时候，没路了，就有出路了。

事业的高度与宽度

什么样的人才是"正确的人"？熊焰的理解是："按平台和位置要求的那个合适的人"。伴随着政策的春风，2004 年 2 月 14 日，合并重组后的北交所正式成立，熊焰出任总裁。而这个平台则要求持续的创新和拓展。熊焰将自己比做北交所的发动机和方向盘。之所以称为发动机是因为他对事业能保持积极乐观和持久的亢奋，按照他夫人的话说，"没消停的时候"。

其实，熊焰有"消停"的时候，那就是每个周末空闲，他坐在自家的阳台躺椅上，望着一条大马路之隔的北金所办公楼，考虑北交所集团发展的每一个重要节点。每想到一点，就像小学生一样，一笔笔整齐地书写在小格子纸上，几年下来，这样的笔记本积累了好几本。

"在北交所这座大船上，我负责航向的把握。"他说，每一次他在自家阳台上思索出来的发展战略和创新结点，他会安排下去，由相关团队具体操作。就这样，熊焰的一个又一个设想变为现实，现在北交所作为北京要素市场的建设者和运营者，已经形成"一托十"的集团化发展构架，技术交易、林权交易、文化产权交易、金融资产交易、环境交易、矿业权交易、石油交易以及产权电子商务等领域设立的专业平台，都是熊焰带领团队"想一个故事，圆一个故事"，顺着大势，边做边想，边想边做。

他坚信一点，北交所承载着北京市政府建立首都要素市场布局的使命，需要持续关注涉及中国经济社会发展的重大问题，并试图提出市场化的解决方案。

这要求坐在这个位置上的领军人必须高屋建瓴且"长袖善舞"。就拿5月8日正式挂牌成立的中国铁矿石现货交易平台来说，早在4年前，熊焰认识了时为上海联交所的北京办事处主任董朝斌，董到内蒙古成立了西部矿业权交易所，当时经营十分困难。熊焰向其伸出橄榄枝，商议合作事宜。后来经过3年左右的时间，北交所将西部矿业权交易所整个团队"收编"过来，2010年成立北矿所。在此基础上，熊焰推动北矿所团队发力铁矿石现货交易，与中国钢铁工业协会、中国五矿化工进出口商会和北矿所三家机构联合设立。该现货平台目前已经获得国内近百家钢厂和贸易商的加盟。甚至包括巴西淡水河谷公司、澳大利亚的力拓和必和必拓这三大矿商，均成为现货平台发起会员。

"这就是典型的站在国家和行业发展高度去思考市场化的解决方案。"熊焰自谦，"时势需要这样一个资源整合者，而我恰逢其时地赶上这股潮流，沿着这个大趋势去操作而已。"

在"创新"与"坚守"间平衡

战争片《亮剑》中的李云龙，打起仗来不要命，面对强大的对手，即使不敌也要毅然亮剑。熊焰认为自己就是"李云龙"式的人物，适于在企业创业和高速发展期，抢占市场、占领战略制高点。

论起熊焰的战略把控，绕不开北金所的成立与成功运营。无独有偶，这一次他又是临阵受命，被推向北金所董事长、总裁的位置上。事实上，从整个北京市要素市场布局来看，在北金所成立之前的那几家交易所，只是前哨战，真正的三大战役要从北金所开始。因为一旦北金所成功建立，其他的交易所才能活跃起来，北金所正如串起散落珠子的那根线。

这位"李云龙"式的人物，自然不会错过这场大仗，"我愿当这个尖刀班班长。"他说。不过，并非金融出身的他，对于主抓金融有些"诚惶诚恐"。最后他打消了疑虑，金融业务有具体的人负责，他只要负责"控制风险、带领队伍、把握方向"，"这个我在行"熊焰笑言。

他很看好自己所从事的事业。要知道，中国金融资产包括银行、证券、保险等，总规模达到100多万亿元，但只有股票、公募基金等1/4的产品有流动性制度安排，其他流动性都很差。而北金所的定位就是进行基础制度设计，为金融资产流动提供交易平台。一旦北金所运作成功，北交所上"万亿元""千万亿元"规模都成为可能。

那么如何做到呢？熊焰提出了"跨"的概念。具体来说，传统的金融业分业监管，银行、证券、保险、信托、理财都是各做各的；而北金所的交易品种几乎是无所不包，只要市场需要或者能够推动市场健康发展，其产品和服务都是其开拓的对象。北金所成立两年多来，根据市场上不同类型金融资产的流动需求，分别组建金融国资交易平台、银行间交易平台、信托资产交易平台、PE 交易平台等四大业务中心，迅速构建起了一个丰富多彩的业务体系，包括金融产权交易和金融产品交易两大类型。

不过，在国内这样一个谈金融衍生品色变的环境下，熊焰为北金所的金融创新思考更多。"我可能不知道金融创新的边界在哪儿，但我知道金融创新的底线在这里。"熊焰紧握了下自己的拳头，"我就是那个手握'停止阀'的人。"客观地说，北金所是国有金融资产的守夜人，在这个利益胶着、又配置高风险之地，信用是北金所这个公共交易平台的生命。

"我认为，北金所是中国产权交易圈中对弱势群体保护最为有力，底线也守得最牢的一家。"熊焰表示。其实整个北交所，每上一个项目都须进行严格的可行性评估，在对风险、收益等各项指标进行过深入比对后，最后才由守在底线的"看门人"熊焰点头，项目才可以上马。他经常跟团队成员讲，北金所不是几个股东攒点钱那么简单——尽管架构上我们是为股东挣钱的一个机构，但我们更承担着巨大的社会责任。

当然，在现有的制度之下，熊焰的金融创新多是在最靠近政策底线的位置进行，这样才能保证尽可能地达到现有市场配置资源的能力发挥，当然"红线"是绝不能碰的。事实证明，北交所建设北金所有"一着棋活，满盘皆赢"之妙。截至 2012 年 2 月，北交所集团整合 8 年来共完成各类产权交易 42 144 宗，总成交额突破万亿元大关，达到10 795.68 亿元。而其中仅成立 2 年多的北金所贡献巨大，仅 2012 年第一季度金融资产成交额同比增长 4 倍以上，北金所交易额已经位居集团企业首位,对集团交易额增长的贡献率达到 78.32%。目前,北金所在熊焰的带领下,后来居上,在国内同类金交所中遥遥领先,大约占到市场份额的 80% 左右。

外行"甩手掌柜"

作为一个平台引领者,熊焰与其他企业领导者不同的是,他处在政府监管部门和平台运营团队的中间链条,这要求他上有与监管部门沟通的艺术,要站在监管者的视角上去思考,创新才有成功的可能。又要有把控和激励团队的技巧。

不过,他对团队的管理,多为理念上的指引。比如,他要求团队要有"拓荒者"的思想意识,"监管部门不可能开出一块成熟的地让我们去种。我们必须拓荒,必须弯下腰去实践'汗滴禾下土'的过程。"他说。

而工作要以"解决问题"为导向。所有有生命力的创新业务,都来自客户的实际需求,绝不能闭门造车,一定要在合理性上做足文章,每一个创新产品的基础作业来自现实的政策现状、困境、国际借鉴等,提出最优化的解决方案。

他带队有一个心得,即保持团队良好的精神状态,并保持"适度焦虑"。他认为,个体潜能的发挥,其中很重要的一个条件就是要有寝食不安的状态,每一位成员都需把这种学习能力和亢奋状态以及创造性工作叠加在一起充分发挥潜能。同时,团队从事的又是一个有风险的行业,因此,团结、和谐和战战兢兢的恐惧态度都很重要。

熊焰坦言,自己属于能开疆拓土型的战略型领导,"要讲防守、讲细节管理,我肯定不是高手"。在家里,熊焰从不做家务,全权由妻子负责。在单位他也称自己为"甩手掌柜"。具体业务他从不插手,只履行决策权。一旦某项业务出现纰漏,他在旁边看着,也从不插话,让具体负责人自己解决。因此，他所带领的团队自我管理能力和执行力都超强。

对于一个战场型领导者，仗终有打完的时候。据了解北京文化产权交易所可能下半年能挂牌，北京国际葡萄酒交易所已经注册完成，预计 5 月揭牌。到时候，北交所实现"一托十二"的格局后将轻易不再建立新的交易平台。再过几年，熊焰准备退休专心从事自己的社会活动，现在他任国内多个行业协会的会长、秘书长等职。

当然，做掌柜的虽然可以甩手，但操心总是不可避免的。北交所管理能力与需求间的落差让熊焰颇感挑战。随着业务的发展，储备的干部基本用完了，他最犯愁的就是董事长人选稀缺，但是，"这常常是可遇不可求的。"他感叹。

熊焰心中的杜拉克五问

一问：我是谁？什么是我的优势？我的价值观是什么？

熊焰：我是中国最主要产权要素市场的主要负责人。我的优势是恰逢其时地赶上了中国市场化发展的转型期，这个转型期对公开市场的需求极其强烈，我在这样的一个公开市场的建造过程中，带领我的团队形成了一整套的管理模式和发展战略。我的价值观是希望能够承担更多的责任，能够优化包括我在内的一个更大范围人们的生活。

二问：我在哪里工作？我属于谁？是决策者？参与者还是执行者？

熊焰：我在北交所集团工作，我显然是决策者，我属于这个事业。

三问：我应做什么？我如何工作？会有什么贡献？

熊焰：我应该做的就是为我们这个集团形成一个清晰的战略，协调好相关政府方面的资源，准确地把握创新突破的节奏和突破点，争取快速且平稳的发展。我是属于战略型管理，我的主要的工作方法是做规划、授权、指挥、督办。贡献是，我是我们这条船的主要发动机和舵手。

四问：我在人际关系上承担什么责任？

熊焰：我负责协调主要政府方面的公共关系，争取更多的政府支持。

五问：我的后半生的目标和计划是什么？

熊焰：把北交所打造成中国要素市场的中心市场。

"北交所承载着北京市政府建立首都要素市场布局的使命，需要持续关注涉及中国经济社会发展的重大问题，并试图提出市场化的解决方案。我则在这个位置上发挥自己最大的优势——资源整合。" 熊焰在采访最后如是说。

附录 3

五十八，再出发[①]

中国的企业应依托传统文化底蕴，创造应有价值，推动社会进步，赢得世界尊重。

不想循规蹈矩，希望做更有意思的事

基本没读过中学，却以第一志愿考入当时哈尔滨工业大学录取条件最高的无线电工程系；留校工作期间，集哈工大最年轻的处长、最年轻的党委委员、机关里最年轻的副教授几个"之最"于一身；被委以北京产权交易所总裁的重任后，领导的北交所本是奉"国资委 3 号令"入选央企产权交易三家机构中的最后一家，10 年后却占据了中央企业国有产权交易市场的"半壁江山"……他，就是熊焰。

让人想不到的是，在成功为北京金融资产交易所引入交易商协会、使之进入银行间市场体系、由金融市场的"地方队"一跃成为"国家队"之后，北金所首任董事长兼总裁熊焰却宣布辞职，"下海"创业。

"五十八，再出发。"就这样，不愿循规蹈矩的熊焰开启了人生的新一轮"折腾"，和伙伴们共同策划成立了名为"国富资本"的股权投资基金，其命名来源于《国富论》和《资本论》这两本经济学经典著作，"我希望继续做点儿有价值、有意义、有意思的事。"

---

① 原载于《人民日报》，2015 年 6 月 17 日，第 6 版，由该报记者肖伟光、郑亘波采写。

今天的时代最适合创业，希望投身其中

"以前的办公场所面积较宽敞，现在却只有 20 平方米；以前有单位食堂，现在却连固定的用餐地方都没有……'再出发'的思想准备之一就是坦然接受所有这些落差。"更大的落差还不在此，作为北金所"一哥"的熊焰，曾经跟明星一样到处都受人追捧，现在自己创业，彻底切换进入"求人"模式。熊焰时时提醒自己，别把自己太当回事儿。"以前的光环主要是平台的光环，来自社会对平台的尊重和信任，我和我的团队在做成事情中的价值贡献，大概只有 20%。"

而他之所以能果断放弃 200 万元以上年薪和优越的待遇，除了对个人定位的精准把握，还因为胸中有对国家大势的敏锐洞察。在熊焰看来，李克强总理在今年的《政府工作报告》中倡导的"大众创业、万众创新"，就是一个非常明确的政策导向。他判断，最近会有一批国企高管、金融高管和政府官员下海创业。"今天是中国有史以来最适合创业的时代，我希望投身时代大潮，有所作为！"熊焰成竹在胸。

创业绝非只为赚钱，要做商界儒者

"顺势而行，尽力而为"，这是熊焰与创客们共勉的八字箴言。要顺势而行，不要逆流而动，确定了方向、明确了任务之后，在特定的时间内，要有不眠不休的精气神。

"井无压力不出油，人无压力轻飘飘"。熊焰对员工的管理遵循一个基本原则：适度焦虑，全力以赴。"人生难得干一件自己想干又能够干好的事情，找到这么一件事情是人生的幸福。"狮子搏兔，也用全力，何况是不再依山傍海、"自己雇佣自己"的创业。

熊焰回忆说，哈工大时期他的硕士论文是《中国工业机器人产业

化研究》，这为他今天的创业主题埋下了伏笔。"国富资本"专注于国企混合所有制改革、新能源与"互联网＋"等领域的改制、并购与投资机会，初期募资规模在 40 亿元左右。"我们在'互联网＋'上可能会进一步聚焦到以机器人为代表的智能制造。"

熊焰向记者表示："我其实代表了一类人。"创业绝非简单地做生意赚钱，熊焰给自己的定位是商界的儒者，是士大夫中的商家。

纵身投入"双创"大潮，熊焰认为，自己只是做应当做的事而已，"挣多少钱不重要，起码不能亏了，因为管的是别人的钱，我们会认真做好风控。"熊焰曾经说过，中国知识分子的内心一直有"修身齐家治国平天下"的冲动，一直有将自己的梦、家庭的梦与国家的梦融为一体的期许。"家国情怀、文人气质、商业智慧的糅合形成了我们这样的创业者的特质。中国的企业要依托我们的传统文化底蕴，创造应有价值，推动社会进步，赢得世界尊重。"

记者手记：

再待一两年就可以舒舒服服领退休金颐养天年了，他却不惜放下一切，从头再来。而且，熊焰看得更远，"中国的企业要依托我们身后的文化底蕴与文化内涵，推动社会进步，赢得世界尊重"，因为他的自我定位是"商界的儒者"，是"士大夫中的商家"。

儒商是有中国文化底蕴的商人。儒家文化曾助推"亚洲四小龙"经济腾飞，也使华商在全球经济格局中扮演愈加重要的角色。古之君子"正其义不谋其利"，认定了当做之事，则不计利害、一往无前。儒商是有儒家义利观而不唯利是图的商人，他们有超功利的使命感，有经世济民、兼善天下的志趣。熊焰即是其中一位。在"大众创业、万众创新"的大潮中，不妨多一些熊焰一样的儒商。